역사 속의 이순신,
역사 밖의 이순신

50개의 키워드로 읽는

역사 속의 이순신, 역사 밖의 이순신

(우리 세대가 꼭 알아야 할 역사 인물 교과서)

[행복한 교과서®] 시리즈 No.15

지은이 | 방성석
발행인 | 홍종남

2015년 4월 28일 1판 1쇄 인쇄
2015년 5월 5일 1판 1쇄 발행

이 책을 만든 사람들
책임 기획 | 홍종남
북 디자인 | 김효정
교정 | 주경숙
출판 마케팅 | 김경아

이 책을 함께 만든 사람들
종이 | 제이피씨 정동수
제작 및 인쇄 | 다오기획 김대식

{행복한콘텐츠그룹} 출판 서포터즈
김미라, 김미숙, 김수연, 김은진, 김현숙, 나은영, 박기복, 박민경, 박현숙, 변원미, 송래은
오석정, 오주영, 윤진희, 이승연, 이인경, 이혜승, 임혜영, 정인숙, 조동림, 조은정

펴낸곳 | 행복한미래
출판등록 | 2011년 4월 5일. 제 399-2011-000013호
주소 | 경기도 남양주시 도농로 34, 부영아파트 301동 301호
전화 | 02-337-8958 팩스 | 031-556-8951
홈페이지 | www.bookeditor.co.kr
도서 문의(출판사 e-mail) | ahasaram@hanmail.net
내용 문의(지은이 e-mail) | ssbang1122@hotmail.com
※ 이 책을 읽다가 궁금한 점이 있을 때는 지은이의 e-mail을 이용해주세요.

ISBN 979-11-86463-02-4
〈행복한미래〉 도서 번호 033

:: [행복한 교과서®] 시리즈는 〈행복한미래〉 출판사의 실용서 브랜드입니다.

50개의 키워드로 읽는

역사속의 이순신, 역사밖의 이순신

|방성석 지음|

행복한미래

프롤로그

우리 세대가 꼭 알아야 할, 이순신 DNA

알면 알수록 더 배우고 싶은 이순신, 배우면 배울수록 더 궁금해지는 충무공 이순신이다. 『난중일기』에는 무슨 말씀을 기록했을까, 『임진장초』에는 무슨 내용을 보고했을까, 서간첩에서는 무슨 사연을 나누었을까, 왕조실록에는 어떤 사료를 편찬했을까 등 알고 싶은 것이 너무 많았다. 기록들을 보면서 깨닫는다. 이런 사람을 만나셨구나, 이런 병기를 만드셨구나, 이런 전투를 치르셨구나, 이런 평가를 받으셨구나, 이런 정신을 가지셨구나 등 생각하고 느꼈던 내용들을 정리한 것이 50개의 키워드로 읽는 『역사 속의 이순신, 역사 밖의 이순신』이다. 굳이 정의한다면 이순신의 사고(思考)와 언행(言行)을 지배했던 이순신의 정신(精神)을 경영자의 시각으로 조명해 본 경영자적 분석이라 할 수 있다.

이순신은 높고 위대한 성웅이기보다는 낮고 겸손한 범부(凡夫)였다. 바보같이 어리석어 보이기도 했고 한없이 약해 보이기도 했다. 그래서 범부인 우리도 누구나 따라 배울 수 있는 것이 이순신 정신이다. 임진왜란과 정유재란, 조선을 패망의 위기에서 건져냈던 것은 모두 두려움을 용기로 바꿨던 이순신 정신, 곧 한국인 정신이었다.

이순신을 일개 종6품 정읍현감에서 무려 일곱 품계를 뛰어넘어 정3품 전라좌수사에 파격적으로 발탁한 것은 전란에 대비하는 임금과 조정의 기대가 한 몸에 실려 있었기 때문이다. 과연 전쟁의 조짐을 읽은 이순신은 탁월한 유비무환의 리더십을 발휘한다. 전함을 정비하고, 총통을 수리하고, 성곽을 보수하고, 수군을 훈련시키고, 여수 앞바다에서 돌산도까지 철쇄를 걸어 맨다. 그리고 신비의 함선 거북선을 창제했다. 수군(水軍)만이 왜적을 방어할 수 있는 유일한 수단임을 알고 있었기 때문이다. 이렇듯 이순신의 위대한 점은 백전백승 싸워서 이긴 것만이 아니라, 불리한 환경에서도 싸워 이길 수 있는 정신을 보유하고 있다는 것이다.

먼저 창의혁신의 정신이다. 이순신이 생각하는 필승의 수단은 차별화된 전선과 첨단화된 무기의 확보였다. 그래서 거북선을 창제하고, 조선식 조총 정철총통을 개발하고, 화약의 핵심원료인 염초를 개발했다. 물론 혼자 한 것은 아니었다. 최고지휘관 이순신에게는 창조적 사고와 혁신적 의지로 가득 찬 경영마인드가 있었고, 군관 나대용, 군관 정사준, 군관 이봉수 등에게는 기술적 재능과 모험적 아이디어가 있었다. 이들과 더불어 기술적 융합을 이루어 냈으니 경영과 기술의 융합이었다. 이것이 창조적 경영마인드와 기술적 아이디어를 접목시키는 창조경제 정신이다.

자주자립의 정신이다. 이순신은 조선 수군의 최고사령관이었지만 너무나 부족한 것이 많았다. 그래서 둔전을 경작하여 군량을 해결하고, 물고기를 잡고, 소금을 만들고, 질그릇을 굽고, 해로통행첩을 발행하여 군량미를 마련했으니 조정도 해주지 못하는 조달정책이었다. 그뿐인가? 수군은 전선이 없으면 바다로 나갈 수 없다. 당시 조선 수군의 전선은 고작 판옥선 100여 척이 전부였으나 일본군은 1,000여 척에 이르렀다. 누가 봐도 중과부적이라 이순신은 판옥선 250척을 건조하겠다고 장계를 올렸다. 또 군사가 없으면 전투에 나설 수 없다. 예나 지금이나 병역기피는 심각하다. 도망병이 속출하자 대충징발과 탈영참수의 채찍정책을 동원하는 한편, 노비를 면천하고, 노역을 면역하는 당근정책을 베풀어 수군을 충원하니 이 모두가 이순신의 홀로서기 정신이다.

원리원칙의 정신이다. 이순신이 싸워야 할 대상은 일본군만이 아니었다. 만연한 부조리와 부패한 관료들과의 싸움이었다. 안티 이순신들의 시기와 질투, 모함과 음해가 그치지 않았다. 하지만 이순신에겐 지켜야 할 절대적 가치와 신념이 있었다. 이순신이 세 번의 파직과 두 번의 백의종군에도 전라좌수사에 특차되고, 삼도수군통제사에 재임명된 것은 모두 길이 아니면 가지 않는 이순신에 대한 무한신뢰의 결과였다. 위기마다 위력을 발휘하는 도리와 의리, 공의와 정의는 이순신의 지켜낸 법과 원칙 정신이다.

입현무방(立賢無方)**의 정신이다.** 군대의 지휘관이든 기업 경영자든 국가 지도자든 그 어떤 리더에게도 요구되는 중요한 덕목은 사람을 잘 관리하는 것이다. 결국 사람을 통해서 모든 일이 이루어지기 때문이다. 이순신에게도 사람을 쓰는 분명한 원칙이 있었으니, 입현무방이다. 사람을 쓸 때는 유능하고 현명한 인재를 세우되 친소와 귀천을 가리지 않고, 네 편 내 편을 가르지 않고, 내가 잘 아는 사람을 쓰는 것이 아니라 그 일을 잘할 수 있는 전문가를 쓰는 것이다. 조선전문가 나대용을 감조군관으로 삼아 거북선을 창제하고 판옥선을 건조했다. 행정전문가 문관 정경달을 종사관에 기용하니 둔전관리와 행정관리가 효율적이었다. 물길전문가 어영담을 참모장으로 세워 경상수역을 휘저을 수 있었다. 팔십 노구의 군사전문가 정걸을 조방장으로 모신 일은 인사정책의 백미였다. 오로지 전문성과 능력으로만 판단했던 사람을 쓰는 원칙, 이순신의 인사원칙 정신이다.

기록보존의 정신이다. 이순신이 역사의 승장으로 빛날 수 있는 것은 위대한 기록을 남겼기 때문이다. 7년전쟁의 상황을 낱낱이 붓을 놀려 후대에게 전해준 불후의 기록 『난중일기』, 해전상황과 수군경영의 실체를 꼼꼼히 기록하고 보고했던 『임진장초』, 심지어 자신의 내면을 토해냈던 사신(私信)까지도 철저하게 보존했던 서간문 등이 국보 제76호로 남아 현충사 서고에서 숨쉬고 있다. 『난중일기』는 개인의 기록이지만 이제 조선의 역사가 되었고 유네스코에 등재된 세계기록유산이 되었다. 명·청 왕조실록조차 등재되지 못한 유네스코 세계기록유산에 『조선왕조실록』과 더불어 『난중일기』가 당당히 등재되었다는 것에서 그 위대성을 실감한다. 승자는 기록을 남기고 기록은 승자를 만드는, 이순신의 기록 중시 정신이다.

지피지기의 정신이다. 이순신이 싸우는 전투마다 승리했던 비결은 정보전략을 중시했기 때문이다. 지피지기(知彼知己) 즉 상대를 알고 나를 알기 위한 정보획득, 정보공유, 정보보안, 정보활용 등 정보전략의 승리였다. 1차 당항포해전에서는 토병 강탁의 첩보를 받고 출동해 적선 28척을 분멸시켰고, 2차 당항포해전에서는 망장 제한국의 첩보를 받고 출동해 31척을 모두 불태웠다. 한산도해전에서는 목동 김천손의 첩보를 받고 나아가 59척을 분멸시켰다. 명량해전에서는 군관 임준영의 첩보를 받고 울돌목을 가로막아 133척을 격퇴시켰다. 『손자병법』에서 말하는 지피지기(知彼知己)의 중요성이다. 적을 알고 나를 알면 백번 싸워도 위태롭지 않다. 이기는 장수는 싸우기 전에 상대의 전략을 먼저 알아내어 이길 수 있는 상황을 만들어내는 것이니(勝兵先勝而後求戰) 바로 이순신의 정보활용 정신이다.

소통화합의 정신이다. 이순신은 소통전문가였다. 임금과 왕세자와는 장계와 장달로, 조정대신과는 편지와 정보로, 동료장수들과는 전술과 전략으로, 휘하장졸들과는 신상과 필벌로 소통했다. 심지어 자기 자신의 역사와도 소통했는데, 바로 일기와 시문이었다. 이런 소통의 기록을 통해 우리는 400년 전의 인간 이순신, 임진왜란 7년전쟁, 그 질곡의 역사와도 소통할 수 있다. 이순신은 기록과 문서만이 아니라 행동으로도 소통했다. 임진왜란 초기 전라좌수영 진해루에서 갑론을박이 벌어졌다. 관할지역을 지켜야 한다는 관할론(館轄論)과 경상수역으로 나가야 한다는 부원론(赴援論)이다. 한산도 운주당에서는 비록 졸병이라 하더라도 군사에 관하여 말하고자 하는 이가 있으면 누구에게나 문턱을 낮추어 언로를 개방했고, 전투 전에는 언제나 장수들을 불러 모아 계교를 묻고 전략이 결정된 뒤에야 싸운 까닭에 싸움에 패한 일이 없었다. 행동으로 실천하는 이순신의 소통공감 정신이다.

사랑실천의 정신이다. 조선의 백성들이 이순신에게 열광했던 이유는 인간을 존중하고 사랑하는 휴머니즘을 실천하는 모습 때문이었다. 가족을 사랑하고 부하를 사랑하고 백성을 사랑하고 나라를 사랑했던 사랑의 실천, 사랑으로 모든 것을 정복하고 극복했던 이순신이었다. 어머니를 하늘(天只)이라 칭했던 효심은 하늘에 맞닿는 사랑의 원천이었다. 전사한 군사의 가족에게까지 휼전을 베풀어 영혼마저 책임지는 이순신은 참 좋은 상관이었다. 둔전을 경작해서 굶어 죽는 백성들을 구제했고, 작전의 수립도 작전의 변경도 모두 백성을 보호하는 것이 우선이었고, 밥 한 끼라도 피해를 줄 수 없었다. 백성은 공직자가 모셔야 할 하늘(爲天)이었다. 세 번의 파직과 두 번의 백의종군에도 군주를 원망하지도 나라를 원망하지도 않았던 이순신의 바보 사랑 정신이다.

이순신 정신이 곧 한국인 정신이다. 광복 70년은 분단 70년의 또 다른 이름이다. 고난과 환희, 역경과 감동으로 이룩한 한국의 비약적 발전에 세계는 기적이라 경탄하고 개도국은 벤치마킹을 위해 몰려온다. 이제는 당당히 어깨를 펴고 지구촌 어디라도 활보할 수 있는 자랑스러운 한국인이다. 불과

한 세대 전만 해도 상상조차 힘들던 모습이다. 참 감사한 일이다. 그런 한국호가 지금 흔들리고 있다. 글로벌 경제위기로 한국 전체가 휘청거리고 있다. 경제뿐 아니라 정치, 외교, 안보, 국방, 교육, 복지 등 총체적 딜레마에 빠져 있다. 저임금 고실업, 저출산 고령화, 저투자 고부채, 저성장 고경쟁 등 위기가 닥쳐왔다. 고비가 닥칠 때마다 힘을 내는 우리 민족의 위대한 저력이 필요한 때다. 백척간두에서 절체절명의 위기를 극복했던 이순신 정신, 한국인 정신을 다시 찾아야 할 지금이다. '역사 속의 이순신'은 사료(史料)를 통해 본 이순신의 삶과 정신이다. '역사 밖의 이순신'은 오늘을 사는 우리가 배워야 할 이순신의 삶과 정신이다. 위기를 기회로 바꾼 이순신 같은 한국인이 차고 넘쳤으면 좋겠다. 그래서 군인 이순신, 기업인 이순신, 정치인 이순신, 의료인 이순신, 교육인 이순신, 공무원 이순신 등 모두 이순신 정신으로 무장한 한국인으로 거듭났으면 좋겠다.

끝으로 이런 글을 쓸 수 있도록 배움을 주시고 기회를 주셨던 많은 분들께 감사를 드린다. 저의 은사이신 '(사)이순신리더십연구회' 지용희 박사, '이순신을 배우는 사람들' 제장명 박사, 해군사관학교 '충무공연구회' 이민웅 박사, 순천향대학교 '이순신연구소' 임원빈 박사, 이순신 '여해고전연구소' 노승석 박사, 이순신 전문서적 '행복한미래' 홍종남 사장 그리고 언제나 사랑으로 격려해주는 나의 소중한 가족에게도 깊이깊이 감사를 드린다.

을미년(2015) 4월 초, 압구정 낙서재(樂書齋)에서

방성석(方聖錫)

목차

1부 난중일기 | 거북선 | 화약

2부 둔전 | 해로통행첩 | 이순신의 사람들

3부 백성 | 운주당 | 손자병법

4부 백의종군 | 외교 | 유성룡

5부 징비록 | 한산도 별시 | 전라좌수영

1부

난중일기 — 거북선 — 화약

01
난중일기 : 임진왜란 기록의 결정판

『난중일기』는 임진년(1592) 정월 초하루에 시작되어, 무술년(1598) 11월 17일을 마지막으로 장장 7년 동안 이어진다.

임진일기(1592) 1월 1일, 맑음

새벽에 아우 여필과 조카 봉, 맏아들 회가 와서 이야기했다. 다만 어머니를 떠나 두 번이나 남쪽에서 설을 쇠니 간절한 회한을 이길 수가 없다. 병사(兵使, 병마절도사)의 군관 이경신이 병사의 편지와 설 선물, 그리고 장전, 편전 등 여러 가지 물건을 가지고 와서 바쳤다.

무술일기(1598) 11월 17일

어제 복병장(伏兵將) 발포만호 소계남과 당진포만호 조효열 등이 왜의 중간 배 1척이 군량을 가득 싣고 남해에서 바다를 건너는 것을 한산도 앞바다까지 추격하였다. 왜적은 한산도 기슭을 타고 육지로 달아났고, 포획한 왜선과 군량은 명나라 군사에게 빼앗기고 빈손으로 와서 보고했다.

이 마지막 일기를 끝으로 쥐새끼처럼 도망치려는 철전지 원수, 고니시 유키나가를 잡기 위해 장도 앞바다 물길을 지키던 이순신은 결국 노량해전 관음포 앞바다에서 장렬히 전사하고 말았으니 참으로 슬프고 또 슬프다. 이순신은 생사를 넘나드는 전쟁터에서 일기를 썼다. 호시탐탐 일본군의 표적이 되었던 이순신, 그가 붓 끝에 찍어 올린 먹물은 총상에서 흘러내린 피고름이었고, 오한으로 흘러내린 땀방울이었다. 그 핏물 같은 먹물로 쓰인 『난중일기』는 7년전쟁 내내 거의 매일 기록되었다. 전서본 일기의 햇수로는 7년간이고, 85개월인 2,539일 중에서 1,593일 동안의 기록임을 알 수 있다. 계산상 열흘에 7일, 전투를 치루고 옥고를 치르는 동안을 제외하면 거의 매일 일기를 쓴 것이나 마찬가지이다. 심지어 모친상을 당하던 정유년 4월 13일엔 당일로 쓰지 못한 일기를 훗날에 추가하면서 "뒷날 대강 적었다.(追錄草草)"라고 쓰고 있고, 계사년 3월 22일부터 4월 말일까지 일기를 쓰지 못했을 때는 별지에 다음과 같이 적고 있다.

> 글로 적기를 생각하면서도 바다와 육지에서 매우 바쁘고 또한 쉴 새가 없어서 잊어둔 지 오래였다. 여기서부터 다시 계속한다.(意於筆硯 而奔忙海陸 亦不休息 置之忘域久矣 乘此)

이렇게 다시 시작된 『난중일기』는 5, 6, 7, 8월 계속해서 단 하루도 빠지지 않고 써 내려간다. 일기 중에는 내용은 쓰지 못하고 '맑다, 흐리다, 비가 왔다, 눈이 내렸다' 등 날씨만 쓴 날이 있는가 하면 심지어 날씨도 쓰지 못하고 날짜만 쓴 날도 있었다. 몹시 아팠던 탓이다. 요즈음 IT 용어로 실시간(real time) 데이터를 유지하려 애쓴 흔적이 역력하다. 이순신은 왜 이렇게 일기에 집착했을까? 누구를 위하여 일기를 썼을까? 그는 자신이 쓰는 일기가 단순히 자신의 역사가 아닌 조선의 역사 그리고 후세의 거울이 된다는 사실을 잘 알고 있었던 것이다. 그래서 누군가에게 토로하지 않고는 견딜 수 없는 고뇌, 자신에게라도 내뱉지 않고는 참을 수 없는 독백, 그것이 바로 400년 세월을 자유롭게 넘나들 수 있는 불후의 기록인 『난중일기』다.

친필일기 초본은 모두 7책 205장으로 엮여 있다. 한자의 흘림체 초서로 써 내려간 『난중일기』는 그날에 있었던 크고 작은 일들에 대한 솔직한 느낌과 생각, 기쁨과 울분 등을 거침없이 내뱉고 있다. 일기의 내용에는 공무를 보았다는 기록이 가장 많은데 조정에 올릴 장계와 서간문을 초벌하거나 고쳐 쓴 흔적, 그리고 가슴으로 토해내는 시문(詩文)까지도 여러 곳에 나타난다. 또한 장졸은 물론 이름 없는 하인이나 절종, 대장장이까지도 일일이 기록했고, 전선의 현황과 세세한 물품목록조차도 디테일하게 그러나 짤막하게 써 내려갔다. 오늘날 사건기록을 쓰는 기자라 해도 이토록 단순명료하게 정리하기란 쉽지 않을 것이다.

『난중일기』는 400여 년 전의 기록이다. 그 오랜 세월 속에서도 이순신의 내면세계와 적나라한 삶의 모습을 만나볼 수 있다는 게 실로 감동적이다. 기록의 위대한 힘이다. 이 일기는 처음부터 『난중일기』라 명명된 것은 아니다. 이순신에게 신도비를 세워주고 영의정을 추증했던 조선 후기의 걸출했던 임금 정조에 의해 1795년 『이충무공전서』를 간행하면서 편찬자 윤행임(尹行恁)과 검서관 유득공(柳得恭)에 의해 『난중일기』라는 이름이 붙었다. 이순신이 썼던 친필초본은 당해 연도의 간지를 따서 임진일기, 계사일기, 갑오일기, 병신일기, 정유일기, 정유일기Ⅱ, 무술일기 등의 이름으로 존재했다.

다만 을미일기는 초고본이 전해지지 않아 오늘날 전사본에 의존하고 있고, 정유일기는 먼저 일기를 썼다가 나중에 다시 작성하는 바람에 두 권으로 만들어졌는데 이로 인해 8월 4일부터 10월 8일까지 66일간의 일기가 중복되어 있다. 왜 그랬을까? 분명한 의도가 있었을 것이다. 노산 이은상은 "충무공 자신이 왜 그렇게 다시 썼는지는 알 길이 없으나, 앞 책에 간지가 잘못 적혀 있는 것과 내용에 있어서도 뒤의 것이 비교적 좀 더 많이 적힌 것 등으로 보아, 혹시 공(公)이 시간의 여유를 타서 기억을 되살려가며 새로 한 번 더 적어본 것이 아닌가 생각한다."라고 했다. 정말 그랬을까? 그렇다면 왜 정유일기만 다시 썼을까? 정유, 무술년이 얼마나 우여곡절이 많았던 해인데 시간 여유라니 더욱 궁금증이 발동한다.

어쨌든 이 모든 일기를 주제별로 분류해 보면 활쏘기로 훈련하는 내용 270여 회, 몸이 아파 불편하다는 내용 180여 회, 장졸들과 술을 마시는 내용 140여 회, 부하들의 죄를 엄히 다스리는 내용 120여 회, 어머님을 그리고 걱정하는 내용 100여 회, 거북선, 판옥선에 대한 내용 38회, 이 밖에 가야금, 쟁, 거문고, 피리 등 악기를 듣고 즐기는 내용, 고전을 인용하거나 읽은 내용, 꿈을 이야기하고 해몽하는 내용, 여러 가지 점을 치는 내용, 장기, 바둑, 종정도 등 오락으로 위로받는 내용 등으로 구성되어 있다.

『난중일기』는 임진왜란 7년의 실체적 기록이다. 이렇게 기록된 『난중일기』는 임진왜란 전반을 살피는 귀중한 사료가 되고 있다. 즉 임진왜란 당시의 정치, 경제, 사회의 실상, 조선 수군의 전술과 전략, 군수물자의 조달체계, 중앙과 지방을 잇는 통치체계, 도체찰사부터 말단 군관까지의 군령체제를 정확히 알 수 있다. 그리고 어사, 선전관, 의금부도사 등 중앙관리의 통제 실상과 당시 국방운영의 중심에 있었던 유성룡, 이원익, 권율, 원균, 윤두수, 이덕형, 남이공 등 무려 1,050명의 활동기록이 담겨 있으며, 거북선과 총통 등 군기를 만들었던 장인들의 활동과 심지어 전쟁터에 함께했던 여인들의 이야기까지 모두 생생한 기록으로 보전되고 있다.

이 일기의 내용은 결국 전쟁승리를 위한 준비와 전투결과를 반추하는 일들로 집약된다. 담담하게 자신의 목적을 지향하며 자신을 기록했던 이순신은 역사를 아는 인물이었다. 역사를 아는 자는 미래를 보는 힘이 있다. 이순신은 날마다의 기록을 통해 어제를 돌아보고 오늘을 다짐하며 내일을 준비했다. 『난중일기』가 지니는 사료적 가치를 대한민국 근대사가 얼마나 높이 평가하는지는 국보지정과 관련하여 생각해 볼 수 있다. 즉 『난중일기』는 1962년 12월 20일 국보 제76호로, 그러나 『조선왕조실록』은 그보다 11년이나 늦은 1973년 12월 31일에 국보 제151호로 지정되었다. 『난중일기』가 위대한 유산임을 알려주는 단적인 예라 할 것이다.

이러한 『난중일기』가 21세기 후세들과 시공을 초월하여 교감할 수 있다는 사실, 400년 세월 동안 온전하게 보존되었다는 사실, 이 모두가 이순신의 기록정신으로 가능했던 일이다. 다행인 것은 많은 사람들이 임진왜란하면 이순신, 이순신하면 『난중일기』를 떠올린다는 사실이다.

뿐만 아니라 『난중일기』는 우리 한국인만의 유산이 아닌 전 세계인의 유산으로도 손색이 없는바 2013년 유네스코 세계기록유산으로 등재되는 영광을 안았다. 『난중일기』는 단순히 과거의 역사가 아닌 우리가 살아갈 미래, 그 삶의 가치와 지혜, 꿈과 이상 그리고 도전을 일깨워주는 기록이다. 과연 누구를 위한 기록인가? 답은 이미 나와 있다. 이순신 자신만이 아닌 역사와 후세를 위한 기록이다. 그렇다면 현재를 살고 있는 이순신의 후세로서 누구나 한 번쯤은 반드시 읽어야 할 책, 혼자 읽다 혼자 웃고 혼자 우는 책, 소설보다 더 흥미진진한 책. 바로 『난중일기』다.

02

녹둔도전투 : 1587년의 이순신을 만나다

1587년 임진왜란 발발 5년 전의 일이다. 함경도북병사 이일(李鎰)이 이경록과 이순신을 처벌해야 한다고 조정에 급보를 올렸다. 이에 비변사에서도 이들을 잡아 올려야 한다고 건의하자 선조는 일단 백의종군시키라고 하명한다. 이순신의 관직생활 10년 차, 벌써 두 번째 당하는 파직에 첫 번째 당하는 백의종군이었다.

적호(賊胡)가 녹둔도의 목책(木柵)을 포위했을 때 경흥부사(慶興府使) 이경록(李慶祿)과 조산만호(造山萬戶) 이순신(李舜臣)이 군기를 그르쳐 전사(戰士) 10여 명이 피살되고 106명의 인명과 15필의 말이 잡혀갔습니다. 국가에 욕을 끼쳤으므로 이경록 등을 수금(囚禁)하였습니다.(『선조실록』 1597년 10월 10일)

이경록(李慶祿)과 이순신(李舜臣) 등을 잡아올 것에 대한 비변사의 공사(公事)를 입계하자, 전교하였다. "전쟁에서 패배한 사람과는 차이가 있다. 병사(兵使)로 하여금 장형(杖刑)을 집행하게 한 다음 백의종군(白衣從軍)으로 공을 세우게 하라."

(『선조실록』 1587년 10월 16일)

이 사건의 전말을 깊이 이해하기 위해 『이충무공전서』 권9를 요약한다. 1587년 가을에 이순신은 녹둔도의 둔전관리 책임자를 겸하게 된다. 그러나 이 섬이 너무 멀리 떨어진 외딴섬인 데다가 수비군사도 턱없이 부족하여 방비가 매우 취약한 상태였다. 이순신은 병마절도사 이일에게 군사의 증원을 수차례 요청했지만 끝내 들어주지 않았다. 우려했던 대로 여진족이 쳐들어와 많은 피해를 보았다. 하지만 이순신은 활을 쏘아 많은 적들을 무찌르고 달아나는 적들을 추격하여 잡혀가던 군사 60여 명을 도로 빼앗아 돌아왔다.

하지만 북병사 이일은 이 싸움의 피해가 최고지휘관인 자신의 책임으로 돌아올 것을 염려한 나머지 일선지휘관 이순신을 죽여 입을 막기 위해 패전에 대한 심문서를 받으려 하였다. 그러자 이순신은 강력하게 반발했다. "병력이 부족하니 군사를 증원(增員)해 달라고 여러 번 요청했으나 병사가 들어주질 않았소. 그 공문이 여기에 있소(書目在此). 조정에서 만일 이런 사실을 안다면 죄가 나에게 있다 하지 않을 것이요. 또 내가 힘껏 싸워서 적을 물리치고 추격하여 잡혀간 군사들을 찾아왔는데 이것을 패배로 치는 것이 옳단 말이오?" 이일은 한참 동안 대꾸를 못 하다가 그대로 이순신을 가두어버렸다. 결국 이 소식이 임금의 귀에 들어가자 "이순신의 일은 군사를 패하게 한 그런 종류와는 다르다." 하고 백의종군하여 공을 세우도록 하였다.

이순신은 무얼 믿고 이렇게 큰소리를 쳤던가. 바로 증원을 요청했던 기록이 있었기 때문이다. 이때에 이순신은 생각했을 것이다. 언제고 전쟁이 다시 일어난다면 이와 같은 일은 또다시 재현될 수 있다. 기록의 중요성이다. 기록의 필요성이다. 그렇다. 반드시 기록을 남겨야 한다. 기록은 때론 방어력으로 때론 공격력으로 상대에게 일격을 가할 수 있기 때문이다.

신묘년(1591)에 접어들자 일본군들의 침략 징후는 더욱 뚜렷해졌다. 조정에서는 믿고 싶지 않은 전쟁에 대비하여 이순신을 전라좌수사에 배치했고, 이순신도 거북선을 만들고 철쇄를 설치하는 등 전쟁준비를 서둘렀다. 그리고 임진년(1592)에 이르자 이순신은 1월 1일 정월 초하루부터 일기를 쓰기 시작했다. 급기야 4월 13일 임진왜란이 발발하니 이순신은 작정한 듯 모든 상황을 철두철미하게 기록으로 남겨 놓았다. 전쟁준비부터 각 해전의 전투 상황, 장졸들의 활약과 성과 그리고 자신의 공무상황은 물론 개인의 사적 영역까지도 여과 없이 사실대로 단 하루도 빼놓지 않으려고 집요하게 노력했다. 그래서인지 『난중일기』에는 다음과 같이 조정 대신들을 비판하는 경우는 있어도 임금에 대한 비판은 찾아보기 힘들다.

갑오일기(1594) 1월 24일, 맑고 따뜻하다

유황(柳滉)을 불러서 암행어사가 잡아간 것을 물으니 문서가 멋대로 꾸며졌다고 한다. 놀라운 일이다.

갑오일기(1594) 2월 16일, 맑음

암행어사 유몽인(柳夢寅)은 나라의 위급한 난리는 생각하지 않고, (중략) 나라를 그르치는 교활하고 간사한 말이 간신 진회(秦檜)가 충신 무목(武穆)을 대하는 것과 다를 바가 없다.

정유일기(1597) 5월 21일, 맑음

안팎이 모두 바치는 물건의 많고 적음에 따라 죄(罪)의 경중(輕重)을 결정한다니, 이른바 돈만 있으면 죽은 혼도 살게 한다는 것이리라.

하지만 생각해 보면 어찌 이순신인들 예수님, 천주님, 부처님도 아닌데, 목숨 바쳐 싸운 자신에게 고문을 가하고 사형까지 시키려 했던 임금이 원망스럽지 않겠는가? 더구나 그로 인해 여든 넘은 노모가 뱃길에 돌아가시고 그 장례도 치루지 못한 채 백의종군을 계속해야 했던 이순신이다. 그 후 이순신을 내쫓고 삼도수군통제사가 되었던 원균이 급기야 칠천량해전의 패전으로 죽고 조선 수군이 궤멸되자 임금은 다시 이순신을 재임명해 조선 수군을 재건해 달라고 애걸한다. 하지만 그 기복수직교서(起復受職教書)에 먹물이 마르기도 전에 육군에 귀속하라고 다시 유지(有旨)를 내리는 변덕스런 임금이다. 이순신의 심정이 어떠했을까? 그런데도 이순신은 이날의 심정을 지극히 우회적으로 표현하며 임금에 대한 비판을 절제하고 있음을 정유일기에서 볼 수 있다. 하지만 정유일기Ⅱ에서 그 내용을 다시 바꿔 쓴 것을 보면 이순신이 글자 한 자, 표현 한마디에 얼마나 심사숙고했는지 고민한 흔적이 역력하다.

정유일기(1597) 8월 15일, 비가 계속 내리다 늦게 갰다

선전관 박천봉이 유지를 가지고 왔다. 그것은 8월 7일에 성첩한 공문이었다. 곧바로 잘 받았다는 장계를 썼다. 저녁에 밝은 달이 수루에 비치니 심회가 매우 편치 않았다(夕皓月樓上 懷極不平, 정유일기). 과음해서 잠들지 못했다(過飮不寐, 정유일기II).

옛말에 '없는 데서는 나라님도 욕한다'고 했는데 이순신은 욕은커녕 오히려 새벽에 일어나 망궐례를 했다. 교서를 받고 임금이 계신 쪽을 향해 숙배를 올렸다, 배설이 교서에 숙배하지 않는 오만한 태도를 용서할 수 없어 영리에게 곤장을 쳤다는 등 그 내용들이 지극히 충성스럽게 기록되어 있다.

이순신이 치밀하게 한 자락을 깔아 놓고 계산된 일기를 썼으리라고는 추호도 생각하지 않는다. 왜냐하면 이순신의 충성심은 어려서부터 공부했던 인의예지, 충효우제에서 비롯된 유학정신이었고 선비정신이었기 때문이다.

그러나 한편으로는 신하의 충성과 임금의 신의가 항상 등식으로 성립되지 않는다는 것, 그리고 외부의 적보다 더 무서운 내부의 적이 도사리고 있다는 것 역시 이순신은 잘 알고 있었다. 그렇다면 과연 자신을 지켜줄 강력한 방패는 무엇이었을까, 그것은 오로지 진실, 진실을 입증할 수 있는 기록이다. 실제로 이순신의 우려는 임진왜란 중 수많은 현실로 나타났지만 이일과 관련된 다음의 일기만으로도 기록의 당위성은 충분하다.

> 을미일기(1595) 1월 21일, 종일 가랑비가 내렸다
>
> (전략) 장흥부사가 와서 만났다. 그에게 들으니 순변사 이일의 처사가 지극히 형편없고 나를 해치려고 몹시 애쓴다고 한다. 참으로 가소롭다(可笑可笑).

이렇듯 8년 전인 1587년, 이일과 녹둔도의 악연이 되었던 녹둔도의 기록 "그 공문이 여기에 있소(書目在此)."가 아직 끝난 것이 아니었다. 여전히 현재진행형으로 이순신을 음해하고 있었다. 그러나 이순신은 '참으로 가소롭다'는 한마디로 일축하고 만다. 도대체 이런 자신감은 어디서 오는 걸까? 떳떳함이다. 하늘을 우러러 한 점 부끄러움 없는 정정당당함이다. 그것을 입증하기 위해서, 그것에 대비하기 위해서 이순신은 토사와 곽란, 습열과 오한을 무릅쓰고 한밤중에도 붓을 놀려 『난중일기』를 기록했던 것이다. 그렇다. 이순신이 세세토록 청사에 빛날 수 있는 것은 선승구전 백전백승 싸워서 이겼기 때문만이 아니다. 사사건건 철두철미, 불후불멸의 기록을 남겼기 때문이다. 결과적으로 기록은 경쟁력이고 생존력이다.

03
삼도수군통제사 : 최고 사령관의 기록

이순신이 삼도수군통제사(三道水軍統制使)가 되었다.

> 이순신(李舜臣)을 삼도수군통제사에 겸임시키고 본직(本職)은 그대로 두었다. 조정의 의논에서 삼도수사(三道水使)가 서로 통섭(統攝)할 수 없다고 하여 특별히 통제사를 두어 주관케 하였다. 원균(元均)은 선배로서 그의 밑에 있게 됨을 부끄럽게 여겨 틈이 벌어지기 시작했다. 이순신이 육지는 군수물자에 고달프다는 점을 들어 체부(體府)에 청하기를, "다만 일면의 해포(海浦)를 부여해주면 양식과 기계를 자족시킬 수 있게 하겠습니다." 하였는데, 이때에 와서 소금을 구워 판매하여 곡식 몇 만 석을 비축하였으며, 영사(營舍)와 기구(器具)가 완비되었다. 백성을 모집하여 완취(完聚)시키니, 하나의 거진(巨鎭)이 되었다.(『선조수정실록』 1593년 8월 1일)

1593년 8월 15일, 조정에서는 충무공에게 삼도수군통제사라는 새 직제와 함께 제1대 책임자로 이순신을 임명했다. 지금까지 전라좌수사로서 경상도 수군까지 지휘해 왔지만 군대에서는 직제상 총지휘관이 필요하고 또 그

지휘가 한 사람으로부터 나와야 하기 때문에 경상, 전라, 충청 삼도수군절도사와 그 수군들을 통제할 수 있는 통제사를 새로 세웠던 것이다.

군사상 가장 걱정스러운 것은 통솔할 이가 없는 그것이다. 서로 각자 제 형편만 지킨다면 어찌 팔이 손가락 놀리듯 할 수 있으랴. 또 관할 통섭이 없으면 뒤늦게 오고 남 앞에서 도망가는 폐를 막지도 못할 것이다.(三道統制使教書)

임해군과 순화군이 일본군들에게 부산까지 끌려갔다가 만 1년 만인 7월 24일 풀려나고 아버지 선조와 다시 만나게 되는 곳이 황해도 봉산(鳳山) 땅이었는데 왕이 환도하는 도중이었으며 때는 8월 15일이었으니 바로 이순신이 삼도수군통제사에 임명받는 날이었다.(雲川扈從日記 癸巳 八月十五日)

임금을 의주(義州)까지 호종했던 김용(金涌, 1557~1620)의 기록으로 8월 15일 임명된 것으로 확인되지만 이순신이 이 교서를 받은 날짜는 10월 1일이었다. 난중일기에는 계사년 9월 16일부터 말일까지의 일기가 없어 통제사 임명장 수령날짜를 확인할 수 없으나 계사년 11월 21일 올린 장계를 보면 "10월 1일에 겸 삼도수군통제사를 제수하는 교서를 받았으므로 비로소 쓴다(癸巳十月初一日兼三道水 軍統制使教書到付故始用)."라고 밝히고 있다.(請舟師所屬邑勿定陸軍狀 1593년 윤11월 21일)

이순신이 전라좌수사 겸 삼도수군통제사, 충청, 전라, 경상 3도를 총괄하는 조선 수군의 최고사령관, 오늘날의 해군참모총장이 되었지만 그에게는 모든 것이 부족했다. 군량도 부족했고, 군선도 부족했고, 군사도 부족했다. 이순신은 이 모든 것들을 스스로 혼자 해결하지 않으면 안 되는 맨주먹의 지휘관, 맨주먹의 CEO였다. 통제사 이순신은 자기 손으로 둔전을 경작하여 군량을 조달하고, 군선을 증선하기 위해 선소를 만들어 판옥선을 건조했고, 군사가 없으면 싸울 수 없으니 수군징발에 총력을 기울였다. 특히 둔전을 경작해도 군량이 모자라 물고기를 잡고 소금을 구워 군량과 바꾸었다. 군사들의 군복이 부족하니 옷감을 바꿔다가 손수 자기 손으로 군복을 재단하여 옷 없는 군졸까지 입혔으니 농업, 어업, 염업, 요업, 봉제업까지 스스로 할 수 있는 일은 무엇이든 제 힘으로 제 손으로 해결하는 이순신이었다. 『이충무공전서』 권9에서는 "수군 최고지휘관이 이렇게 모든 일을 챙기다 보니 자신은 하루에 아침저녁으로 5, 6홉으로 연명하여 먹는 것은 적고 하는 일은 많아 식소사번(食少事煩)하니 주위사람들이 모두 걱정했다."고 했던 것이다. 삼도수군통제사는 상머슴, 상일꾼이었다.

갑오일기 1594년 6월 6일 별지에 나타나는 배를 건조하는 이순신의 모습이다.

본영의 7척에서 새로 만든 것이 5척, 전에 만든 것 2척, 의병이 만든 것이 1척, 개조한 것 1척이다.

순천에는 10척에서 새로 만든 것이 3척, 전에 만든 것 1척, 본영의 배 1척, 방답의 배 5척이다.

흥양에는 10척에서 새로 만든 것이 2척, 전에 만든 것 2척, 본영의 배 1척, 사도의 배 5척이다.

낙안에는 3척에서 새로 만든 것이 2척, 전에 만든 것 1척, 본영의 배 1척이다.

광양에는 4척에서 새로 만든 것이 2척, 전에 만든 것 1척, 본영의 배 1척이다.

보성에는 8척에서 새로 만든 것이 2척, 전에 만든 것 2척, 녹도의 배 2척, 발포의 배 2척이다.

방답에는 4척에서 새로 만든 것이 4척이다.

여도에는 3척에서 새로 만든 것이 3척이다.

발포에는 3척에서 새로 만든 것이 3척이다.

사도에는 4척에서 새로 만든 것이 4척이다.

녹도에는 3척에서 새로 만든 것이 3척이다.

다음은 군량 조달을 위해 물고기를 잡아 쌀로 바꾸었다는 기록이다.

을미일기(1595) 2월 19일

송한련(宋漢連)이 와서 말하기를 "고기를 잡아 군량을 산다."고 했다.

을미일기(1595) 11월 21일

이날 저녁에 청어 13,240두름을 곡식과 바꾸려고 이종호(李宗浩)가 받아갔다.

을미일기(1595) 12월 4일

황득중(黃得中)과 오수(吳水) 등이 청어 7,000여 두름을 싣고 왔기에 김희방(金希方)의 무곡선(貿穀船, 곡식 사러 가는 배)에 계산하여 주었다.

병신일기(1596) 1월 6일

오수(吳水)가 청어 1,310두름을, 박춘양(朴春陽)은 782두름을 바쳤는데, 하천수(河千壽)가 받아다가 말리기로 하였다. 황득중(黃得中)은 202두름을 바쳤다.

병신일기(1596) 1월 9일

오수(吳水)가 잡은 청어 360두름을 받아 군관 하천수(河千壽)에게 주어 곡식을 받아 오게 했다.

병신일기(1596) 윤8월 7일

아침에 아산의 종 백시(白是)가 들어왔다. 가을보리는 소출이 43섬이고, 봄보리는 35섬이며, 어미(魚米, 물고기로 바꾼 쌀)은 모두 12섬 4말인데, 또 7섬 10말이 나고, 또 4섬이 났다고 했다.

유성룡의 『징비록』 권3을 보면 "우리 연해안 지방에 염호(鹽戶)가 있어 소금을 많이 생산해 왔는데 정치의 침해가 가혹해서 염호가 사방으로 흩어져버려 소금가마의 수가 줄고, 그래서 소금이 금과 같이 귀하게 되어 국가와 백성들이 모두 고통을 느끼게 되었습니다." 하였다. 거기다 난리 중에 소금 생산자가 모두 피난하고 없었기 때문에 소금을 구할 길이 없어 일상생활이나 군량이나 마찬가지의 고통을 당할 수밖에 없었다. 이순신은 없는 소금을 구하러 다니는 것이 아니라 직접 소금가마를 만들고 거기서 소금을 구어 자립하고 또 군량이나 군복감으로도 바꾸었던 것이다.

을미일기(1595) 5월 17일

오늘 쇳물을 부어 소금 굽는 가마솥 하나를 만들었다.

을미일기(1595) 5월 19일

저녁에 쇳물을 부어 소금 굽는 가마솥 하나를 만들었다.

병신일기(1596) 2월 11일

보성의 계향유사(繼餉有司, 援護事業擔當者) 임찬(林瓚)이 소금 50섬을 실어 가지고 나갔다.

병신일기(1596) 1월 18일

아침부터 종일 군복을 말았다.

병신일기(1596) 1월 23일

아침에 옷 없는 군사 17명에게 옷을 주고는 여벌로 한 벌씩 더 주었다.

병신일기(1596) 3월 초6일(누락분)

육양궁(六兩弓) 6장(張), 후궁(帿弓) 8장에서 1장은 울궁(蔚弓)이고, 세궁(細弓)이 2장이다. 병년(丙年) 9월 30일에 온전한 것이 공히 109이고, 쓸 만한 것이 50으로 모두 3통 29이다.

병신일기(1596) 7월 11일, 맑음

그들의 길양식으로 벼 23섬을 찧은 것이 21섬이 되어 2섬 1말(2.1섬)이 줄었다.

무술일기(1598) 10월 초7일, 맑음

아침에 송한련이 군량 4섬, 조 1섬, 기름 5되, 꿀 3되를 바치고 김태정이 쌀 2섬 1말을 바쳤다.

삼도수군통제사, 최고사령관이 한 일치고는 너무나 소소한 숫자이다. 그러나 이순신의 셈법에는 '대충, 대략, 대개'라는 말이 없다. 청어 1두름, 쌀 1말, 기름 1되, 소수점 이하까지 헤아리는 이순신의 계산법으로 재고를 파악하고 회계를 관리하는 최고지휘관에게 누가 감히 정확성과 공정성에 시비를 걸 수 있겠는가. 하지만 이순신의 이러한 디테일 경영은 삼도수군통제사가 되기 훨씬 이전부터 습관화되고 생활화된 일상이었다. 예컨대 전라좌수사로서 임진왜란이 발발했을 당시 임금에게 사변을 아뢰는 장계를 보면 이순신의 디테일과 사실성(史實性)을 확인할 수 있다. 이순신은 최고사령관인 삼도수군통제사 자신이 쓰는 일기가 단순히 사적인 것이 아니라 공적인 병영일지라고 생각했던 것 같다. 왜냐하면 역사적으로 중요한 사건은 그 날짜와 시각까지도 정확히 기록하려고 노력했기 때문이다. 이순신이 얼마나 디테일하게 시간관리를 하는지 다음 장계에서 확인할 수 있다.

왜의 사변에 대비하는 장계 (1)

4월 14일 진시(辰時 오전 7~9시)에 발송되어 오늘 4월 15일 술시(戌時 오후 7~9시)에 접수한 경상우도수군절도사 원균(元均)의 공문에 의하면, (후략) 삼가 갖추어 아뢰옵니다.(因倭警待變狀, 1592년 4월 15일 술시 戌時)

왜의 사변에 대비하는 장계 (2)

4월 15일 진시(辰時 오전 7~9시)에 발송되어 오늘 4월 16일 진시에 접수한 겸 경상도 관찰사 김수(金睟)의 공문에 의하면, (후략) 삼가 갖추어 아뢰옵니다.(因倭警待變狀, 1592년 4월 16일 진시 辰時)

왜의 사변에 대비하는 장계 (3)

4월 15일 유시(酉時 오후 5~7시)에 발송되어 오늘 4월 16일 해시(亥時 오후 9~11시)에 접수한 경상우도수군절도사 원균(元均)의 공문에 의하면, (후략) 삼가 갖추어 아뢰옵니다.(因倭警待變狀, 1592년 4월 16일 해시 亥時)

전쟁이 발발한 긴급 상황, 일분일초가 급박한 상황에서도 이순신은 상대방이 공문을 발송한 시각, 자신이 공문을 접수한 시각, 그리고 조정에 장계를 올리는 시각 등을 철저하게 기록하고 있다. 이 장계를 보면 이순신은 당일 받은 공문을 당일로 조정에 장계했다는 것, 그것도 술시에 받아서 술시에, 진시에 받아서 진시에, 해시에 받아서 해시에 장계를 올렸다는 사실을 보면 최장 두 시간 이내에 신속하게 보고가 이루어졌음을 알 수 있다. 어찌 장계의 내용을 신뢰하지 않을 수 있겠는가? 이것이 무려 420년 전 삼도수군통제사의 디테일이었다. 오늘날의 행정업무에서도 이렇게 정확히 문서관리를 하기란 쉽지 않을 것이다.

04

임진장초 : 보고서 작성의 정석

『임진장초』는 책임경영의 상징물이다. 『임진장초』는 이순신이 전라좌수사 및 삼도수군통제사로서 임진왜란을 수행하면서 조정에 올렸던 장계 즉 '전쟁 보고서'이다. 이순신은 당시의 상황 즉 경상수역으로의 출전경과, 일본군의 정황, 전투결과 등을 정확하게 기록하고 진중의 방비상황, 군사상 건의사항 등 군사대책을 상세하게 보고했다. 이렇게 이순신이 올렸던 장계를 계본등록의 통례에 따라 다른 사람이 등초 즉 원본에서 베낀 것이 바로 『임진장초』이다. 따라서 『임진장초』는 『난중일기』 초본처럼 이순신의 장계 초본은 아니지만 사료로서의 가치는 임진왜란과 이순신을 연구하는 데 매우 중요하다. 이순신의 일기초본, 서간문과 함께 1962년 12월 20일 국보 제76호로 지정되어 현재 아산 현충사 유물관에 보존되어 있다.

다만 『임진장초』를 누가 언제 등초했는지에 대해서는 정확한 기록이 없다. 글씨는 정자체인 해서(楷書)이며 모두 81페이지, 크기는 가로 33.5cm× 세로 46cm이다. 표지에는 큰 글씨로 '壬辰狀草'가, 오른쪽 위에는 '萬曆 二十年'이 쓰여 있다. 만력은 명나라 신종(神宗)의 연호이고 20년은 1592년 임진년을 말한다. 내용은 1592년 4월 15일 술시의 계본(因倭警待變狀 1)을 필두로 1594년 1월 17일 진(陣)으로 돌아가는 일을 아뢰는 계본(還陣狀Ⅱ)으로 끝맺고 있는데 모두 61편이다.

이상이 『임진장초』에 수록되어 있는 장계인데, 현충사에는 또 다른 별책 장계초본 12편이 보존되어 있다. 결국 『임진장초』는 73편으로 전해지는 셈이다. 그런데 이 73편을 『이충무공전서』 권2, 3, 4에 수록되어 있는 71편의 장계와 서로 대조해 보면 1) 전서와 초본에 서로 같은 내용으로 수록되어 있는 것이 66편이며, 2) 전서에는 수록되어 있으나 초본에는 없는 것이 5편이며, 3) 전서에는 수록되어 있지 않으나 초본에는 수록되어 있는 것이 7편이나 된다. 따라서 현재까지 전해져 오는 장계는 모두 78편인 셈이다.

『임진장초』는 사실적 묘사를 통해서 실체적 상황을 재현했다. 이순신이 밤새워 써 내려갔을 장계를 읽고 또 읽으면서 그 내용이 얼마나 사실적이고 디테일한지 그저 놀라울 따름이다. 해사교수였던 조성도가 번역한 『임진장초』를 읽다 보면 이순신의 장계는 당시의 전투적 상황을 한눈에 그려 보게 하는 한 편의 무협소설 같다. 그래서인지 소설 『칼의 노래』의 작가 김훈도 "이순신의 리더십을 파악하는 데는 그 어느 자료보다도 『임진장초』가 가장 흥미로운 사료"라고 말한다. 이순신은 마치 사건기자가 기사를 쓰듯 육하원칙에 따라 장계를 썼다. 장계에서 보는 그의 문장은 결코 미사여구를 동원하거나 군더더기를 덧붙이지 않는다. 오직 전라좌도수군절도사 겸 삼도수군통제사, 즉 조선 수군의 최고사령관으로서 자신의 책임 아래 수행되고 있는 전쟁 상황을 사실 그대로 조정에 보고하고 있을 뿐이다.

예컨대 1592년 4월 15일 장계(因倭警待變狀-1)에서 "삼가 사변에 대비하는 일을 아뢰옵니다. 4월 14일 발송되어 오늘 4월 15일 술시(戌時)에 접수한 경상우도수군절도사 원균의 공문에"라는 문장에서 보듯이 이순신은 원균의 공문이 언제 발송되어 언제 도착했는지부터 적고 있다. 그는 이렇게 정확한 사람이었다. 술시는 오후 7~9시다. 이순신은 아마도 공문을 7시쯤 받았을 것이다. 이 공문을 받아들자마자 전라도 관찰사(李洸), 병마절도사(崔遠), 우도수군절도사(李億祺) 등에게 긴급히 통고하고 연해안의 각 관포에도 사변에 대비하라고 통지한다. 이런 조치들을 취하고 나서 임금에게 올릴 장계를 쓰기까지는 두어 시간쯤 걸렸을 것이다. 왜냐하면 임금에게 장계를 보낸 시각 역시 술시로 되어 있기 때문이다. 이렇듯 장계에는 불분명한 부분이 하나도 없다. 정보의 유통과정 즉 두 시간 동안 어떤 일이 있었는지가 분명하고 투명하게 나타나 있는 것이다.

『임진장초』는 보고서 작성의 가이드북이다. 읽다 보면 '맞아! 보고서는 바로 이렇게 작성하는 거야!'라는 생각을 하게 된다. 육하원칙에 따른 『임진장초』는 마치 무협소설을 읽듯 누구라도 깊이 빠져들지 않을 수 없다. 또한 『난중일기』와는 그 기술내용과 방법이 사뭇 다르다는 것을 발견할 수 있다. 예컨대 『난중일기』에서는 KISS의 법칙 즉 Keep It Simple and Short '짧고 간결하게'의 방식으로, 그러나 『임진장초』에서는 또 다른 KISS의 법칙 즉 Keep It Simple and Stupid '단순하게 둔한 사람도 쉽게 알 수 있게'라는 방식으로 쓰고 있음을 알 수 있다.

이렇듯 승첩장계는 한마디로 디테일한 해전보고서다. 각각의 해전에 대해 출전경과, 참전군선, 왜군상황, 전투성과 등을 상세히 기록하고 있을 뿐만 아니라 각 장수별 공적은 물론 전사자, 부상자 명단까지도 꼼꼼하게 기록하고 있다. 수군의 지휘와 통제를 위한 수병징발, 둔전설치, 군수조달, 진중과거, 신상필벌 등에 대한 조치내역과 각종 건의 그리고 일본군의 정세와 조선 수군의 현황 등을 담은 각종 보고도 수록되어 있다. 가히 임진왜란 해전사에 그 어떤 자료보다도 중요한 역사적 사료가 되고 있음이다.

그렇다면 임진년 1, 2, 3차 출전의 승첩장계(玉浦破倭兵狀, 唐浦破倭兵狀, 見乃梁破倭兵狀)를 통해 그 보고내용을 살펴보기로 하자. "삼가 적을 쳐서 무찌른 일로 아룁니다."로 시작하는 장계는 보고서를 쓰는 당시의 정황을 먼저 서술하고 있다. 즉 출전하는 군선의 수를 적고 이어 날짜별로 출전하는 경로를 출발지와 경유지, 밤을 지내게 된 포구까지 상세히 적고 있다. 그리고 이 전투에서 일본군을 발견하게 되는 경위, 적이 머물러 있는 곳의 지명과 형세, 일본군선의 수 등을 적고, 어떤 작전으로 전투를 벌였는지를 보고하고 있다. 또한 그 전투에서 깨부쉈던 일본군선의 척수, 목을 벤 일본군의 급수, 포로로 사로잡은 일본군의 수, 노획한 전리품의 내역, 그리고 포로로 잡혀 있던 백성을 구출하여 그들로부터 탐문한 일본군의 정세까지를 낱낱이 보고했다. 뿐만 아니라 전상자에 대한 처리조치를 아래와 같이 보고하고 있다.

> 위의 사람들은 시석(矢石)을 무릅쓰고 결사적으로 돌진하다가 혹은 죽고 혹은 상한 것이었습니다. 그래서 죽은 사람의 시체는 각기 그 장수에게 명하여 따로 작은 배에 실어서 고향으로 보내어 장사 지내게 하고, 중상에 이르지 않은 사람들은 약물을 지급하여 충분히 치료하도록 하라고 각별히 엄하게 신칙하였습니다.

아울러 전상자들에 대한 보상에 대해서도 언급하는데 예컨대 전사자들의 유가족들에게 휼전(恤典)에 따라 시행해줄 것을 건의하는데 장수부터 졸병까지 심지어 사삿집 종까지도 소속과 병종, 이름을 순서에 따라 한 사람도 빼놓지 않고 기록하고 있다. 심지어 전사한 군사들이 화살에 맞아 죽었는지, 철환에 맞아 죽었는지를 분류해서 기록했을 정도다. 그리고 각 장수들의 군공을 참작하여 포상해줄 것을 건의하면서, 자신이 직접 현장을 지휘하고 목격한 최고사령관으로서 각 장수별 공로의 등급을 공정하게 매겨서 올리는 책임경영을 실천하는 것이다.

『임진장초』는 임진왜란의 책임경영보고서이다. 다음은 1593년 1월 22일(丁丑), 적의 귀로를 차단하라는 유서(命率舟師載賊歸路諭書)를 받았음을 아뢰는 장계 내용이다.

> "명나라 대장 이여송 제독이 수십만(43,000의 과장)의 정예 군사들을 거느리고 방금 왜적을 소탕할 계획으로 기성(평양), 해서(황해도) 및 한성을 차례로 회복할 것이다. 많은 군사들이 진군하면서 마구 무찌르면 남은 왜적들은 도망쳐 돌아갈 것이니, 적이 돌아갈 길을 차단하여 섬멸하지 않아서는 안 될 것이다. 그대는 수군을 거느리고 나가서 기회를 보아 돌아갈 길목을 지키고 있다가 힘을 합쳐 적을 무찔러 죽이도록 하라."는 분부이신 서장을 신은 오늘 정월 22일 오전 사시(巳時 10시경)에 본영에서 받았기에 이에 아뢰나이다.

이 장계를 보면 이순신이 신속한 보고를 얼마나 중요하게 생각하는지를 알 수 있다. 즉 이순신은 유서내용에 대한 조치결과를 보고하기에 앞서 우선 그 유서가 본인에게 접수되었음을 보고하고 있는 것이다. 이는 지시하는 이의 걱정을 덜어주는 역지사지의 배려이자 지시받는 자의 의무다. 당시의 통신체계로 보아 도대체 지시를 하면 지시사항이 제때에 전달되었는지, 이행이 제대로 되고 있는지 확인할 길이 없다. 그러나 이순신의 장계는 이와 같은 우려를 일축한다. 전라좌도수군절도사로서, 삼도수군통제사로서 자신이 겪었던 휘하장졸들의 부실보고, 허위보고, 태만보고를 자신마저 되풀이할 수는 없었다. 최고사령관으로서의 책임과 의무에 따르는 보고내용을 상황에 맞게 자세히 쓰다 보니 구구절절 내용이 길어져 A4 20여 장 분량의 장계가 있는가 하면, 때로는 단순히 문서를 접수했음을 신속하게 보고하는 A4 한 장도 안 되는 장계도 있다. 이렇듯 때로는 장황하게 때로는 짤막하게 사안의 경중(輕重)과 완급(緩急)에 따라 장단(長短)을 조절하며 써 올렸던 이순신의 장계, 이것이 바로 이순신의 책임하에 준비되고 치러냈던 임진왜란의 책임경영보고서이다.

05
장계 : 부산왜영 방화사건의 진실

계사년(1593) 윤11월 17일, 전쟁이 강화협상을 빌미로 소강상태에 접어들자 이순신은 미구에 닥칠 또 다른 전황에 대비해 밤새워 고심하며 전략을 세운다. 그러나 이러한 계획들을 수행하기 위해서는 조정의 지원이 절실하게 필요했다. 조선 수군의 총사령관으로서 자신이 해결해야 할 책임이고 의무였다. 그런 이유에서였을까, 이순신은 이날 11월 17일 하루 동안에 무려 7통의 장계를 써 올리고 있다. 그것도 다음과 같이 각기 서로 다른 내용의 장계이다.

1) 본영으로 돌아가는 일을 아뢰는 장계(還營狀)
2) 포로가 된 왜인이 말하는 왜군의 정세를 아뢰는 장계(登聞擒倭所告倭情狀)
3) 어영담을 조방장으로 임명해주기를 청하는 장계(請以魚泳潭爲助防將狀)
4) 유황을 내려주기를 청하는 장계(請下納鐵公文兼賜硫黃狀)
5) 문신으로서 종사관을 임명해주기를 청하는 장계(請以文臣差定從事官狀)
6) 연해안의 군병, 군량, 병기를 모두 수군에 전속시켜주기를 청하는 장계(請

沿海軍兵糧器全屬舟師狀)

7) 둔전을 설치하도록 청하는 장계(請設屯田狀)

이와 같이 7통의 장계를 한꺼번에 올렸다는 사실이 참으로 놀랍다. 사실 사랑하는 이에게 연애편지를 쓴다 해도 하루에 7통은 쉽지 않을 것이다. 하물며 장계를 쓴다는 것은 절대지존의 임금, 붕당지쟁의 대신들을 상대로 자신의 주장과 청원을 담는 것이기 때문에 『난중일기』와는 사뭇 차원이 다른 얘기다. 우선 그 내용에 진정성을 가져야 할 것이고, 문장에 설득력이 있어야 할 것이고, 문자도 정확하게 읽을 수 있도록 정자체로 썼어야 할 것이다. 뿐만 아니라 임금과 조정을 향해 때로는 명령에 불복하는 내용으로, 때로는 잘못된 정책을 지적하는 내용으로 올리는 장계야말로 자칫 글자 한 자, 표현 하나가 불경죄, 반역죄로 와전될 수 있는 참으로 조심스러운 기록이다.

아니나 다를까 한통의 장계가 화를 불러왔다. 일본군의 재침이 가시화되던 1597년 정월 초하룻날, 조정에는 삼도수군통제사 이순신이 1596년 12월 27일자로 써 올린 한통의 장계가 도착했다.

신의 장수 가운데 계려(計慮)가 있고 담력과 용기가 있는 사람 및 군관(軍官)·아병(牙兵)으로 활을 잘 쏘고 용력(勇力)이 있는 자들이 있는데, 항상 진영에 머물면서 함께 조석으로 계책을 의논하기도 하고 그들의 성심(誠心)을 시험하기도 하고 함께 밀약(密約)하기도 하였으며 또 그들을 시켜 적의 정세를 정탐(偵探)하게도 하였습니다. 그러던 터에 거제 현령(巨濟懸令) 안위(安衛) 및 군관 급제(及第) 김난서(金蘭瑞), 군관 신명학(辛鳴鶴)이 여러 차례 밀모(密謀)하여 은밀히 박의검(朴義儉)을 불러 함께 모의했습니다. 그랬더니 박의검은 아주 기꺼워하여 다시 김난서 등과 함께 간절하게 지휘(指揮)하면서 죽음으로 맹세하고 약속하였습니다. 같은 달 12

일, 김난서 등은 야간에 약속대로 시간되기를 기다리는데 마침 서북풍이 크게 불어왔습니다. 바람결에다 불을 놓으니, 불길이 세차게 번져서 적의 가옥 1,000여 호와 화약이 쌓인 창고 2개, 군기(軍器)와 잡물 및 군량 26,000여 섬이 든 곳집이 한꺼번에 다 타고 왜선(倭船) 20여 척 역시 잇따라 탔으며, 왜인 24명이 불에 타 죽었습니다. 이는 하늘이 도운 것이지만, 대개 김난서가 통신사(通信使)의 군관(軍官)에 스스로 응모하여 일본을 왕래하면서 생사를 돌보지 않았기에 마침내 이번 일을 성공한 것입니다.

안위(安衛)는 평소 계책을 의논하다가 적에 대해 언급할 경우 의분에 분개하여 자신이 살 계책을 돌보지 않았으며, 그의 군관 김난서와 신명학 등을 거느리고 적진으로 들어가 갖가지로 모의하여 흉적의 소굴을 일거에 불태워 군량, 군기, 화포 등 제구(諸具)와 선박 및 왜적 34명을 불태워 죽게 하였습니다. 부산(釜山)의 대적을 비록 모조리 다 죽이지는 못했지만 적의 사기를 꺾었으니 이 역시 한 가지 계책이었습니다.

일본을 왕래하는 경상 수영(慶尙水營) 도훈도(都訓導) 김득(金得)이 부산에 머물러 있었는데 그날 밤 불타는 모습을 보고는 이달 12일 2경(更)에 부산의 왜적 진영 서북쪽 가에다 불을 놓아 적의 가옥 1,000여 호 및 군기(軍器)와 잡물·화포(火砲)·기구(器具)·군량 곳집을 빠짐없이 잿더미로 만들었습니다. 그러자 왜적들이 서로 모여 울부짖기를 '우리 본국(本國)의 지진(地震) 때에도 집이 무너져 사망한 자가 매우 많았는데 이번에 이곳에서 또 화환(火患)을 만나 이 지경이 되었으니, 우리가 어디서 죽을지 모르겠다.'라고 했다 합니다. 이 말을 믿을 수는 없지만 또한 그럴 리가 전혀 없는 것도 아닙니다. 안위, 김난서, 신명학 등이 성심으로 힘을 다하여 일을 성공시켰으니 매우 가상하며, 앞으로 대처할 기밀(機密)의 일도 한두 가지가 아니니 각별히 논상(論賞)하여 장래를 격려하소서.(『선조실록』 1597년 1월 1일)

이 장계대로라면 안위, 김란서, 신명학, 박의검 등은 정유재란을 음모하는 일본군들에게 심각한 타격을 입히는 큰 공을 세운 것이다. 하지만 이순신의 장계가 도착한 바로 다음날인 1월 2일, 이조좌랑 김신국이 전혀 다른 내용의 장계를 올리면서 상황은 꼬이기 시작한다. 선전관으로 경상도에 파견된 김신국이 올린 장계 내용을 보자.

지난날 부산의 적 소굴을 불태운 사유를 통제사 이순신이 이미 장계하였다고 합니다. 그런데 도체찰사(都體察使) 이원익(李元翼)이 거느린 군관 정희현(鄭希玄)은 일찍이 조방장(助防將)으로 오랫동안 밀양(密陽) 등지에 있었으므로 적진에 드나드는 사람들이 정희현의 심복이 된 자가 많습니다. 적의 진영을 몰래 불태운 일은 이원익이 전적으로 정희현에게 명하여 도모한 것입니다. 정희현의 심복인 부산 수군(水軍) 허수석(許守石)은 적진을 마음대로 출입하는 자로 그의 동생이 지금 부산영 성 밑에 살고 있는데 그가 주선하여 성사시킬 수 있었으므로 정희현이 밀양으로 가서 허수석과 몰래 모의하여 기일을 약속해 보내고 돌아와 이원익에게 보고하였습니다. 날짜를 기다리는 즈음에 허수석이 급히 부산영에서 와 불태운 곡절을 고했는데 당보(搪報)도 잇따라 이르렀습니다. 그래서 이원익은 허수석이 한 것을 확실하게 알게 된 것입니다. 이순신의 군관이 부사(副使)의 복물선(卜物船)을 운반하는 일로 부산에 도착했었는데 마침 적의 영이 불타는 날이었습니다. 그가 돌아가 이순신에게 보고하여 자기의 공으로 삼은 것일 뿐 이순신은 당초 이번 일의 사정을 모르고서 치계(馳啓)한 것입니다. 허수석이 작상(爵賞)을 바라고 있고 이원익도 또 허수석을 의지해 다시 일을 도모하려 하고 있습니다. 그렇다고 지금 갑자기 작상을 내리면 누설될 염려가 있으니 이런 뜻으로 유시(諭示)하고 은냥(銀兩)을 후히 주어 보내소서. 조정에서 만일 그런 곡절을 모르고 먼저 이순신이 장계한 사람에게 작상을 베풀면 반드시 허수석의 시기하는 마음을 일으키게 될 것이고, 적들이 그런 말을 들으면 방비를 더욱 엄하게 할 것입니다. 그렇게 되면 도모한 일을 시행할 수 없을 것입니다. 그래서 이원익이 신에게 계달하도록 한 것입니다. 또 이번 비밀리에 의논한 일은 이미 이원익의 장계에 있기 때문에 서계하지 않습니다.(『선조실록』 1597년1월2일)

김신국의 장계대로라면 이순신은 명백히 허위보고를 한 것이다. 안타깝게도 조정에서는 1월 27일 뒤늦은 어전회의에서 김신국의 장계를 사실로 받아들였다. 그렇다면 이 사건의 진실은 무엇일까? 사실 두 사람의 장계를 자세히 살펴보기만 해도 누구의 장계가 진실일지 짐작이 간다. 이순신의 장계에는 방화를 모의하는 과정, 방화일시, 방화방법 등이 소상히 기록되어 있지만 김신국의 보고에는 그런 디테일이 없기 때문이다. 또한 방화일자가 1596년 12월 12일인데 정작 김신국이 부산에 파견된 날짜는 12월 25일이다. 김신국도 방화사건의 현장에 있지 않았고, 더구나 이 장계를 올리는 보고자가 방화를 주도했다는 도체찰사 이원익이 아니라 이야기를 듣고 전달하는 김신국일 뿐이었다.

이러한 객관적 사실만 보아도 그렇지만 무엇보다도 그동안 이순신이 보여줬던 원칙주의자적 공무수행 자세로 볼 때 그는 언제나 원칙, 투명, 정도의 길을 걸었을 뿐 길이 아니면 가지 않은 사람이었다. 뿐만 아니라 그는 이미 수많은 전공에 빛나는 정2품 정헌대부 삼도수군통제사다. 한낱 방화사건에서 임금을 속이고 남의 공을 가로챌 만큼 부도덕한 인격체가 아니라는 점이다. 그렇다면 이원익은 어떤 인물인가? 그 역시 당대의 추앙받는 재상으로서 이순신의 인격을 누구보다 알아주던 우호적인 사람이었다.

이원익은 이 사건이 있기 불과 세 달 전인 1596년 10월 5일 『선조실록』에 기록된 임금과의 대화에서, "이순신은 졸렬한 사람이 아니며 경상도 여러 장수들 가운데 가장 훌륭한 인물"이라고 아뢰었던 사람이다. 그렇다면 이원익이 일부러 이순신의 장계와 상반되는 보고를 올리게 해서 이순신을 곤궁에 빠트릴 사람은 아니라는 말이다. 결국 다른 보고를 올렸던 김신국(1572~1657, 1593년 별시문과 병과 급제, 후일 소북의 영수, 정유재란에서 유성룡을 탄핵했던 북인세력)이 문제인데, 혹시 공교롭게도 양쪽에서 동시에 거사했던 일은 아닌지 좀 더 균형 있는 조사가 필요했던 부분이지 정유년 파직의 첫 번째 죄목(欺罔朝廷 無君之罪)으로 삼을 만한 일은 아니었다는 것이다. 그러한 판단의 근거는 어디서 왔는가?

> 지난 장계 가운데 쓰인 사실이 허망함에 가까우므로 괴상하기는 하지만, 아마 그것은 아랫사람들의 과장한 말을 얻어 들은 것 같으며, 그 속에 정확하지 못한 것들이 들어 있지나 않은가 여기며, 만일 그렇지 않다면 이모(이순신)가 정신병자가 아닌 이상 감히 그럴 수 있으리라고 신은 자못 풀어 볼 길이 없습니다.(往日馳啓之中 其所陳之事 涉於虛妄 極可怪駭 而此說如或得於下輩之誇張 則恐亦容有中間不察之理 不然 某亦非病風之人 敢爲如是 臣竊未解)

정탁도 신구차(伸救箚)에서 믿기지 않는 사실에 부하들의 과장된 보고를 듣고 이순신이 확인 없이 장계했을 것이라 추정하고 있다. 그러나 정탁의 이 변론은 이순신을 살리기 위해 선조의 입장을 두둔해주는 고도의 설득 전략이라 할 수 있다. 과연 삼도수군통제사라는 사람이 이렇게 중요한 사실을 확인도 없이 장계를 올렸을 것이라곤 생각되지 않는다. 더욱이 『선조실록』(1597년 1월 27일)의 기록에서도 어전회의에서 김수는 "부산의 왜영을 불사른 일도 원래는 이순신이 안위와 비밀히 약속하였는데 딴사람이 앞질러 먼저 하였습니다. 그런데 이순신이 도리어 자기 공로라 하였다고 하지만, 그 일은 자세히 알 수 없습니다."라고 하니 같은 자리의 이정형(李廷馨, 李廷馣의 동생)도 "변경에서 생긴 일을 멀리서 헤아릴 수는 없으니 천천히 처리해야 할 것입니다."라고 아뢰고 있다. 이렇듯 조정회의에서조차 김수도 '이순신과 안위가 비밀히 약속하였는데 딴사람이 앞질러 먼저 하였다'고 하는 것을 보면서, 이순신을 사모하는 나로서도 감히 이 일은 공교롭게도 같은 시기에 같은 계획으로 추진했던 일이 아니었을까 추정하는 것이다.

그러나 선조는 정확한 조사도 없이 일방적으로 김신국의 보고만을 믿고 이순신이 자신을 속였다고 매도하기에 이른다. 결과적으로 이순신은 이 한 통의 장계로 임금 선조의 눈에 조정을 기망하고 임금을 무시하는 기망조정무군지죄(欺罔朝廷 無君之罪)의 낙인이 찍혀 정유년 삼도수군통제사직을 파직당함은 물론 백의종군까지 당하게 되는 빌미가 된다. 이와 같이 조정에는 상황파악이 안 되는 임금과 당쟁에 몰두하는 대신들로 가득한 상황이라 이순신이 올리는 장계가 곧이곧대로 받아들여질 리 없었다.

이순신은 장계와 공문을 직접 작성했다. 쉽지 않은 일이다. 최고사령관이 직접 보고서를 쓰기도 힘들지만 더욱 중요한 것은 자신의 손으로 문서를 작성한다는 것이 모든 책임을 자신이 지겠다는 의미라는 사실이다. 예컨대 앞의 11월 17일 7개의 장계를 올렸던 그날부터 4달 후인 1594년 3월 7일에 썼던 답담도사종인금토패문(答譚都司宗仁禁討牌文)은 명나라 선유도사 담종인의 왜군을 치지 말라는 명령에 대한 답서이다. 이순신은 『난중일기』에서 이 상황을 이미 부하가 써온 공문이 마음에 들지 않아 병중에 일어나 다시 썼다고 밝히고 있다.

계사일기(1594) 3월 초7일, 맑음

몸이 극도로 불편하여 뒤척이는 것조차 어려웠다. 그래서 아랫사람을 시켜 패

> 문에 대하여 답서를 작성하게 했지만 글꼴이 말이 아니었다. 원수사가 손의갑(孫義甲)을 시켜 지어 보내게 했지만 그 역시 마음에 들지 않았다. 나는 병중에도 억지로 일어나 글을 짓고, 군관 정사립(鄭思立)을 시켜 써 보내게 하였다.

「이충무공전서」 권9를 보면 이때 이순신은 염병(染病, 장티푸스)에 걸려 12일간이나 병세가 위중했다고 적고 있다. 고열과 오한으로 신음하면서도 자신의 손으로 문장을 지어가는 안쓰러운 모습이 눈에 선하다. 이순신이 장계 작성을 얼마나 중요하게 여겼는지를 잘 보여주는 대목이다. 그러나 기록은 두 얼굴의 야누스, 이순신은 1차 해전 승첩장계로 종2품 가선대부로, 2차 해전 승첩장계로 정2품 하계 자헌대부로, 3차 승첩장계로 정2품 상계 정헌대부로 승직되었다. 하지만 병신년 12월 27일 부산왜영 방화사건에 대한 장계로 삼도수군통제사 파직과 백의종군을 당하는 빌미를 제공했으니 참으로 기록은 양날의 칼이 아닐 수 없다.

06

승첩 보고서 : 이정암의 1줄 보고서 vs 이순신의 20장 보고서

이정암의 승첩장계는 딱 한 줄짜리였다.

> 以二十八日圍城 以二日解去(이28일위성이2일해거)
> 28일 적이 성을 포위했다가 2일 포위를 풀고 물러갔습니다.

"헉! 아니, 이건?" 선조와 대신들은 할 말을 잃고 말았다. 황당하다 못해 어이없는 장계를 받아든 조정 대신들은 참으로 난감했을 것이다. 도대체 이 장계를 올린 이정암은 누구이고 또한 장계의 내용은 무엇인가? 이정암(李廷馣, 1541~1600)은 1561년 식년문과에 병과로 급제한 문관이었다. 1592년 임진왜란이 일어났을 때 이정암은 이조참의로 있었고 선조가 평안도로 피난하자 뒤늦게 호종했으나 이미 체직되어 소임이 없었다. 동생인 개성유수 이정형(李廷馨)과 함께 개성을 수비하려 했으나 임진강 방어선이 무너져 실패하고 말았다. 그 뒤 황해도로 들어가 초토사로 의병 500명을 모집해 연안성(延安城)을 지킬 때 황해도 내에 주둔하던 일본군 3번 대장 구로다 나가마사

(黑田長政)군 5,000명 중 선발대 약 3,000명이 침입하자 나흘간에 걸친 치열한 싸움 끝에 일본군을 물리쳤으니 이른바 연안성전투의 승리다. 1592년 8월 28일부터 9월 2일까지의 전투였으니 420년 전 임진년의 일이었다.

그런데 이정암은 이 승첩 보고를 딱 한 줄로 끝내버렸다. 이 전투가 어떠한 상황에서 벌어졌는지, 적에게 입힌 타격이 얼마나 컸는지, 혁혁한 전공을 세운 장수가 누구인지, 아군의 피해는 어느 정도였는지를 보고하는 것은 그의 책임이자 의무였다. 그러나 그는 단 한마디도 언급이 없었다. 이 전투에서 성안에는 500여 명의 군사가 있었고 해주를 함락한 후 연안읍성으로 쳐들어온 일본군은 3,000명(『연려실기술』 제15권)이 넘었다. 이정암은 섶을 쌓고 그 위에 앉아 지휘했다. 성이 함락되면 스스로 불을 질러 타죽겠다고 했다. 합심하여 주야로 나흘간을 죽기를 각오하고 싸운 결과 죽고 부상한 일본군이 반을 넘었으니 마침내 일본군들은 연안성의 포위를 풀고 물러갔다. 이 연안성 전투는 임진왜란 당시 조선 육군이 거둔 몇 안 되는 승리 가운데 하나였다.

한 줄짜리 장계를 받은 지 얼마 지나지 않아 연안성전투의 내막이 조정에 알려졌다. 이정암이 몇 배가 넘는 정예 일본군과 맞서 나흘간을 버텨냈고 결국 그들을 격퇴하는 빛나는 전과를 올렸다는 것이었다. 조정의 많은 대신들은 이정암의 한 줄짜리 장계가 겸손이라 생각하고 이구동성으로 칭찬했다. 뿐만 아니라 선조는 다음과 같이 이정암을 칭찬하며 종2품 가선대부 동지중추부사의 품계를 내리고 황해도관찰사 겸 순찰사로 정식 임명했다.

> 却賊易 不伐功尤難(각적이 불벌공우난)
>
> 적을 물리치는 것은 쉬우나 공을 자랑하지 않는 것은 오히려 더 어려운 일이다.

우리는 사극에서 수북이 쌓인 두루마리 장계를 밤새워 읽는 임금의 모습을 본다. 정책을 제안하는 신하, 전쟁을 수행하는 장수, 민생을 고민하는 선비들이 보내는 각종 장계와 상소문의 분량이 상당했다는 것을 의미한다. 그래서 이순신의 장계 78편 각각의 분량을 『임진장초』 조성도 번역본으로 세어보았다. 대략은 A4 용지 1장에서 4장 정도다. 물론 가로 33.5cm, 세로 46cm의 해서체 『임진장초』로 본다면 더 많은 분량일 것이다. 그런데 이순신의 승첩장계는 무려 20장에 달하는 것도 있었다. 예컨대 1차 출정 옥포, 합포, 적진포 승첩을 아뢰는 장계 11장(1592년 5월 10일), 2차 출정 즉 사천, 당포, 당항포, 율포 승첩을 아뢰는 장계 20장(1592년 6월 14일), 3차 출정 한산도, 안골포 승첩을 아뢰는 장계 14장(1592년 7월 15일), 4차 부산포 승첩을 아뢰는 장계 8장(1592년 9월 17일), 두 번째 당항포 승첩을 아뢰는 장계 7장(1594년 3월 10일) 등이다. 이렇게 긴 장계를 쓰게 된 배경은 겸손도, 교만도 아니다. 그저 그것이 자신의 책임이자 의무라고 생각했기 때문이다. 전투 경과, 즉 적군의 피해상황과 아군의 전사자 및 부상자 명단, 노획물 목록 그리고 공로자 명단에 포상등급까지 기록하니 당연히 장문이 될 수밖에 없었다.

그러나 이정암은 연안성전투를 끝내고 딱 한 줄짜리 장계를 올렸다. 문과로 급제했던 문관으로서 작문이나 서술이 불가능해서는 아닐 것이다. 그런데도 조정에서는 그것을 겸손이라 했다. 하지만 과연 그 승첩에 올릴 내용이 한 줄의 겸손으로 끝낼 일이던가? 전쟁이란 장수 혼자만의 싸움이 아니지 않은가? 당시의 전투에는 장응기(張應箕), 조종남(趙宗男), 조서룡(趙瑞龍), 봉요신(奉堯臣) 등 함께 연안성을 지킨 장수들이 있었다. 전투의 결과를 조정에 상세히 보고해야 하는 지휘관으로서 과연 책임과 의무를 다했다고 할 수 있겠는가? 감히 선무2등공신에 빛나는 이정암의 훌륭한 공적을 폄훼(貶毁)하려는 것은 결코 아니다.

다만 이정암이 1593년 전라도관찰사 겸 순찰사로 부임해 오면서 이순신과 번번이 불편한 관계가 조성되고 있음에 주목하려는 것이다. 예컨대 이정암이 겸 순찰사로서 이순신보다 먼저 군졸을 징발하고, 군량과 군기를 독차지하고, 군선제작도 방해하고, 둔전도 육군 관하로 두고, 수군과 육군을 서로 바꾸어 방비하게 하는 등 사사건건 부딪히는 모습을 볼 수 있다. 이순신은 이정암과의 갈등관계로 괴로워하는 모습을 『난중일기』 곳곳에 토로하고 있으며, 이정암에게 직접 공문으로 설득하기도 했고 다음과 같이 조정에 장계를 올려 문제해결을 위한 조정을 요청하기도 했다.

전라도 연해안의 각 고을이라고 해봐야 좌도에 5고을, 우도에 14고을이 있을 뿐인데, 관찰사 이정암이 군대편성을 개정하면서 좌도에는 광양, 순천, 낙안, 흥양, 보성을 그리고 우도에는 장흥, 강진, 해남, 영암, 진도 등 각각 다섯 고을씩만 수군에 소속시키고 그 밖에 다른 고을들은 전부 육군 장수들에게 전속시켰습니다. 그런데도 좌도와 우도의 다섯 고을의 군량을 각처에서 징발해 가고 있는 실정입니다. 지금 좌도와 우도에서 만들고 있는 전선이 모두 150척이며, 탐색선과 협선이 150척입니다. 여기에 필요한 사부와 격군의 수만 해도 모두 무려 29,000여 명이나 되는데 그 숫자를 채울 길이 없어 걱정하고 있습니다.(請沿海軍兵糧器全屬舟師狀 연해안의 군병, 군량, 병기를 모두 수군에 전속시켜 주기를 청하는 장계, 1593년 윤11월 17일)

한 척의 전선이라도 관계가 있는 이때에, 아홉 고을에서 더 만들어내도록 배정된 20여 척을 일시에 정지시켜 놓는다면 바다를 방비하는 모든 일이 참으로 걱정스러울 뿐 아니라, 특히 전하께서 간곡하게 분부하신 본래의 뜻도 없어지는 것입니다. 이미 아홉 고을에 전선을 더 만들도록 명령해 놓은 것은 그대로 일을 끝내어 정해진 기한 내에 배를 몰고 와서 대도록 다시금 순찰사 이정암에게 엄히 분부를 내리시어 수군의 위엄을 장하게 할 수 있게 해주시고, 연해안 각 고을의 군사들과 백성들이 수군과 육군으로부터 교대로 징발당하는 괴로움을 면할 수 있게 해주시기 바랍니다.(請禁沿邑水陸交侵之弊事狀 수·육군이 서로 징발하는 폐단을 금지시켜 주기를 청하는 장계, 1594년 1월 16일)

이정암은 당대의 뛰어난 선비로서 병조참판, 전주부윤, 연안부사, 초토사, 의병장, 관찰사 겸 순찰사 등 요직을 두루 거치며 왜적을 격파했고 혁혁한 전과를 올린 훌륭한 충신이었다. 이순신보다 나이도 4살 연상이었고 과거급제도 15년이나 앞섰으며 직급도 종2품 관찰사 겸 순찰사로 지방행정의 최고책임자였다. 이순신이 비록 같은 종2품의 삼도수군통제사라해도 외관직의 무관으로서 문과출신으로 지방의 병권을 장악하고 있던 이정암의 관할하에 있었다. 그 어느 면에서나 우월한 지위에 있었던 이정암과 사사건건 부딪히는 상황이 이순신에게는 대단히 부담스러웠던 것이다. 물론 이정암에게도 이순신은 대단히 껄끄러운 존재였다. 이미 정2품 정헌대부, 삼도수군통제사로서 전쟁 초기의 혁혁한 전공으로 수군과 백성들의 신망을 한 몸에 받고 있는 이순신과의 갈등관계란 불편한 일이기 때문이다.

어쨌든 이정암은 유례없는 이 딱 한 줄짜리 장계로 그의 이름이 오래도록 역사에 빛나게 된다. 굳이 한 줄짜리 장계와 20장짜리 장계를 놓고 그 차이를 비교한다면 한 줄짜리 장계의 주인공 이정암은 선무2등공신에, 20장짜리 장계의 주인공 이순신은 선무1등공신에 올랐다는 것이다. 물론 아무 의미 없는 유치한 비교에 불과하지만 최고지휘관의 역할과 책임을 논할 때 과연 어떤 장계가 책임 있는 리더의 역할이라 할 수 있겠는가? 교만과 겸손의 선택을 넘어 책임과 의무의 문제다.

07
선조 : 1492년 이사벨라 vs 1592년 선조

지난여름 스페인·포르투갈 등이 있는 이베리아 반도를 여행했다. 지난 30여 년간 세계 67개국을 헤집고 다녔던 건 오로지 비즈니스를 위한 여행이었지 아내의 손을 잡고 역사와 문화를 찾아 떠난 여행은 난생 처음이었다. 찾아오기를 참 잘했다는 사실을 여행 내내 느끼면서 특별히 알람브라 궁전 앞에서는 그만 할 말을 잃었다.

대서양 푸른 바다를 정복했던 이사벨라 1세(Isable 1, 1451~1504), 1492년 1월 2일 이사벨라 1세가 그라나다를 정복하면서 이베리아 반도에서 이슬람 세력은 자취를 감추게 되었다. 이때 끝까지 저항했던 이슬람의 마지막 보루 나사리 왕국의 비운의 국왕 무함마드 13세는 너무나도 이슬람문명을 사랑한 나머지 오직 알람브라(Alhambra) 궁전을 보존하기 위해 군대를 거두는 아름다운 결단을 내렸다. 덕분에 알람브라 궁전은 스페인에 피어난 이슬람문명의 화려한 꽃으로 종교의 울타리를 넘어 지금도 찾는 이들의 마음을 숙연하게 만든다. 당연히 이슬람을 몰아내고 스페인제국을 건설했던 용기와 지혜의 여인, 이사벨라 여왕의 존재를 되뇔 수밖에 없었다. 바로 이때 실루

엣으로 다가오는 인물이 있었으니 바로 세비아 대성당에서 만났던 무덤 속에 잠든 영혼, 탐험가 콜럼버스(Christopher Columbus, 1451~1506)였다.

이사벨라 여왕과 콜럼버스의 만남은 1492년, 임진왜란이 일어나기 정확히 100년 전의 일이었다. 그야말로 콜럼버스와 에스파냐에게 엄청난 행운을 가져다준 해로써 대(大)스페인제국의 번영기를 시작하는 해였다. 카스티야 왕국의 여왕 이사벨라 1세가 남편인 아라곤 왕국의 페르난도 국왕과 함께 이베리아 반도에서 무어인들을 몰아낸 후 에스파냐를 건설할 초석을 놓았기 때문이다. 드디어 1492년 4월 17일 이사벨라 1세는 콜럼버스와 역사적인 협약을 체결한다. 이 협약에서 콜럼버스에 대한 이사벨라 여왕의 후원은 그야말로 파격적이었다.

이탈리아 제노바 출신의 평민이었던 콜럼버스는 누구인가? 그는 가톨릭 왕조인 에스파냐의 이사벨라 여왕에게 신대륙 발견을 위한 거대한 프로젝트, 즉 미지의 신대륙을 확보하기 위한 엄청난 지원을 요청하면서 결코 수용하기 쉽지 않은 조건을 덧붙였다. 이 항해가 성공한다면 자신과 후손들에게 귀족의 칭호인 돈(Don은 영주, 군주라는 의미이기도 하고, 성직자나 귀족을 부르는 칭호였다.)과 제독의 계급을 줄 것, 또 새로 발견된 땅에서 얻은 수입의 10%와 모든 무역거래의 8분의 1을 자신의 지분으로 줄 것, 더불어 그가 발견한 땅이 식민지가 될 경우 자신을 총독으로 임명해 달라는 것이 그 조건이었다.

에스파냐 왕실에서는 격론이 벌어졌다. 콜럼버스가 이방인이라는 점, 대항해의 성공을 보장할 수 없다는 점, 그의 요구조건이 지나치게 무리하다는 점 등으로 갑론을박한 결과는 부정적이었다. 심지어 이사벨라의 남편인 페르난도까지 콜럼버스를 미치광이 사기꾼으로 취급했다. 그럼에도 불구하고 이사벨라 여왕은 콜럼버스의 요구대로 협약을 맺기로 결론지었다. 도박과 다름없는 고위험 고수익(high risk high return)의 모험이었다. 이사벨라 여왕의 경청의 힘, 의사결정자로서 자신이 결정하고 자신이 책임진다는 결단력이 발휘되는 순간이었다. 사실 콜럼버스는 이 후원을 얻기 위해 그 동안 포르투갈과 프랑스를 비롯한 여러 나라를 수년간 돌아다녔지만 그들은 그의 얘기를 경청하지 않았고 그의 제안은 모두 거절당했다.

결과적으로 이 위대한 협약은 에스파냐에게 엄청난 경제적 부(富)를 안겨주었다. 당시 콜럼버스가 동인도라고 믿었던 아메리카 신대륙에서 들여오는 엄청난 금은보화, 재물과 자원은 이사벨라 여왕시대에 스페인의 개화기를 열고, 카를로스 5세를 거쳐 필리페 2세 시대를 맞으면서 스페인제국의 최고절정기를 이룩하고, 급기야 에스파냐를 유럽의 중심국가로 아니 '태양이 지지 않은 대스페인제국'으로 발전시키는 계기가 되었다. 자국인도 아닌 이탈리아인을, 그것도 엄청난 지분을 요구하는 콜럼버스의 제안을 받아들인 이사벨라 여왕의 놀라운 경청의 힘이었다.

이제 현해탄 검은 파도에 휩쓸렸던 조선의 선조(宣祖)를 보자. 이순신이 끊임없이 올리는 장계에 대해 임금 선조는 얼마나 경청했던가? 처음에는 신의를 가지고 이순신을 평가했고 그의 말에 귀를 열었다. 하지만 명나라가 지원군을 보내고 전쟁이 강화협상으로 소강상태에 접어들자 선조는 더 이상 이순신의 이야기에 귀 기울이지 않았다. 이순신에 대한 신의(信義)가 시의(猜疑)로 바뀌었기 때문이다. 더 나아가 정파와 당쟁에만 몰두하는 대신들의 농간으로 시의는 다시 적의(敵意)로 변해갔다. 급기야는 정유년 2월 이순신을 파직시키고 한성으로 잡아 올려 죽이려고까지 했으니 과연 신하를 신뢰하지 못하는 선조의 전시 통치능력이 그대로 평가되는 대목이다.

그러나 따지고 보면 대신들의 반대를 무릅쓰고 이순신을 종6품 정읍현감에서 무려 7계급이나 특진시켜 정3품 전라좌도수군절도사에 임명한 이 또한 선조 아니던가? 그러나 선조는 그렇게 불차탁용(不次擢用)했던 이순신의 말을 믿지 않고, 오히려 일본군의 간첩 요시라의 간계를 믿고 이순신을 죽이려고까지 했으니 과연 임금 선조가 책임 있는 군주로서 경청의 지혜, 경영의 지혜를 갖추었다고 말할 수 있겠는가? 이순신에 대한 선조의 시의(猜疑)는 역사적 비극이었다.

이순신과 콜럼버스 그리고 선조와 이사벨라를 비교하지 않을 수 없다. 불과 1세기, 100년의 시차를 두고 남유럽과 동아시아에서 일어났던 역사적 사건으로 에스파냐와 조선의 운명은 극명하게 갈라졌다. 에스파냐는 콜럼버스의 제안을 경청한 이사벨라의 지혜로 대스페인 제국시대를 활짝 열었고, 조선은 이순신의 소청(疏請)을 듣지 않는 선조의 불통으로 또다시 일본군에게 짓밟히는 치욕의 역사를 되풀이했다. 국가경영에 책임 있는 국가지도자가 귀를 열고 경청하는 지혜를 가졌을 때 얼마나 큰 국가적 손익과 역사적 운명을 가름하는지를 우리는 스페인제국의 역사에서 읽을 수 있다.

그렇다면 조선의 임금 선조(宣祖 1552~1608)는 누구인가. 그는 과연 임진왜란사에 부정적으로 자리매김한 무능한 국왕임에 틀림이 없는가. 선조의 재임 중에 1589년 기축옥사, 이른바 정여립 역모사건이 일어났고, 1592년 일본군의 침략, 임진왜란이 일어났다. 이후 또 다른 비극 중국의 침략, 1627년 정묘호란과 1636년 병자호란이 일어나면서 조선사회는 급격히 무너져 내리고 말았다. 과연 선조는 무능한 왕이었을까.

임금 선조는 조선의 14대 국왕으로 등극할 때부터 콤플렉스가 있었다. 조선왕조(1392~1910) 518년간 왕위에 오른 사람은 모두 27명이지만 이 가운데 왕의 적장자 혹은 적장손 출신으로 정통성에 문제가 없었던 사람은 겨우 10명에 불과하였다. 나머지 17명의 왕은 세자의 책봉과정이나 왕위계승 원칙에 맞지 않는 비정상적인 계승자였다. 조선왕조에서 왕의 직계가 아닌 왕실의 방계에서 처음 왕위를 계승한 사람이 바로 14대 임금 선조였다. 선조는 중종(中宗)의 서자였던 덕흥군(德興君)의 셋째 아들이었으니 아마도 태어나는 순간엔 왕이 될 운명이라고는 누구도 생각하지 못했을 것이다. 친부인 덕흥군도 제11대 왕 중종의 일곱째 아들로, 중종의 후궁인 창빈안씨(昌嬪安氏)의 소생이었으니 말이다.

선조에게 가장 큰 치명타는 역시 임진왜란이었다. 1592년은 조선이 건국된 지 꼭 200년이 되는 해였다. 임진왜란이 일어나기 전까지 200년간 조선은 너무도 평화로웠다. 하지만 오랫동안 지속된 평화는 국방체계를 무너뜨렸고, 국력증강에 기울여야 할 동력은 동서분당 등 당쟁에 소진되고 있었다. 16세기 후반 오다 노부나가에 이어 일본을 통일한 도요토미 히데요시는 정명가도, 명나라를 치러갈 테니 길을 빌려 달라는 미명하에 조선의 국토를 유린하고 조선의 백성들을 도륙했다. 선조는 국왕으로서 나라를 지키지 못한 임금, 나라와 백성을 버리고 명나라로 망명하려 했던 임금, 지혜롭고 충성스런 신하들을 제대로 쓰지 못한 무능한 임금으로 각인되고 말았다.

선조는 비록 후궁 출신의 서자로 왕위에 오른 국왕이었지만 명민하고 학문에도 조예가 깊은 임금이었다. 임진왜란이 끝나고 침략군들이 물러간 지 10년 후 1608년에 선조는 파란만장한 일생을 마감했다. 선조의 시대는 임진왜란이라는 국난의 시기였고 정치적으로는 훈구세력이 몰락하고 사림의 신진세력이 등장하던 시기였다. 그러나 율곡 이이, 송강 정철, 서애 유성룡, 오성 이항복, 한음 이덕형, 오리 이원익, 여해 이순신, 평중 원균, 입지 신립, 중경 이일 등 조선시대 가장 유능한 인재들이 많았던 시기였기도 하다. 이사벨라가 콜럼버스의 아이디어를 경청했던 것처럼 이들과 더불어 지혜를 경청하고 경험을 공감하고 경륜을 신뢰했다면, 선조는 위기를 기회로 극복한 위대한 군주, 스페인제국 시대를 열었던 이사벨라 여왕처럼 동아시아의 패권을 장악한 유능한 군주로 역사에 남았을 일이다.

08
거북선 : '판옥선'의 진화, 거북선을 만들다

우리는 이순신에게서 백전백승의 전술전략뿐만 아니라 조선 수군의 가치를 극대화시키는 가치창조의 경영전략이 있었음을 발견하게 된다. 바로 거북선을 창제하는 모습이다. 이순신이 1591년 2월 13일 전라좌수사로 부임하여 일본군의 침략에 대비한 결과물 중 가장 빛나는 유비무환의 업적은 바로 거북선의 창제였다. 절묘하게도 거북선의 완성시점 또한 임진왜란 하루 전날인 임진년 4월 12일이었다.

임진일기(1592) 3월 27일, 맑고 바람도 없었다

일찍 아침을 먹은 뒤 배를 타고 소포에 갔다. 쇠사슬을 건너 매는 것을 감독하고, 종일 기둥나무 세우는 것을 보았다. 겸하여 거북선에서 대포 쏘는 것도 시험했다.

임진일기(1592) 4월 11일, 아침에 흐리더니 늦게 갰다

공무를 본 뒤 활을 쏘았다. 순찰사(이광)의 편지와 별록을 순찰사의 군관(南僩)

이 가져왔다. 비로소 배 돛을 만들었다.

임진일기(1592) 4월 12일, 맑음

식후에 배를 타고 거북선의 지자포(地字砲)와 현자포(玄字砲)를 쏘았다. 순찰사의 군관 남한이 살펴보고 갔다.

이순신이 임진왜란 바로 전날까지 건조한 거북선은 탁월한 기능과 화력으로 출전하는 해전마다 위용을 과시하며 왜선들을 격침시켰으며, 조선 수군의 전투역량을 크게 강화시켰다. 이순신은 1592년 6월 14일에 올린 장계(唐浦破倭兵狀)에서 거북선의 창제동기와 사천해전의 처녀출전 그리고 당포해전에서의 활약상을 다음과 같이 보고하고 있다.

임진년 5월 29일 사천해전. 신이 일찍이 왜적들의 침입이 있을 것을 염려하여 별도로 거북선(龜船)을 만들었는데, 앞에는 용머리를 붙여 그 입으로 대포를 쏘게 하고, 등에는 쇠못을 꽂았으며 안에서는 능히 밖을 내다볼 수 있어도 밖에서는 안을 들여다볼 수 없게 하여 비록 전선 수백 척 속에라도 쉽게 돌입하여 포를 쏘게 되어 있으므로 이번 출전 때에 돌격장 급제 이기남이 그것을 타고 나왔습니다.

임진년 6월 2일 당포해전. 거북선으로 하여금 층루선(層樓船) 밑을 들이받으면서 용의 입으로 현자철환을 치쏘게 하고 또 천자, 지자총통과 대장군전을 쏘아 그 배를 깨트리자 뒤따르고 있던 여러 전선들도 철환과 화살을 교발(交發)하였는데 중위장 권준이 돌진하여 왜장이란 놈을 쏘아 맞히자 쿵 하는 소리를 내며 떨어지므로 사도첨사 김완과 군관 홍양 보인 진무성이 그 왜장의 머리를 베었습니다.

이와 같이 이순신은 사천해전에 이은 당포해전에서도 거북선의 막강한 화력과 당파로 왜선 21척을 모조리 불살라 깨트려버렸고, 휘하장수들은 일본군 대장 가메이 고레노리(龜井玆矩)의 목을 댕강 잘라버렸다. 이에 놀란 일본군들은 혼비백산 전의를 상실한 채 육상으로 도망치거나 당포만의 물귀신이 되고 말았다. 그야말로 당파전술은 충돌전술이 아니라 함포포격전술이라는 설명이 실감나는 대목이다.

당시 일본군들의 전법은 군선에서 조총만 쏘아대는 것이 아니라 직접 아군의 군선에 올라타 칼을 휘두르는 등선백병전을 병행했다. 따라서 적군에게 아군을 노출시키지 않는 것, 적군이 기어오르지 못하게 하는 것 등은 승리의 중요한 관건이었다. 그러므로 적군은 아군을 볼 수 없고 아군은 적군을 내다볼 수 있도록 만들고, 등판에는 판자를 덮고 쇠못을 박아 적들이 뛰어오를 수 없도록 만들고, 좌우로만 화포를 쏠 수 있던 것과는 달리 선두의 용머리에서도 쏠 수 있도록 설계한 거북선이야말로 차별화된 기술혁신의 결과였다.

이렇게 창제된 거북선은 임진왜란 초기에 남해수로를 차단하고 일본군의 서해북상을 완벽하게 봉쇄하는 역할의 선봉에 있었다. 참으로 거북선의 위용이야말로 일본군의 눈에는 거북 같은 귀선(龜船)이 아니라 귀신 같은 귀선(鬼船)으로 보였을 것이다. 그러나 안타깝게도 칠천량해전에서 조선 수군이 궤멸당하면서 5~7척으로 추정되는 거북선도 모두 수장되고 말았으니 지금은 그 흔적조차 찾아볼 수 없음이 참으로 통탄스럽다. 그렇다면 이렇게 탁월한 첨단전선 거북선을 왜 더 이상 건조하지 않았을까, 결정적인 기능상의 문제가 있었다. 전선은 가볍고 빠른 것이 최상인데 거북선은 그렇지 못하다는 것이었다.

상이 이르기를 "귀선(龜船)의 제도는 어떠한가?" 하니, 남이공(南以恭)이 아뢰기를 "사면을 판옥(板屋)으로 꾸미고 형상은 거북 등 같으며 쇠못을 옆과 양 머리에 꽂았는데, 왜선과 만나면 부딪치는 것은 다 부숴지니, 수전에 쓰는 것으로는 이보다 좋은 것이 없습니다." 하였다. 상이 이르기를 "어찌하여 많이 만들지 않는가?" 하니, 남이공이 아뢰기를 "전선은 가볍고 빠른 것이 상책입니다. 지금은 군사가 없는 것이 걱정이지 배가 없는 것은 걱정이 아니니(戰艦, 以輕捷爲上 當今只患無軍不患無船) 바닷가에 사는 공천과 사천을 오로지 수군에 충당하면 국가의 계책에 좋을 것입니다."(『선조실록』 1596년 11월 7일)

일부에서는 거북선에 대한 기록이 임진왜란보다 180년 정도 앞선 1413년 『태종실록』에 다음과 같이 나타나고 있음을 들어 이순신이 거북선을 창제한 것이 아니라 기존의 함선체계를 운용한 것이라고 주장하기도 한다.

임금이 임진도(臨津渡)를 지나다가 거북선(龜船)과 왜선(倭船)이 서로 싸우는 상황을 구경하였다.(『태종실록』 1413년 2월 5일)

거북선(龜船)의 법은 많은 적과 충돌하여도 적이 능히 해하지 못하니 가히 결승(決勝)의 좋은 계책이라고 하겠습니다. 다시 견고하고 교묘하게 만들게 하여 전승(戰勝)의 도구를 갖추게 하소서.(『태종실록』 1413년 7월 16일)

사실(史實)이 이렇다면 거북선은 과연 복원(復元)인가? 창제(創製)인가? 그러나 전문학자들에 따르면 『태종실록』 이후 임진왜란까지는 더 이상 거북선에 대한 기록을 찾아볼 수 없다고 한다. 그렇다면 이순신이 180년 전의 거북선에 관한 조선지식을 알고 있을 리가 없고, 더구나 사고(史庫)에 보관

되었던 『태종실록』을 당시 수군지휘관이었던 이순신이 찾아가 볼 수 있는 처지 또한 아니었을 것이다. 뿐만 아니라 만일 제도적으로 거북선이 운용되었다면 그 뒤에 편찬된 『경국대전(經國大典)』에라도 기록이 있어야 하지만, 1485년에 시행된 법전에도 거북선에 대한 기록은 전혀 없다. 이렇듯 유물(遺物)의 거북선은커녕 그 기록조차 찾아볼 수 없으니 이순신이 거북선을 만들 당시 참고할 만한 자료 역시 없었을 것이다. 다만 조선기술만은 전통기술로 이어져 거북선의 원천기술이 되었을 것이라고 짐작할 수 있다.

이는 임진왜란 당시의 거북선이 이전에 전혀 없던 것을 만들어낸 창제(創製)는 아닐 수 있지만, 적어도 흔적도 없이 사라진 그 거북선을 만들어낸 것만은 사실이라는 의미일 것이다. 물론 거북선은 이순신 혼자만의 작품은 아니었다. 거북선을 건조하는 작업에는 많은 인력과 기술자들이 참여했는데 그 가운데 실무적인 관리를 맡은 최고의 공로자가 감조군관 나대용(羅大用)이었고 정걸(丁傑), 송덕일(宋德馹) 등이 함께한 것으로 나타난다.

이순신이 창제한 거북선은 3층 구조였으며 기존의 판옥선에 덮개를 만든 장갑선으로, 돌격선이었다. 적진에 제일 먼저 가장 깊숙한 30m 전방까지 들어가 근접 총통포격전술, 즉 천자총통, 지자총통, 현자총통, 황자총통 등에서 대포를 쏘아 명중률을 높이며 왜선들을 격파시켰다. 임진왜란 당시 거북선의 포문은 입과 꼬리에 각 1개, 좌우현에 각 6개 등 모두 14개였으며, 조선 후기 전라좌수영 거북선의 포문은 36개, 통제영 거북선의 포문은 모두 72개였다.

그렇다면 거북선으로 진화한 판옥선의 정체는 무엇인가? 사실 조선 수군의 전투함은 몇 척의 거북선을 제외하면 오직 판옥선뿐이었고, 나머지는 승선정원이 불과 4, 5명에 불과한 전투함의 부속선으로 시중을 들거나 정탐을 하는 등 극히 작은 사후선(伺候船)이나 협선(挾船) 등이었다. 그런 판옥선의 수 역시 일본 수군 1,000여 척에 비하면 턱없이 적었다. 원균은 1593년 7월 15일 장계에서 삼도(三道)의 판옥선은 120여 척뿐이라 했고, 이순신이 임진년(1592), 계사년(1593)에 총동원했던 삼도의 판옥선도 겨우 100척 미만이었다.

이순신은 임진년의 싸움 후에 판옥선의 건조 없이 일본 수군을 이길 수 없다는 사실을 깨닫고 판옥선 건조에 나섰다. 1593년 9월 10일 장계(陳水陸戰事狀)에 전라우수영 90척, 전라좌수영 60척, 충청수영 60척, 경상우수영 40척 도합 250척을 만들겠다고 했고, 불과 3달 만인 윤11월 17일에는 이미 충청수영을 빼고는 거의 다 만들었다고 보고했다(請沿海軍兵糧器勿令遞移狀). 기록에 의하면 최종적으로 180여 척이 건조된 것으로 확인되고 있다.

그렇다면 이 판옥선은 누가 만들었을까, 『호남절의록』(1799년)의 기록에 "훗날 암행어사 이이장(李彝章)이 판옥선은 그 운용이 어려우니 폐하자고 장계했을 때 영조(英祖)가 '그것은 명장 정걸(丁傑)이 창제한 것'이니 폐할 수 없다."라고 한 것과, 을묘왜변 직후인 1555년 9월 16일 『명종실록』에서도 "임금(明宗)이 조정 대신 여럿을 데리고 한강이 바라다보이는 망원정(望遠亭)에 올랐다. 새로 만들었다는 배를 직접 보기 위해서였다."는 기록을 찾을 수 있다.

이렇게 건조된 판옥선의 장점은 견후장대(堅厚壯大)하다는 것이다. 당시 이미 125명 이상의 군사를 수용한 그 크기는 종전에 조운선이었던 맹선과 일본 군선 아다케부네(安宅船)에 비할 바가 아니었다. 상장을 높게 꾸며 놓은 판옥선의 장대한 선형은 노역을 전담하는 격군과 전투에 임하는 군사를 갈라놓아 서로 소임을 다하는 데 편리하도록 되어 있다. 뿐만 아니라 적이 선상에 기어올라 침입하지 못하도록 하고, 포를 높게 설치하여 유리한 자리에서 적에게 포격을 가할 수 있다는 이점도 있었다.

이렇게 만들어진 판옥선은 급기야 거북선의 모형(母型)이 되었고 조선 후기까지 조선 수군의 주력함으로 남아 있었다. 거북선이 판옥선의 상장갑판 윗부분을 제거하고 그 자리에 둥그런 개판(蓋板)을 덮어 전사까지도 보호한 특수 군선이라는 점에서 이순신의 혁신적 아이디어와 전통기술의 접목, 이순신의 경영기술과 나대용, 정걸, 송덕일 등의 조선기술의 결합으로 만들어진 거북선은 조선 수군의 전투역량과 존재가치를 제고시킨 16세기 최고의 첨예전투함이었고, 조선 수군의 차별화된 핵심역량(core competence)이었다.

09
정철총통 : 이순신, 조선의 조총을 만들다

전쟁은 인류에게 형언할 수 없는 고통과 파괴의 비극을 가져온다. 그러나 첨단의 군사과학과 기술공학이 개발되고 발전되는 기회인 것 또한 사실이다. 전쟁에서 우월한 무기체계를 갖추는 것이야말로 곧 승리의 원동력이기 때문이다. 세계의 많은 나라들이 첨단무기 개발경쟁에 뛰어들고 있는데 이는 기업에서도 마찬가지다. 많은 기업들이 첨단소재, 첨단부품, 첨단제품을 만들기 위해 연구개발에 몰두하는 이유 역시 경제전쟁에서 승리하기 위한 전략인 것이다.

그러나 대부분의 중소기업들은 기술개발, 인재영입, 자금조달, 시장개척 등에서 어려움을 겪고 있으며, R&D(Research and Development, 연구개발) 또는 C&D(Connect and Development, 연계개발)에 기초한 기술경쟁력 확보를 통해 경영난을 타개하기 위해 노력하고 있다. 그 성공 여부는 전적으로 최고경영자의 창의적인 노력과 얼마나 혁신적인 의지가 투입되는가에 달려 있다. 우리는 이순신에게서 그런 가치창조적 최고경영자의 모습을 발견할 수 있는데, 일본군의 조총에 맞설 조선의 조총을 개발했다는 장계가 바로 그것이다.

신이 여러 번 큰 싸움을 치르면서 왜적의 조총(鳥銃)을 얻은 것이 매우 많았으므로 항상 눈앞에 두고 그 묘한 이치를 시험한 즉, 총신이 길기 때문에 총구멍이 깊숙하고, 총구멍이 깊숙하기 때문에 나가는 힘이 맹렬하여, 총알에 맞기만 하면 반드시 부숴지는데, 우리나라의 승자(勝字)나 쌍혈(雙穴) 등의 총통은 총신이 짧고 총구멍이 얕아서 그 맹렬한 힘이 왜적의 총통만 같지 못하며 그 소리도 웅장하지 못합니다. 그래서 매번 조총을 만들어 보려고 하였는데 신의 군관 훈련주부 정사준(鄭思竣)이 궁리 끝에 그 묘법을 알아냈습니다. 그리고는 대장장이인 낙안 수군 이필종(李必從), 순천의 사노(私奴) 안성(安成), 피난 와서 본영에 거주하는 김해의 절종(寺奴) 동지(同志), 거제의 절종 언복(彦福) 등을 데리고 정철을 두들겨서 만들었는데 총신도 잘 되었고 총알이 나가는 힘이 조총과 꼭 같습니다. 총구멍에 불을 붙이는 기구가 조금 다른 것 같으나 며칠 안으로 다 마쳐질 것입니다.(封進火砲狀, 1593년 8월)

가히 이순신의 창의적 발상력과 기술적 분석력에 놀라지 않을 수 없다. 이렇게 해서 개발한 조총의 성능이 왜적들의 조총보다 우월했다는 사실을 명나라 군사들도 입증하고 있는데 이순신의 일기에도 그 기록이 남아 있다.

계사일기(1593) 9월 14일 이후 별지

이제야 온갖 방법으로 생각하여 조총을 만들어내니, 왜군의 총통과 비교해도 가장 기묘하다. 명나라 사람들이 진중에 와서 사격을 시험하고서 잘 되었다고 칭찬하지 않는 이가 없음은 이미 그 묘법을 얻었기 때문이다. 도내(道內)에서는 같은 모양으로 넉넉히 만들도록 순찰사와 병사에게 견본을 보내고 공문을 돌려서 알리게 하였다.

하늘을 나는 새도 떨어뜨릴 수 있다는 조총(鳥銃)은 왜군이 임진왜란 당시 사용했던 화승총(火繩銃)이다. 일본에서는 '뎃뽀(鐵砲, てっぽう)'라 불렀다. 흔히 쓰는 무뎃뽀(無鐵砲) 정신이란 뎃뽀도 없이 전쟁에 나간다는 막무가내 정신을 말한다. 이 조총이 일본에 전래된 것은 1543년 중국무역을 하던 포르투갈 상인들이 뱃길을 잃고 표류하다 다네가시마(種子島)에 당도한 것에서 비롯되었다. 총의 화력에 놀란 다네가 영주는 어렵사리 구한 총을 분해하고 설계해서 자신들의 총으로 만들어냈다. 이 조총의 위력은 1573년 오다 노부나가(織田信長)가 무로마치 막부(室町幕府)를 멸망시키고 전국을 통일하는 데 기여했고, 급기야 조선을 침략하는 임진왜란에서 괴력을 발휘하게 된다.

사실은 조선에도 임진왜란이 일어나기 전, 일본에 갔던 통신사 황윤길 일행이 돌아오면서 대마도주로부터 조총 몇 자루를 받아온 적이 있다. 하지만 당시 조정에서는 이 신무기의 놀라운 성능에 대해 아무도 주의를 기울이지 않는다. 사실 이미 전쟁의 징후가 여러 곳에서 포착되고 있었던 때였음에도 불구하고, 이 조총이 미구에 우리 조선을 유린하는 무자비한 살상의 주범이 될 것이라는 사실을 우려하는 대신들이 없었다는 것은 참으로 답답하고 안타까운 일이다.

급기야 임진년 4월 14일 부산진에 상륙한 일본군은 불과 20일 만에 파죽지세로 한성까지 내달린다. 선조는 일본군이 지상전투에서 연전연승한 이유가 바로 화기(鳥銃) 때문이며, 조선군의 약점은 노획한 조총도 제대로 사용하지 못하는 점이라고 지적했다. 결국 조총의 놀라운 위력 앞에 조선은 무릎을 꿇고 말았다. 조선군은 뒤늦게 조총의 위력을 인지하고 일본군들로부터 노획한 조총으로 훈련하던 모습을 선조의 유서를 통해 확인할 수 있다.

서울에 남아 있는 왜적의 총통들은 그 수량이 적을 뿐 아니라 명나라 장수들까지 구하고 있으니, 그대가 얻은 조총 중에서 성하고 좋은 것을 골라서 올려 보내도록 하라.(命進鳥銃諭書一 이순신에게 보낸 유서 1, 1593년 10월 3일)

경상도 사람들은 비록 조총을 얻어도 그 쏘는 법을 알지 못한다고 하던데, 한성에서는 지금 그것(약 260자루의 조총)을 가르치고 훈련시키고 있으니 그대는 그 조총들을 올려 보내도록 하라.(命進鳥銃諭書 二 이순신에게 보낸 유서 2, 1593년 11월 7일)

하지만 앞에 언급한 대로 이순신은 이미 두 달 전인 8월의 장계(封進火砲狀)에서 조총을 개발했다고 보고하고 있다. 아울러 노획물자만으로는 조선군의 무기가 될 수 없다는 사실과 이로 인해 연구 끝에 조총을 개발했다는 사실을 상세히 밝히고 있다. 그렇다면 당연히 이순신이 개발한 조총에 대해서 성능을 시험해 보고 사실이 그러하다면 널리 제작하여 보급하도록 조치해야 하는 것이 책임 있는 군주의 의무일 것이다. 하지만 선조는 이순신의 조총개발이 창의적인 연구개발(R&D)이 아니라 일본의 조총을 모방한 수준이라 생각했기 때문에 신뢰하지 못하고 무시했던 것으로 보인다.

물론 420년 전 까마득히 아득한 세월에 연계개발(C&D)이 내부의 지적재산과 외부의 지적재산을 결합해서 더욱 뛰어난 기술로 개발하는 개방형 연구개발(R&D)이라는 사실을 이해할 리가 없다. 하지만 아무리 그렇다 해도 선조의 유서를 보면 조선 수군이 개발했다는 조총에 대해서는 언급조차 하지 않는다. 오로지 일본군에게서 노획한 조총만 계속 올려 보내라고 재촉하고 있으니 참으로 부끄럽고 답답한 일이다. 임금은 적으로부터 빼앗은 총으로 싸우라 하고, 신하는 자신들이 개발한 총으로 싸우겠다고 하니 참으로 누가 임금이고 누가 신하인지 어처구니없는 일이 아닐 수 없다.

이순신이 개발한 조총을 '정철총통'이라 했는데 이는 원래 전라좌수사와 경상병사를 지낸 김지(金墀)가 만들어 1583년 니탕개(尼湯介)의 난 때 큰 몫을 해냈던 승자총통(勝字銃筒)을 보완한 것이다. 개발결과는 대단히 성공적이었다. 가늠쇠와 가늠자를 만들었더니 방향성이 좋아졌고, 총구멍이 작아져도 힘이 줄지 않는 최적구경을 찾아냈으며, 화약의 양이 적게 들면서도 강력하게 발사되는 총신의 길이를 찾아냈다. 드디어 일본군의 조총을 능가하는 정철총통이 개발된 것이다.

다만 안타깝게도 딱 2%가 부족한 부분이 있었다. 조총의 핵심이라 할 수 있는 화승(火繩) 즉 방아쇠를 개발하지 못했다. 채연석(蔡連錫)의 『韓國初期火器研究』를 보면 조총에서 사용한 점화법은 계두(鷄頭), 즉 태엽에 끼워져 있는 노끈에 불을 붙인 후 방아쇠를 손가락으로 당기면 태엽이 풀리는 탄력에 의해 총신의 뒷부분에 있는 점화구의 화약을 폭발시키고 그 폭발로 인하여 장전된 탄환이 발사되는 방식이다.

비록 방아쇠의 비밀을 풀지 못한 채 수동점화식으로 완성되었지만 사실상 일본군들의 조총 성능에 버금가는 조총이 탄생한 것이다. 이순신의 집요한 개발열정과 정사준을 비롯한 대장장이들의 피나는 노력의 결실이었다. 이순신은 정철총통의 개발이 이 전쟁을 종식시킬 수 있는 강력한 화기라고 믿었다. 그래서 수군은 물론 육군에까지 널리 보급되기를 원했으나 임금 선조와 조정 대신들은 일본군의 조총과 똑같지 않다는 이유로 외면하고 말았다. 더 이상 조선의 조총 즉 정철총통이 임진, 정유전쟁에서 눈부신 활약을 했다는 자료가 보이지 않으니 말이다. 하지만 열악한 환경에서 일구어낸 이순신의 조총, 즉 정철총통의 개발은 당대의 혁신적인 기술개발의 성공이었으며 이순신의 창조경영과 가치창조의 진수라 할 것이다.

10
화약 : 임진왜란은 화약전쟁이었다

요즈음 젊은 세대 즉 20대의 인생을 '장미빛 인생'이라고 한다. '장기간 미취업된 빚쟁이'란 뜻이다. 그렇다면 20대는 모두가 이럴까? 아니다. 오히려 몇 군데씩 취업이 돼서 선택의 고민에 빠져 있는 젊은이들도 있다. 물론 극소수지만 말이다. 왜 이렇게 청년실업이 심각한가? 물론 경제불황의 탓이 크다. 그러나 더 큰 문제는 학력 쌓기, 스펙 쌓기에만 열중했지 특별히 잘할 줄 아는 것, 남보다 잘할 수 있는 것이 없기 때문이다. 게다가 지나친 이기주의와 경쟁심으로 남들과 더불어 협력하는 따뜻한 인성(人性)마저 부족하다. 그야말로 차별화된 능력도, 남다른 아이디어도 없으면서 대졸이라는 간판 때문에 기대치만 높아져 있기 때문에 20대의 미래가 불확실한 것이다.

그런데 보라. 마이크로소프트의 빌 게이츠가, 애플의 스티브 잡스가 대학을 제대로 졸업했는가? 아니다. 그들에겐 대학졸업장이 없다. 스티브 잡스는 리드대학을 중퇴했고 빌 게이츠는 하버드대학을 중퇴했다. 그런데도 그들은 세계최고의 경영자, 세계최고의 부호반열에 이름을 올렸다. 그렇다면 그들의 성공은 혼자의 힘으로 이룩한 것인가? 아니다. 애플에는 스티브 잡스와 함께한 공동창업자 스티브 워즈니악이 있었고, 마이크로소프트에는 빌 게이츠와 함께한 공동창업자 폴 앨런이 있었다. Google은 어떤가? CEO 래리 페이지와 공동창업자 세리게이 브린이 있다. 이들에겐 더불어 함께한 협력자이자 동업자가 있었던 것이다. 서로가 잘할 수 있는 부분의 결합으로, 서로가 부족한 부분의 보완으로 단시간에 세계경제를 이끌어가는 기적에 가까운 시너지 효과를 이루어낸 것이다. 소위 아이디어와 기술의 융합이었다.

그러나 이것이 현재의, 남의 나라의 일만은 아니다. 16세기 조선에도 아이디어와 기술의 융합으로 가치창조를 실현했던 걸출한 CEO, 이순신이 있었다. 예컨대 이순신의 아이콘인 거북선 창제는 나대용과의 협력으로, 왜놈들의 조총에 맞선 정철총통 개발은 정사준과의 협력으로 가능했다. 이번에는 이순신의 또 다른 융합경영의 예를 화약의 원료인 염초개발에서 찾아보려고 한다.

1592년 5월 초부터 9월 초까지 남해안 구석구석에 출몰하는 일본군들을 소탕하고 전라좌수영으로 돌아온 이순신에게는 또 다른 걱정거리가 기다리고 있었다. 무려 네 달 동안 치열한 전투를 치르다 보니 이순신 군영엔 이미 화약이 바닥나버린 것이다. 첫 출전인 옥포해전을 시작으로 부산포해전까지 치르는 동안 무섭게 뿜어대던 화약연기와 함께 그동안 비축했던 화약은 모두 소진되고 말았다. 전라좌수영에 화약이 있다는 소식을 듣고 다른 도의 여러 군영에서 화약을 요청하니 거절하지 못하고 모두 나누어 준 탓이기도 하다.

본영과 각 진포에 있는 화약은 기본 수량이 넉넉하지 못하였는데, 전선에 나누어 싣고 다섯 번이나 영남해역으로 출전하여 거의 다 써버렸습니다. 더구나 본도

순찰사, 방어사, 소모사, 소모관 및 여러 의병장과 경상도 순찰사 및 수사들의 청구도 번거로울 정도로 많아서 달리 쌓아둔 것이 매우 적습니다.(請賜硫黃狀, 1593년 1월 26일)

당연히 화약은 부족할 수밖에 없었다. 더구나 조선 수군의 화기는 천자, 지자, 현자, 황자총통 등 대부분이 화약을 사용하는 대포였다. 그러니 조선 수군에겐 화약전쟁이나 다름없는 해전에서 화약이 없으면 이 모든 무기들은 무용지물이나 마찬가지였다. 그렇다면 당시 화약조달은 어떻게 했을까? 오늘날과 같이 방위사업청에서 조달해주는 것이 아니라 해당 부대에서 자급자족으로 제조해서 써야만 하는 형편이었다. 따라서 이순신도 화약을 만들어야만 했다. 화약을 제조하려면 염초, 목탄, 유황 이 세 가지 재료가 있어야 한다. 목탄은 나무를 태워서 확보할 수 있고, 유황은 화산지대에서 채취할 수 있으나 전쟁 중에는 불가능하므로 조정에 의뢰해서 조달받았다. 물론 조정에서 제때에 유황을 보내주지 못해 『임진장초』에도 두 번씩이나 유황을 보내 달라고 간청하는 장계가 있다.

신의 군관 훈련 주부 이봉수(李鳳壽)가 그 묘법(妙法)을 알아내어 3개월 동안에 염초 1천 근을 끓여내었으므로 그 염초를 조합하여 본영과 각 포구에 고루 나누어 주었습니다. 그러나 오직 석유황(石硫黃)만은 달리 나올 곳이 없으니, 100여 근쯤 꺼내어 내려보내 주시기 바랍니다.(請賜硫黃狀, 1593년 1월 26일)

사변이 발발한 이래 염초(焰硝)는 넉넉히 끓여내었으나, 거기 넣을 석유황(石硫黃)만은 어디서 나오는 곳이 없으므로 묵은 곡간에 있는 유황 200여 근쯤 꺼내어 내려보내 주시기 바랍니다.(請下納鐵公文兼賜硫黃狀, 1593년 윤11월 17일)

이 장계의 내용 중 부족한 유황을 보내 달라기 전에 이봉수가 염초를 개발했다는 사실, 염초를 넉넉히 끓여냈다는 사실을 먼저 피력하고 있음에 주목하고자 한다. 그 중요한 화약을 만들기 위해 염초제조의 묘법을 알아냈다는 것이다. 그러나 화학지식이 있을 리 없는 이순신에게 염초제조는 결코 쉬운 일이 아니었을 것이다. 왜냐하면 염초는 자연에서 구할 수 있는 물질이 아니라 화학적 처리를 통해서만 얻을 수 있는 재료였기 때문이다. 이순신은 하는 수없이 누군가에게 염초개발을 시켜야만 했다. 이때 발탁된 사람이 이봉수였다. 물론 이봉수 역시 화학이 무엇인지, 화약이 무엇인지도 모르는 사람이었다. 하지만 이순신도 이봉수도 염초를 만들 수 있다는 막연한 자신감을 갖고 있었다.

왜냐하면 그들은 이미 고려 말 최무선(崔茂宣, 1325~1395)이 중국 원나라 이원(李元)으로부터 염초기술을 배워서 화약을 개발했고 화통도감(火㷁都監, 1377년)을 설치하여 화약을 제조했다는 사실을 알고 있었기 때문이다. 그렇지만 이순신도 이봉수도 극비로 취급했던 최무선의 화약제조비법을 알고 있는 것은 아니었다. 뿐만 아니라 최무선이 저술한 화약수련법(火藥修鍊法)이나 화포법(火砲法) 또는 1448년(세종 30) 9월에 간행되었던 화포 및 화약사용법에 관한 『총통등록(銃筒謄錄)』 등이 남아 있는 것도 아니었다.

그렇다면 이봉수는 어떻게 화약을 만들었을까, 화약제조 책임을 맡게 된 그는 『세종실록』 등 몇 가지 군사기술서에 단편적으로 남아 있는 기록을 샅샅이 뒤지고 심지어 구전들까지 수집한 결과 염초(질산칼륨, Potassium Nitrate, KNO_3)가 지붕 처마 밑이나 화장실 주변의 흙 등 맵거나 짜거나 쓴 특수한 토양 즉 질소 성분과 알카리 성분을 채취해서 물에 녹인 후 끓여내면 채취할 수 있다는 사실을 알아냈다. 마침내 곳곳에서 긁어모은 흙들에 메모지를 붙이고 실험을 거듭한 결과 놀랍게도 염초를 만들 수 있는 흙들을 찾아낸 것이다. 이렇게 만들어진 염초로 화약을 제조한 결과, 화약을 매달고 심지에 불을 붙여 쏘아올린 신기전은 요란한 굉음과 함께 높이 그리고 멀리 날아가 폭발했다. 드디어 화약제조에 성공한 것이다.

과연 이봉수는 누구였는가? 이순신은 1차 출전 승첩장계에서 "군관 정로위(定虜衛) 이봉수가 왜 대선 1척을 총통으로 쏘아 깨트리고 불살랐습니다." 2차 출전 승첩장계에서는 "신의 군관인 정로위, 이봉수 등은 분연히 제 몸을 돌보지 않고 끝까지 역전(力戰)하였습니다."라며 이봉수를 역전의 맹장(猛將)으로 보고하고 있다. 그러나 우리는 이봉수의 이름을 『난중일기』가 처음 시작되는 임진일기 첫 페이지부터 만날 수 있다. 용맹한 군관으로서가 아니라 재주꾼 군관으로서 나타나고 있는 것이다.

> 임진일기(1592) 정월 11일, 종일 가랑비가 내렸다
>
> 늦게 동헌에 나가 공무를 보았다. 이봉수가 선생원 돌 뜨는 곳에 가보고 와서, "벌써 큰 돌 열일곱 덩어리에 구멍을 뚫었습니다."라고 보고했다.

> 임진일기(1592) 2월 초4일, 맑음
>
> 동헌에 나가 공무를 본 뒤에 북봉 봉화대(烟臺) 쌓는 곳에 오르니, 쌓은 곳이 매우 좋아 전혀 무너질 리가 없었다. 이봉수가 부지런히 일했음을 짐작할 수 있었다. 종일 구경하다가 저녁 무렵에 내려와서 해자(垓字) 구덩이를 둘러보았다.

이봉수의 일하는 모습에 반해서 하루 종일 구경했다는 것인데 그날 이순신이 본 것은 단순한 봉수대가 아니라 이봉수의 놀라운 기술자적 재능 즉 기술이었다. 이러한 이봉수에게 이순신은 중차대한 임무를 부여했다. 그것은 전선을 타고 나가 수십 척의 배를 무찌르는 것보다 더 중요한 일, 바로

화약원료인 염초를 만들어내라는 명령이었다.

이봉수는 이순신의 기대를 저버리지 않았다. 불가능에 도전하는 집념과 의지로 수많은 실험과 시행착오를 거쳐 염초제조의 묘법을 알아냈던 것이다. 이렇게 개발된 염초가 없었다면 화약전쟁이나 다름없는 임진왜란에서 이순신의 백전백승은 불가능했을 것이다. 이순신의 창의적 사고와 이봉수의 기술적 재능으로 만들어낸 가치창조, 학문적 배경이나 기술적 지식이 없어도 화약을 만들어내는 가치창조, 이것이 바로 오늘날 청년실업, 장미빛 인생에 시름하는 젊은이들에게 장미빛 희망을 안겨주는 이순신의 무중생유(無中生有) 창조경영이 아니겠는가?

2부

둔전 — 해로통행첩 — 이순신의 사람들

11
둔전 : 이순신은 농군(農軍)이었다

이순신이 직접적으로 둔전(屯田)과 인연을 맺은 것은 조산보만호 시절인 1587년 8월 녹둔도 둔전관을 겸하면서부터다. 그러나 이순신은 그 자리에 오래 머무를 수 없었다. 바로 다음달 9월 녹둔도에 오랑캐 여진족이 침입했고 이순신은 그들을 물리쳤음에도 불구하고 함경북병사 이일(李鎰)의 무고로 파직되어 백의종군을 당했기 때문이다. 그럼에도 불구하고 이순신의 연표를 놓고 계산해 보니 1576년 무과급제 후 1598년 노량해전에서 전사할 때까지 22년 중 전반부 12년 동안에 함경도 변경(邊境)에서 근무한 기간은 무려 67개월, 5년 반이나 되었다. 둔전경영이 필수적인 지역에서의 근무였다.

그렇다면 둔전(屯田)이란 무엇인가? 둔전은 설치목적에 따라 군둔전과 관둔전으로 나뉘었고 설치방법과 경작방법도 다양했는데 여기서 언급하는 둔전은 변경이나 군사요지 등에서 군량을 충당하기 위해 농사짓는 토지, 군둔전을 말한다. 이러한 둔전제도는 고려시대 훨씬 이전부터 존재했는데, 농지로 이용할 수 있는 땅을 개간하고 경작하여 군량을 현지에서 조달하면 군량운반의 어려움도 덜고 국방도 충실히 수행할 수 있기 때문에 실시된 제도였다. 이순신이 근무했던 동구비보, 건원보, 조산보는 모두 함경도 북방의 변경으로 둔전경영이 절실히 필요했던 곳이었다. 이러한 북방에서의 직간접적 둔전관리의 경험은 이후 이순신이 전라좌수영, 삼도수군통제영을 운영하고 관리하는 데 요긴하게 활용되었을 것이다. 이미 둔전에 관한 전문가적 노하우를 익혔기 때문이다.

급기야 임진왜란이 발발했다. 조선은 절대열세의 상황에서 호남을 제외하고는 전 국토가 왜놈들에게 유린당하고 말았으니 당장 전투에 나서는 군사들의 군량이 절대적으로 부족했다. 둔전을 경작해야만 했다. 하지만 둔전경영은 아무나 하나? 역사적으로 둔전경영이 얼마나 많은 문제점을 안고 있었던가? 토지는 지급하지 않고 종자만 지급한 채 몇 배에 해당하는 둔조(屯租)를 수취했고, 풍년과 흉년에 관계없이 조세를 갈취하여 농민들의 부담과 반발을 키웠으며, 빈민들에게 분급된 일부 둔전을 권세가들이 빼앗는 등 소위 둔전의 사점(私占)현상까지 있었던 것이다. 게다가 농민 노동력의 강제동원과 영·아문(營衙門)과 경작자 간의 대립관계가 형성되었다. 상황이 이러니 아무리 둔전의 수확물을 국가와 경작자가 나누어 갖는다고 해도 농민들이 마냥 좋아할 일은 아니었던 것이다.

『선조실록』 1593년 10월 22일 기사를 보면 조정에서도 둔전에 관한 이론이 분분했음을 알 수 있다. 심충겸(沈忠謙) 왈, "옛날 제갈량도 싸움을 하려면 반드시 둔전을 경영하여 군량을 보충하였는데, 지금 우리나라는 모든 것이 거덜 난 뒤여서 군량을 마련할 길이 없으니 반드시 둔전을 경영해야만 군량을 공급할 수 있습니다." 하니, 선조(宣祖) 왈, "둔전에 관한 의견은 훌륭하나 우리나라는 중국과 달라서 병사나 수사들이 단지 수백 명의 죽다 남은 이들뿐이니 무슨 군사로 둔전을 경영하겠는가?" 하였다.

이에 이시언(李時言) 왈, "심충겸이 제의한 문제는 옳지 않습니다. 황해도에서 인심을 잃은 것이 둔전 때문이었는데 이제 또다시 둔전을 설치해서는 안 될 것입니다."라고 했다. 이들이 누구인가? 심충겸은 문과 장원급제자로 바로 몇 달 뒤 병조판서에 오르고, 이시언은 무과급제자로 이순신의 뒤를 이어 전라좌수사겸 삼도수군통제사에 올랐던 인물이었다. 이것이 당시 사람이 사람을 잡아먹는 참혹한 사태까지 벌어지고 있는 상황에서 선조와 대신들이 탁상공론을 벌이던 조정의 모습이었다.

그러나 이순신은 달랐다. 주도면밀하게 그리고 철두철미하게 둔전정책을 펼쳐나가는 그의 전문가적 진면목을 우리는 『임진장초』에서 만날 수 있다. 예컨대 왜 둔전을 설치해야 하는지, 또한 둔전은 어디에 설치해야 하는지, 그렇다면 농사는 누가 지을 것인지, 그 둔전의 관리감독은 어떻게 할 것인지, 씨는 언제 뿌려야 하는지, 농기구 조달은 어떻게 할 것인지, 수확물에 대한 소득분배는 어떻게 할 것인지 등 실로 세세한 내용까지도 치밀하게 연구하고 계획하고 있다. 이순신의 둔전경영은 오로지 군량을 확보하기 위한 목적만이 아니라 굶주림으로 고통받는 백성을 구휼하는 목적으로도 활용했으니 그야말로 구국애민의 정책이었다. 이순신의 거북선, 조총, 염초개발이 기술의 개발이었다면 둔전경영은 정책의 개발이었던 것이다.

먼저 1593월 1월 26일 피난민에게 돌산도에서 농사를 짓도록 명령해주기를 청하는 장계(請令流民入接突山島耕種狀)를 보자. 둔전에 대한 첫 번째 장계를 올리는 이때는 한산도에 행영(行營)을 설치하기(7월 15일) 이전이었고, 삼도수군통제사가 되기도(8월 15일) 전이었다.

당장 눈앞에서 피난민들이 굶어 죽어가는 참상을 차마 눈 뜨고 볼 수 없습니다. 전일 풍원부원군 유성룡에게 보낸 편지로 인하여 비변사에서 내려온 공문 중에, "여러 섬 중에서 피난하여 머물며 농사지을 만한 땅이 있거든 피난민을 들여 보내 살 수 있도록 하되 그 가부(可否)는 참작해서 시행하라." 하였기에, 신이 생각해 본바 피난민들이 거접(居接)할 만한 곳은 돌산도(突山島)만 한 데가 없습니다. 이 섬은 본영과 방답 사이에 있는데 겹산으로 둘러싸여 적이 들어올 길이 사방에 막혔으며, 지세가 넓고 편평하고 땅도 기름지므로 피난민을 타일러 차츰 들어가 살게 하여 방금 봄갈이를 시켰습니다.

그 다음 1593년 윤11월 17일 둔전을 설치할 수 있도록 청하는 장계(請設屯田狀)는 삼도수군통제사로서 조선 수군의 생존을 지키기 위한 내용으로 둔전을 설치할 장소, 농군을 동원할 방법, 소득을 분배할 방법까지도 세밀하게 건의하고 있다.

여러 섬 중에 비어 있는 목장에 명년 봄부터 밭이나 논을 개간하여 농사를 짓되, 농군은 순천, 흥양의 유방군(留防軍)들을 동원하고, 그들이 전시에는 나가서 싸우고 평시에는 들어와 농사를 짓게 하자는 내용으로 올렸던 장계는 이미 승낙해 주셨고, 그 내용을 하나하나 들어 감사와 병사에게 공문을 보냈습니다. (중략) 순천의 돌산도뿐만 아니라 흥양의 도양장, 고흥의 절이도, 강진의 고이도(완도군 고금면), 해남의 황원목장 등은 토지가 비옥하고 농사지을 만한 땅도 넓어서 무려 1,000여 섬의 종자를 뿌릴 만한 면적이니, 갈고 씨뿌리기를 철만 맞추어 한다면 그 소득이 무궁할 것입니다. 다만 농군을 동원할 길이 없으니 백성들에게 나누어 주어 병작하게 하고, 그 절반만 거두어들이더라도 군량에 큰 도움이 될 것입니다. (중략) 그리고 20섬의 종자를 뿌릴 만한 면적의 본영 소유 둔전에 늙은 군사들을 뽑아내어 경작시켜 그 토질을 시험해 보았더니, 수확한 것이 정조(正租, 벼)로 500섬이나 되었습니다. 앞으로 종자로 쓰려고 본영 성내 순천창고에 들여놓았습니다.

과연 이순신이 전쟁하는 장군인지 농사짓는 농군인지 참으로 최고지휘관으로서 둔전정책을 기획하고 개발하는 능력이 뛰어나다. 어디 그뿐인가? 1594년 1월 10일 흥양목관 차덕령이 둔전경영을 태만히 한다는 이유로 교체해줄 것을 요청하는 장계를 보자.

> 흥양감목관 차덕령(車德齡)은 도임한 지 벌써 오래되었는데, 이루 말할 수 없이 제멋대로 하면서 목자들을 괴롭히고 학대하여 그들이 편히 붙어 살 수 없게 하기 때문에, 그곳 경내의 백성들로서 탄식하지 않는 자가 없다고 합니다. 신도 그리 멀지 않은 곳에 있기 때문에 벌써 그런 소문을 들었습니다. 그러므로 농사짓는 일을 이 사람에게 맡겼다가는 그것을 빌미로 폐단을 일으켜서 백성들의 원성이 더욱 높아질 것이니 하루 속히 차덕령을 갈아치우고 다른 청렴하고 능력 있는 사람을 골라 임명하여 빠른 시일 안에 내려보냄으로써 힘을 합쳐 농사일을 감독하게 하여 시기를 놓치지 않도록 해주시기를 바라나이다.(請改差興陽牧官狀, 1594년 1월 10일)

이순신에게 둔전경영은 바로 수군경영(水軍經營)이자 수국경영(水國經營)이었다. 조선반도가 초토화되는 참혹한 임진왜란에서 군량 공급을 위한 둔전경영은 절실히 필요했고 절대로 포기할 수 없는 일이었다. 이런 상황에서 농사짓는 백성들에게도 높은 소득이 돌아갈 수 있도록 반반씩 합리적으로 배분하고, 또한 둔전의 생산성을 높이기 위해 좋은 종자를 비축하여 명년을 대비하는 등 이순신의 경영사례를 보면 그것은 탁상이론이 아닌 실무경험의 산물이라 할 수 있다. 1만 시간의 법칙, 오랜 시간 둔전경영의 직간접적 경험에서 비롯된 전문가적 가치창조의 실천이었다.

12

해로통행첩 : 백성에게는 안전, 군사들에게는 군량미

이순신은 참 야속한 분이다. 지독한 분이다. 무서운 분이다. 게다가 지나치게 계산적인 분이다. 실례를 들어보자. 『이충무공전서』에 나오는 내용이다. 때는 바야흐로 명량해전을 앞둔 시점이니 쌀쌀한 늦가을이다. 해상의 날씨가 차가우니 장졸들의 의식주가 걱정이었다. 원균의 칠천량해전 패전으로 궤멸된 조선 수군에겐 먹을 것도, 입을 것도, 머물 곳도 없었기 때문이다. 여기저기서 찾아 모은 군량과 무기라고 해봐야 보잘 것이 없었다.

그때 문득 모여든 몇 백 척의 피난선들을 보고 이순신이 물었다. "큰 적들이 바다를 휘젓고 있는데 그대들은 어쩌자고 여기에 있는 것이냐?" 하니 "저희는 오직 사또만 바라보고 여기에 있나이다." 하였다. 이에 이순신이 이르기를 "그렇다면 너희들이 내가 시키는 대로 따른다면 살 길을 찾겠지만 만약 따르지 않는다면 나로서도 어찌할 길이 없다." 하니 모두들 "어찌 감히 명령에 복종하지 않을 수 있겠나이까?" 하였다. 이순신이 말하기를 "이제 장수들이 배도 고프고 옷도 없어서 이대로 가다가는 모두 죽을 수밖에 없다. 그런데 어찌 적을 막을 수 있겠느냐? 너희들이 만약 여분의 옷이나 양식을 나누어 주어 우리 군사들을 구해준다면 이 적들을 무찌를 수 있을 것이고, 그리되면 너희들도 죽음을 면할 수 있을 것이다." 하니 모두들 그 말을 따름으로써 마침내 양식을 얻어 여러 배에 갈라 싣고 또 옷을 입지 못한 군사들이 없어졌다고 했다.

참 치사하다. 어찌 명색이 조선 수군의 총사령관으로서, 목숨을 지켜 달라고 품안에 찾아든 불쌍한 백성들에게 그것도 도망다니는 피난민들에게, 생명을 지켜주는 대가로 의복과 식량을 협박하듯 구걸할 수 있느냐는 것이다. 하지만 곰곰이 생각해 보면 오죽했으면 이런 주고받는 설득의 논리를 펼쳤겠는가? 처음에 이순신은 피난민들에게 빨리 이 위험한 지역을 피해 나가라고 했다. 하지만 그들은 이순신을 떠나려 하지 않았다. 결국은 의식(衣食)만 제공한 게 아니라 명량해전에서 조선 수군의 후방을 사수하는 배들처럼 100여 척이 죽 늘어서 있음으로써 이순신이 앞에 나가 힘껏 싸울 수 있었고, 단 13척으로 133척의 왜적을 무찌르는 데 일조했던 것이다.

어디 그뿐인가? 명량해전(鳴梁海戰)이 끝난 다음날의 일기를 보면 또다시 피난민들로부터 군량을 지원받는 모습이 보인다. 한산도에서 조선 수군이 보살폈던 백성들, 이제는 그 백성들이 조선 수군을 보살피고 있는 형국이 되었다.

정유일기II(1597) 9월 17일, 맑음

어외도(於外島)에 이르니 피난선이 무려 300여 척이나 먼저 와 있었다. (중략) 우리 수군이 크게 승리한 것을 알고 서로 다투어 치하하며 또 많은 양식을 말(斗)과 섬(斛)으로 가져와 군사들에게 주었다.

이제 이순신은 천험(天險)의 수로에서 그야말로 천행(天幸)의 승리를 거두기는 했지만 그럼에도 불구하고 조선 수군은 어디에도 정착할 곳이 없었다. 당사도, 어외도, 칠산도, 법성포, 고참도, 고군산도 등 무려 42일 동안 서해를 떠돌던 이순신이 10월 29일 고하도에 이를 즈음에는 하루가 다르게 군사들이 늘어나고 있었다. 이들과 더불어 일본군의 보복전에 대비해야 했고, 턱없이 부족한 군선과 병력을 증강해야 했다. 문제는 춥고 배고픈 이 병졸들에게 먹일 만한 군량미가 절대 부족하다는 것이었다. 그러나 이 모든 어려움을 해결해줄 이는 오직 한 사람 자신뿐이었다. 오롯이 자신이 풀어야 할 몫이었다.

이때 이순신은 해로통행첩(海路通行帖)이라는 일종의 선박운항증과 같은 제도를 만들어낸다. 물론 그동안 여러 차례 피난민들로부터 군량을 지원받는 등 도움이 있었지만 그것은 임시방편에 지나지 않을 뿐, 보다 장기적인 대책을 세워야 할 필요성이 절실했던 것이다. 유성룡의 『징비록(懲毖錄)』 권2를 보자.

이순신이 해로통행첩을 만들고 명령하기를 '3도(경상, 전라, 충청)의 연해를 통행하는 모든 배들은 공사선(公私船)을 막론하고 통행첩이 없는 배는 모두 간첩선으로 인정하여 처벌할 것이다.'라고 하였다. 그리고 선박이나 선주의 신원을 조사하여 간첩과 해적행위의 우려가 없는 자에게는 선박의 대소에 따라서 큰 배 3섬, 중간 배 2섬, 작은 배 1섬의 곡식을 바치도록 하였다. 이때 피난민들은 모두 재물과 곡식을 배에 싣고 다녔기 때문에 쌀 바치는 것을 어렵게 여기지 않았고 또한 이순신을 믿고 따랐기 때문에 아무런 불평 없이 갖다 바쳤으니 10여 일 동안에 무려 군량미 10,000여 섬을 얻었다.

한마디로 일본군으로부터 지켜주는 대가로 군량미를 바치라는 철저하게 계산적인 거래였다. 이런 정책개발에 힘입어 이순신은 고하도, 고금도로 통제영을 이영하면서 약 1,000명이던 수군은 무려 7,300여 명으로, 13척에 불과했던 전선은 무려 70척 가까이 늘어나 어느덧 한산도시절에 버금가게 되었다. 『징비록』은 또 이렇게 기록하고 있다.

> 이순신은 또 백성들이 가지고 있는 구리, 쇠를 모아다 대포를 주조하고, 나무를 베어다 배를 만들어서 모든 일이 다 순조롭게 추진되었다. 이때 병화를 피하려는 사람들이 모두 이순신에게로 와서 의지하여 집을 짓고 막사를 만들고 장사를 하며 살아가니 온 섬이 좁아서 이를 다 수용할 수가 없었다.

참 대단한 홀로서기다. 그러나 문제는 여전히 남아 있었다. 역시 군수물자의 부족이었다. 해로통행첩이란 한 번 발급받으면 다른 모든 곳에서도 통행이 가능했고, 또 같은 선박에 계속해서 발행할 수도 없는 것이었기 때문에 어느 시기가 되면 그 수입은 격감할 수밖에 없었다. 그렇지만 이순신이 누군가? 그는 이미 그가 가장 잘 알고 있고, 가장 잘할 수 있는 바다에서 여러 가지 소득원을 찾아 나서고 있었다. 예컨대 물고기를 팔아서 군량을 마련하는 어로작업을 병행했고, 바닷물을 말려서 소금을 만드는 염전을 운영했다. 그 기록은 이미 정유재란 이전부터 다음과 같이 등장하고 있다.

> 을미일기(1595) 2월 19일, 맑음
> 송한련이 와서 말하기를 "고기를 잡아 군량을 산다."고 했다.

> 병신일기(1596) 1월 6일, 비가 계속 내렸다

오수가 청어 1,310두름을, 박춘양은 787두름을 바쳤는데, 하천수가 받아다가 말리기로 했다. 황득중은 202두름을 바쳤다. 종일 비가 내렸다. 사도첨사가 술을 가지고 와서 군량 500여 섬을 마련해 놓았다고 했다.

병신일기(1596) 2월 26일, 아침에 맑다가 저물녘에 비가 왔다

고기를 잡아서 군량을 계속 지원하는 임달영, 송한련, 송한, 송성, 이종호, 황득중, 오수, 박춘양, 유세충, 강소작지, 강구지 등에게 모두 포상하였다.

정유일기II(1597) 10월 20일, 맑고 바람도 잔잔했다

김종려를 소음도(小音島) 등 13개 섬의 염전에 감자도감검(監煮都監檢, 감독관)으로 정하여 보냈다.

다만 이때 1597년, 불과 20세의 나이로 이순신의 막하에 들어온 이의온(李宜溫, 1577~1636)이 군량관리를 하면서 해로통행첩의 아이디어를 제공했다고 하나 자료출처인 『오의정문집(五宜亭文集)』의 간행연대가 1850년이라는 점, 『이충무공전서』 권16 「동의록(同義錄)」 역시 1935년 권15와 16이 추가되면서 첨가된 점 등에서 향후 1차 사료의 발굴이 필요한 부분이다. 그러나 어떠한 경우라도 조정의 지원을 기대할 수 없는 상황에서 전선을 건조하고 병력을 증강하며 자급자족으로 통제영을 경영할 수 있었던 것은 이순신의 해로통행첩발행(海路通行帖發行), 어로작업(漁撈作業), 염전경영(鹽田經營) 등 그야말로 경제성에 바탕을 둔 창의적인 정책개발의 산물이라 할 수 있을 것이다.

우리는 여기서 이순신의 경제적 가치관에 대해서 새삼 놀라지 않을 수 없다. 이순신은 '경제는 교환'이라는 원리를 아는 분이었다. 그것은 야속함도 치사함도 아닌 냉철함과 합리성이었다. '이 세상에 공짜 점심은 없다, 기

회비용을 지불하지 않고 얻을 수 있는 소득은 없다'는 경제학의 기본인 거래원리를 실천한 것이다. 거래(去來)는 갈 거(去)와 올 래(來), 서로 주고받으며 교환의 이익을 창출하는 것이다. 우리들 삶의 인간관계도 마찬가지다. 열심히 일해서 월급을 더 많이 받는 직원, 인센티브를 통해서 성과를 더 높이게 하는 CEO, 칭찬을 베풀어 공부를 더 잘하게 하는 엄마, 봉사의 실천으로 존경을 높이 받는 지도자 등 모두가 주고받는 give and take, 거래의 원리가 작용하는 것이다.

13

정탁 : 이순신의 목숨을 구하다

정유년(1597) 2월 26일 조정은 이순신을 압송하여 3월 4일 의금부에 구금시켰다. 이순신의 죄목은 크게 세 가지였다. 첫째 조정을 속이고 임금을 무시한 죄(欺罔朝廷 無君之罪), 둘째 적을 치지 않고 놓아주어 나라를 저버린 죄(從賊不討 負國之罪), 셋째 남의 공을 가로채고 무함(誣陷)하여 죄에 빠뜨린 한없이 방자하고 거리낌이 없는 죄(奪人之功 陷人於罪 無非從恣 無忌憚之罪)였다. 이때 임금 선조는 우무승지 김홍미(金弘微)에게 비망기를 내려 이순신을 사형에 처할 것이니 절차를 밟으라고 주문한다.

이순신(李舜臣)이 조정을 기망(欺罔)한 것은 임금을 무시한 죄이고, 적을 놓아주어 치지 않은 것은 나라를 저버린 죄이며, 심지어 남의 공을 가로채 남을 무함하기까지 하며 방자하지 않음이 없는 것은 기탄함이 없는 죄이다. 이렇게 허다한 죄상이 있고서는 법에 있어서 용서할 수 없는 것이니 율(律)을 상고하여 죽여야 마땅하다. 신하로서 임금을 속인 자는 반드시 죽이고 용서하지 않는 것이므로 지금 형벌을 끝까지 시행하여 실정을 캐어내려 하는데 어떻게 처리할 것인지 대신

들에게 하문하라.(『선조실록』 1597년 3월 13일)

절대왕정시대, 절대지존 임금의 명령은 곧 사형이나 마찬가지였다. 조정에 많은 원로대신들이 빗발치는 상소를 올리며 탄원을 청했지만 임금은 듣지 않았다. 이때 판중추부사 정탁(鄭琢 1526~1605)이 신구차(伸救箚)를 올려 이순신을 적극 변호하며 선처를 호소하니 이 상소문은 1,298자로 이루어진 실로 명문 중의 명문이었다. 이 신구차로 인해 이순신은 사형을 면하고 백의종군에 이르게 되니 정탁은 이순신을 구해낸 생명의 은인일 뿐 아니라 결과적으로 조선을 구해낸 나라의 은인이었다.

정탁은 엎드려 아룁니다. 이모(李某: 이순신)는 몸소 큰 죄를 지어 죄명조차 무겁건마는 성상(聖上)께서는 얼른 극형을 내리지 않으시고 두남두어 문초하시다가 그 뒤에야 엄격히 추궁하도록 허락하시니, 이는 다만 옥사를 다스리는 체모와 순서만으로 그러심이 아니라 실상은 성상께서 인(仁)을 행하시는 한 생각으로 기어이 그 진상을 밝힘으로써 혹시나 살릴 수 있는 길을 찾으시고자 원하심에서 하심이라. 성상의 호생(好生)하시는 덕이 자못 죄를 범하고 죽을 자리에 놓인 자에게까지 미치시므로 신은 이에 감격함을 이길 길이 없습니다.

신이 일찍 위관에 임명되어 죄수를 문초해 본 적이 한두 번이 아닌데, 대개 보면 죄인들이 한 번 심문을 거치고는 그대로 상하여 쓰러져버리고 마는 자가 많아 설사 좀 더 밝혀줄 만한 실정을 가진 경우가 있어도 이미 목숨이 끊어진 뒤라 어찌할 길이 없으므로 신은 저으기 이를 항상 민망스레 여겨왔습니다. 이제 이모가 이미 한 번 형벌을 겪었사온데, 다시 또 형벌을 가하오면 무서운 문초로 목숨을 보전하지 못하여 혹시 성상의 호생하시는 본의를 상하게 하지나 않을까 하고 걱정하는 바입니다. (중략)

이순신은 참으로 장수의 재질이 있사옵고 수전과 육전에 못 하는 일이 없는데 이러한 인물은 과연 쉽게 얻지 못할 것일 뿐더러 변방 백성들의 촉망하는 바요, 또한 적들의 무서워하는 바인데 만일 죄명이 엄중하여서 조금도 용서할 도리가 없다 하고 공로와 죄를 서로 비겨볼 만한 점도 묻지 않고, 또 능력이 있고 없음도 생각하지 않고, 그 위에 천천히 사리를 보살펴줌도 없이 끝내 큰 벌을 내리는 데까지 이르게 하오면 공이 있는 자도 스스로 더 내키지 않을 것이고 능력이 있는 자도 스스로 더 애쓰지 않을 것이옵니다. (중략)

비옵건대 은혜로운 하명으로써 문초를 덜어주셔서 그로 하여금 공로를 세워 스스로 보람 있게 하시면, 성상의 은혜를 천지부모와 같이 받들어 목숨을 걸고 갚으려는 마음이 반드시 저 명현(名賢)만 못지않을 것이온바 성상 앞에서 나라를 다시 일으켜 공신각에 초상이 걸릴 만한 일을 하는 신하들이 어찌 오늘 죄수 속에서 일어나지 않으리라고 하오리이까. 그리 하오면 성상께서 장수를 거느리고 인재를 쓰는 길과 공로와 재능을 보아 형벌을 감면하게 하는 법제와 허물을 고쳐 스스로 새로워지는 길을 열어 주심이 한꺼번에 이루어지오리니 성상의 난리 평정하는 정치에 도움됨이 어찌 적다고만 하오리이까.(신구차 伸救箚: 죄 없음을 굽어 살피소서, 『이충무공전서』 권12)

도대체 정탁과 이순신은 어떤 관계였기에 이렇게 죽음을 무릅쓰고 이순신을 변호했을까? 나는 정탁이 올렸던 상소문이 그냥 나온 게 아니었음을 이순신의 『난중일기』에서 찾았다. 정탁과 주고받은 편지의 기록은 갑오년부터 병신년까지 나타난다. 갑오년(1594)엔 정탁이 종1품 찬성의 직에 있었고, 을미년(1595)엔 정1품 우의정이었고, 병신년(1596)엔 역시 정1품 영중추부사 직에 있었으니 조정의 핵심 관료였음을 알 수 있다. 이렇게 일기의 기록으로만 보아도 매년 지속적으로 편지를 주고받는 이순신과 정탁이다. 얼마나 많은 내용들이 오갔겠는가. 단순한 안부뿐 아니라 수군의 상황, 전선의 실정 등을 의논하고 보고하며 통제사 이순신의 인간됨과 충성됨을 충분히 알고 있었을 것이다. 돈독하고 우호적인 관계의 이순신이 그냥 죽도록 방관할 수는 없었던 것이다.

갑오일기(1594) 2월 초4일, 맑았으나 바람이 세게 불었다

조카 봉과 이설, 이언량, 이상록 등이 강돌천을 데리고 왔는데, 그는 동궁의 명령서를 가지고 왔다. 찬성(贊成) 정탁(鄭琢)의 편지도 왔다.

을미일기(1595) 4월 12일, 맑음

장계의 회답 18통과 영의정(유성룡), 우의정(정탁)의 편지와 자임(子任, 李軸)의 답장이 왔다.

병신일기(1596) 4월 15일, 맑음

영의정(유성룡), 영부사(領府事, 정탁), 판서 김명원, 윤자신, 조사척, 신식, 남이공에게 편지를 써 보냈다.

이순신이 자기 자신의 비빌 언덕을 구축하는 방법은 바로 편지쓰기였다. 왜냐하면 이순신은 절대로 학연, 지연, 혈연 같은 것에 기대지 않았기 때문이다. 예컨대 인사권을 쥐고 있는 이조판서 이율곡이 만나보기를 청했지만, "같은 문중으로서 만나볼 수는 있겠으나 그가 인사권을 쥐고 있는 이조판서에 있는 한은 만날 수 없다."며 일언지하에 거절했다. 또 군사권을 총괄하는 병조판서 김귀영이 자신의 서녀를 소실로 주겠다고 했지만 이순신은 '권문세가에 의지하여 영달을 꾀할 수는 없는 일'이라며 거절했다. 왜 그

랬을까? 이순신에겐 다른 사람을 쓰는 인사원칙도 분명했지만 자기 자신을 쓰는 인사원칙 또한 충실했기 때문이다. 그가 쓴 시를 보면 그 의지를 확인할 수 있으니 "대장부 세상에 태어나 쓰임을 받으면 죽을힘을 다해 충성할 것이지만 쓰임을 받지 못하면 농사짓고 살면 그 또한 족할 것이다. 권세 있는 자에 아첨하여 뜬 영화를 탐하는 것은 내가 부끄러워하는 바이라.(丈夫生世 用則效死以忠 不用則耕野足矣 若媚要人竊浮榮 吾恥也)"

그렇다면 이순신에겐 전혀 인맥이 없었을까? 이순신은 화려한 인맥을 가지고 있었다. 이순신 자신만의 인맥을 구축하는 노하우, 즉 정탁이 신구차를 쓸 정도가 되었던 인맥의 근거는 이순신의 편지 나누기를 통해서다. 어떤 날엔 "각처에 여남은 통의 편지를 썼다."고 했고, 어떤 날은 "오늘 아침에 열네 통의 편지를 썼다."고도 하는 일기의 기록이다.

> 갑오일기(1594) 2월 4일, 맑았으나 바람이 세게 불었다
> 찬성 정탁(鄭琢)의 편지도 왔다.
>
> 을미일기(1595) 4월 12일, 맑음
> 영의정(柳成龍), 우의정(鄭琢)의 편지와 자임(李軸)의 답장이 왔다.
>
> 을미일기(1595) 9월 17일, 맑음
> 식후에 서울에 편지를 써 보냈다. 김희번이 장계를 가지고 떠났다.
>
> 을미일기(1595) 9월 24일, 맑음
> 아침에 각처에 편지 여남은(10여) 통을 썼다.

병신일기(1596) 4월 15일, 맑음

영의정(柳成龍), 영부사(鄭琢), 판서 김명원(金命元), 윤자신(尹自新), 조사척(趙思惕), 신식(申湜), 남이공(南以恭)에게 편지를 써 보냈다.

정유일기(1597) 6월 11일, 맑음

이날 아침 한산도의 여러 곳에 갈 편지 열네 장을 썼다.

이순신과 편지를 주고받았다는 인물들의 나이와 과거급제 내역을 조사해 보았다. 참으로 쟁쟁한 실력자들이었다.

정탁: 1526년생, 1558년 식년문과에 병과 급제

윤자신: 1529년생, 1562년 별시문과에 병과 급제

김명원: 1534년생, 1561년 식년문과에 갑과 급제

이축: 1538년생, 1576년 식년문과에 을과 급제

조경: 1541년생, 자 사척(士惕) 무과에 급제

유성룡: 1542년생, 1566년 별시문과에 병과 급제

신식: 1551년생, 1576년 별시문과에 병과 급제

현덕승(玄德升): 1564년생, 1590년 증광문과에 을과 1위 급제(서간첩)

남이공: 1565년생, 1590년 증광문과에 장원 급제

이들의 나이는 다양했다. 이순신이 1545년생이니 19살이나 많은 정탁(鄭琢)부터 20살이나 적은 남이공(南以恭)까지 나이를 초월한 폭넓은 교류였다. 이들이 누군가? 모두 문무과에 우수한 성적으로 합격한 당대의 수재들이요, 고위신료들이다. 일부러 이들이 봉직했던 관직들을 모두 한데 망라해 보았다. 영의정, 좌의정, 우의정, 이조판서, 예조판서, 형조판서, 병조판서, 대사간, 도승지, 우부승지, 대사헌, 건의대장, 진휼사, 동부승지, 좌부승지, 부

제학, 동지중추부사, 선전관, 병마절도사, 세자시강원사서, 암행어사, 사헌부지평, 사간원정언, 홍문관교리 등이다. 이런 직책들을 당시 수행중이거나 전후에 수행했던 신료들이다. 물론 편지를 주고받았다고 해서 이들이 모두 지원세력이라고 할 수는 없다. 하지만 적어도 이순신은 요소요소의 신료들과 편지교환을 통해서 든든한 후방세력을 구축하고 있었다고 보아야 할 것이다.

이순신의 천거인이자 후견인이었던 유성룡은 오히려 아무런 역할도 할 수 없었다. 자칫 자신의 추종세력들과 이순신이 더 큰 해를 당할 수도 있었기 때문이다. 이순신보다 무려 19살이나 많았던 조정의 원로 판중추부사 정탁이 임금에게 구구절절 심금을 울리는 명문으로 이순신을 살려야 한다는 신구차를 올려서 사형을 면하고 그나마 살아남아 백의종군하게 되었으니, 이는 누구보다도 이순신의 우국충정을 잘 알고 있었기 때문일 것이다. 물론 이순신이 나눴던 편지가 반드시 인맥을 만들기 위한 저의에서 비롯되었다고 보지는 않는다. 속마음을 털어놓는 사적인 대화의 통로가 되는 편지는 이순신이 살아가는 삶의 지혜였고, 인생의 철학이었다. 설령 그것이 의도한 일이었든 아니었든 결과적으로 부메랑으로 돌아오는 비빌 만한 언덕이었다.

14
진린 : '당근'과 '채찍'으로 전시통제권을 가져오다

진린(陳璘)은 누구인가? 중국정사(中國正史)에 의하면 진린은 1543년 중국 광동성 옹원 태생이다. 이순신보다는 2살 위다. 그는 1566년 명나라 세종 때 지휘첨사가 되었고 신종 때 도지휘첨사 등 여러 보직에 있다가 탄핵을 받아 오랫동안 야인으로 있었다. 조선에 임진왜란이 발발하자 지원군 부총병으로 발탁되어 요보정산동군을 지휘했으나 곧 병부상서 석성의 탄핵으로 다시 파직되었다. 이렇게 탄핵과 파직을 거듭하던 진린은 정유재란 때 또다시 기용되어 총병관으로 사로병진작전의 수로군(水路軍) 대장을 맡게 되었다.

진린은 1598년 4월 27일 요동에 도착했고 한성에 들어온 것은 6월 중순 그리고 7월 16일 고금도에 당도하여 이순신이 이끄는 조선 수군과 합류했다. 진린의 임무는 통제사 이순신과 더불어 서로군(西路軍) 대장 유정 제독과 도원수 권율이 이끄는 육군과 연합하여 순천왜성의 고니시 유키나가를 사로잡는 일이었다. 그러나 진린과 연합하는 이순신에게는 결코 만만치 않은 일이었다. 퇴각을 서두르는 왜적들의 최후발악도 문제였지만 명군들의 소극적이고 방관적인 임전태도가 더 큰 문제였다. 게다가 포악하고 사나운 진린의 성품으로 임금 선조를 위시한 대신들의 염려 또한 이만저만이 아니었다. 『징비록』과 『선조실록』을 통해서 당시의 상황과 진린의 사람됨을 유추해 본다.

상(上)이 청파까지 나와서 진린을 전송하였다. 나는 진린의 군사가 수령을 때리고 욕하기를 함부로 하고 노끈으로 찰방 이상규(李尙規)의 목을 매어 끌어서 얼굴이 피투성이가 된 것을 보고 역관을 시켜 말렸으나 듣지 않았다. 나는 같이 앉아 있던 재상들을 보고 말하기를 "안타깝게도 이순신의 군사가 장차 패하겠구나! 진린과 함께 군중에 있으면 행동에 견제를 당할 것이고, 또 의견이 서로 맞지 않아서 반드시 장수의 권한을 빼앗고 군사들을 학대할 것이다. 이것을 제지하면 더욱 화를 낼 것이고, 그대로 두면 한정이 없을 것이니, 이순신의 군사가 어찌 패전을 면할 수 있겠는가?" 하니 여러 사람들이 동의하고 탄식할 뿐이었다.(『징비록』)

상이 동작강(銅雀江) 언덕까지 행행하며 도독(都督) 진린(陳璘)을 전별하면서 두 번 읍하고 다례(茶禮)와 주례(酒禮)를 행하였다. 진린이 말하기를, "배신(陪臣)들 중에 혹 명을 어기는 자가 있으면 일체 군법으로 다스려 절대로 용서하지 않을 것입니다." 하니, 상이 신식(申湜)에게 이르기를, "이 말은 매우 중요한 일이니 비변사에 일러서 의논하여 조처하게 하라." 하였다. 상이 진린과 두 번 읍하고 물러나와서 환궁하였다.(『선조실록』 1598년 6월 26일)

명나라 장수가 아군과 함께 거처하여 방해되는 일이 많이 있습니다. 모든 일에 있어서 어렵고 쉬운 것을 막론하고 독촉이 성화같고 심지어는 중요한 시기를 당하여 대처할 때에도 자기들 마음대로 하여 우리의 뜻이 통하지 않고 있습니다. 그리고 공을 세울 만한 것에는 아군으로 하여금 손도 대지 못하게 하고, 잘못한 일이 있을 경우에는 번번이 우리에게 책임을 돌리는 등 지난날의 일들이 사사건건 이러하였습니다. 더구나 수군의 경우에는 모두가 새로 모여든 백성들입니다. 떠돌아다니던 사람들을 간신히 붙잡아 놓은 것인데, 만약 지금 많은 명나라 장수들이 진중에 내려가서 통제를 한다면서 가혹하게 다그친다면 다시 흩어져버릴까 염려가 됩니다. 이렇게 되면 통제사 이하 모든 장수들은 거느릴 군사조차 없는 장수가 되고 말 것입니다.(『선조실록』 1598년 6월 27일)

이상의 내용을 보면 힘없는 조선이 당할 수밖에 없는 임금 선조의 굴욕과 조정 대신의 비굴이 한없이 가슴 아프다. 하지만 이순신은 달랐다. 통제사 이순신에 대한 조정의 걱정은 한낱 기우에 불과했다. 이순신이 누군가? 이순신은 스스로 자기 인맥을 만들어가는 사람이다. 아니나 다를까, 7월 16일 진린이 고금도에 도착한다는 소식을 접한 이순신은 늠름하게 조선 수군의 위용을 갖추고 먼바다까지 나아가 정중히 군사적 우의를 갖추어 마중하고 첫 만남의 예를 다하였다. 또한 술과 안주를 성대하게 차려 놓고 큰 잔치를 베풀어 원군(援軍)에 대한 감사와 먼 길의 노고를 치하하니 진린 이하 여러 장졸들이 잔뜩 취하지 않은 이가 없었고 서로 이르기를, "이순신이 과연 훌륭한 장수로다." 하며 감탄하였다고 『이충무공전서』 권9는 적고 있다.

그러나 그것은 첫인사에 불과했다. 진린을 상대하는 이순신의 대인전략은 그야말로 한 차원 높은 외교력과 협상력을 보여주고 있었다. 예컨대 7월 19일 진린이 고금도에 내려온 지 3일 만에 적선 50여 척을 분멸시켰던 절이도해전을 보면 그러하다. 이순신이 처음으로 진린과 연합하여 싸웠던 해전의 결과와 사후조치를 그가 보고했던 장계의 내용으로 확인해 본다.

지난번 해상(海上) 전투에서 아군이 총포를 일제히 발사하여 적선(賊船)을 쳐부수자 적의 시체가 바다에 가득했는데, 급한 나머지 끌어다 수급을 다 베지 못하고 70여 급만 베었습니다. 중국 군대는 멀리서 적선을 바라보고는 원양(遠洋)으로 피해 들어가 하나도 포획하지 못했습니다. 그러다가 우리 군사들이 참획한 수를 보고 진 도독(陳都督)이 뱃전에 서서 발을 둥둥 구르면서 그 관하(管下)를 꾸짖어 물리쳤으며 신 등에게 공갈 협박을 가하여 못하는 짓이 없었으므로 신 등이 마지못해 40여 급을 나눠 보내줬습니다. 계유격(季遊擊)도 가정(家丁)을 보내어 수급을 구하기에 신이 5급을 보냈는데 모두들 작첩(作帖)하여 사례하였습니다.(『선조실록』 1598년 8월 13일)

명군은 전투에 임해서는 꽁무니를 빼다가 정작 군공에 있어서는 강한 집착을 보이고 있었다. 지원군이라기보다는 오히려 걸림돌일 뿐이었다. 하지만 이런 상황에서 발휘되는 이순신의 유연한 회유책을 보라. 그야말로 지장(智將)이 아니고서는 할 수 없는 융통성을 발휘했다. 자신이 잘라온 수급을 진린에게 나누어 줌으로써 진린을 우호적으로 회유하고 협력을 이끌어내는 성과를 얻은 것이다. 이에 대한 『이충무공전서』 권9의 내용은 다음과 같다.

"대감(진린)은 명나라 대장으로 이곳에 와서 왜적들을 무찌르는 것입니다. 따라서 이곳의 모든 승첩은 바로 대감의 승첩인 것입니다. 하여 우리가 베어온 적(敵)의 머리를 대감에게 드리는 것이니 대감이 여기 온 지 몇 날도 되지 않아 황제에게 이 공을 아뢴다면 얼마나 좋아하시겠습니까." 하니 도독이 크게 기뻐하며 이순신의 손을 잡고서, "내가 본국에서부터 장군의 이름을 많이 들었더니 과연 허명(虛名)이 아니었소." 하고 종일토록 취하며 즐거워하였다.(『이충무공전서』 권9)

문제는 또 있었다. 고금도에 진을 치고 있던 조·명 연합군 중 이순신의 수군은 덕동에, 진린의 수군은 묘당도에 자리 잡고 있었다. 그런데 명군이 그들 진영 가까이에 있는 우리 수군과 백성들에게 행패와 약탈을 일삼는 것이 참을 수 없는 지경에 이르렀다. 이순신이 진린에게 여러 차례 시정을 요구했지만 명군의 만행은 더욱 심해져 갔다. 이제는 왜적을 무찌르는 일보다도 패륜을 일삼는 명군들을 제지하는 일이 더 급선무였다. 이 문제를 풀어 가는 이순신의 '벼랑 끝 전술'을 『이충무공전서』에서 확인할 수 있다.

명나라 군사들이 자못 약탈을 일삼기 때문에 우리 군사와 백성들이 몹시 고통스러웠다. 참다못한 이순신은 부하 장졸들에게 모든 가옥들을 한꺼번에 헐어버리라 명령하고, 자신의 옷과 이부자리도 배로 끌어내어 싣게 하였다. 진린은 곳곳에서 집들을 헐어버리는 것을 보고 이상히 여겨 부하를 보내어 이순신에게 연유를 물었다.

이순신이 답하기를 "우리 작은 나라 군사와 백성들은 명나라 장수가 온다는 말을 듣고 마치 부모를 기다리듯 하였는데, 오히려 귀국의 군사들은 행패와 약탈을 일삼고 있으니 백성들이 도저히 견딜 수 없어 모두 피해서 달아나려고 하는 것이다. 그래서 나도 대장의 몸으로 혼자 여기 남을 수가 없기 때문에 같이 배를 타고 다른 곳으로 가려는 것이다." 하였다.

부하가 돌아가 그대로 아뢰자 진린이 깜짝 놀라 달려와서 이순신의 손을 잡고 만류하며 부하를 시켜 이순신의 옷과 이부자리를 도로 내리며 간청하였다. 그러자 이순신은 "대인이 만일 내 말을 들어준다면 다시 생각해 보겠소이다." 하니 도독도 "어찌 안 들을 리가 있겠소." 하므로 이순신은 이렇게 말하였다.

"귀국의 군사들이 나를 속국의 장수라 하여 조금도 거리낌이 없소. 그러니 만일 내게 그들을 처벌할 수 있는 권한을 허락해준다면 서로 보존할 도리가 있겠소이다." 하니 진린이 쾌히 그렇게 하시라 승낙하였다. 그로부터 이순신은 명군의 처벌권을 확보하고 도독의 군사라도 범법하는 자가 있으면 가차 없이 엄격히 다스리니 명나라 군사들도 이순신을 도독보다 더 무섭게 알게 되어 온 군중이 편안해졌다.

과연 수급(首級)을 바치는 회유, 철진(撤陳)을 명하는 위협, 당근과 채찍으로 진린을 리드하는 탁월한 협상력이다. 이제 남은 것은 퇴각을 서두르는 일본군을 단 한 놈도 살려 보내지 않는 일이었다. 7년 동안 조선의 강토를 짓밟고 무고한 백성을 살육한 일본놈들을 원한 서린 이 바다에 모조리 수장시켜야만 했다. 그러나 작전통제권이 명군에게 있는 한 수군 도독 진린과 육군 제독 유정의 협조가 절대적으로 필요했다. 그것 역시 결코 쉬운 일이 아니었다. 사사건건 명군들의 간섭과 견제가 도를 넘어서고 있었기 때문이다. 여기서 이순신이 급하게 올렸던 장계를 보자.

진 도독이 신을 불러 "육군은 유 제독이 총괄하여 통제하고 수군은 내가 당연히 총괄하여 통제해야 하는데 지금 듣건대 유 제독이 주사(舟師)를 관장하려 한다 하니, 사실인가?" 하기에, 신은 모른다고 대답하였습니다. 신이 주사를 정돈하여 바다로 내려가서 기회를 틈타 왜적을 섬멸하려 하여도 매번 도독에게 중지당하니 걱정스럽기 그지없습니다.(『선조실록』 1598년 9월 10일)

이와 같이 진린 도독과 유정 제독은 방관과 견제로 조선 수군을 가로막고 있었다. 뿐만 아니라 일본군이 퇴로를 열어 달라며 갖다 바치는 금과 비단(金帛), 술과 고기(酒饌), 장검(長劍) 등에 회유되어 거꾸로 퇴로를 막고 있는 이순신을 협박하며 무마하고 있었다. 하지만 이순신이 누군가? 해를 품은 달, 이순신은 진린을 품고 있었다. 숙식을 함께하고 술잔을 나누면서 설득하고 또 설득했다. 이 마지막 전투에서 왜적들을 물리친다면 진린 당신은 조선을 지킴으로 명나라를 방어했다는 국가적 대의를 이룰 수 있을 뿐더러 당당히 개선장군으로 금의환향할 수 있는 개인적 명예를 취할 수 있음을 강조했다. 이 사실이 『난중일기』에 고스란히 기록되어 있다.

> 무술일기(1598) 9월 15일, 맑음
> 명나라 도독 진린과 함께 일시에 군대를 움직여 나로도에서 잤다.
>
> 무술일기(1598) 9월 16일, 맑음
> 나로도에 머물면서 도독과 함께 술을 마셨다.
>
> 무술일기(1598) 9월 17일, 맑음
> 나로도에 머물면서 진린과 함께 술을 마셨다.
>
> 무술일기(1598) 9월 21일, 맑음
> 왜적들의 배에서 여러 가지 물건들을 빼앗아 와서 즉시 도독 진린에게 바쳤다.

이러한 노력의 결과 진린도 급기야는 스스로 노량해전에 나가 왜군의 퇴로를 막아서게 된다. 이순신과 진린은 이 마지막 전투에서 번갈아 위급한 상황에 닥쳤지만 서로를 구원하는 생명의 은인으로서 적선 200여 척을 분멸시키고 7년전쟁의 마지막 해전을 승리로 장식했다. 이러한 와중에 우리의 이순신은 일본군이 쏜 총탄에 맞아 전사하고 말았으니 안타깝기 그지없다.

진린으로서는 불과 4개월 남짓 함께했던 이순신이다. 그러나 함께 싸우면서 서로를 지켜줬던 이순신이다. 진린에게는 경외(敬畏)하는 장수이자 바라볼 수밖에 없는 높은 달이었다. 오죽하면 처벌권과 지휘권을 이순신에게 양보했으며, 이순신을 부를 때에는 반드시 이야(李爺) 즉 어버이 야(爺)를 붙여 극존칭을 사용했겠는가. 또 이순신에게 "작은 나라 조선에 살 사람이 아니니 명나라로 들어가 벼슬을 하라."고 권하기를 여러 차례 했다고 『이충무공전서』는 전하고 있다. 얼마나 신뢰하고 경애했으면 명나라 조정에 이순신의 전공을 올려 황제 신종이 명조팔사품을 보냈겠는가?

진린은 이순신 사후에도 여러 장수들과 함께 만장(挽章)을 지어 슬퍼했고, 마지막 군사들을 철군하여 명나라로 돌아갈 때도 아산현에 들려 이순신의 큰아들 회(薈)를 만나 함께 통곡하며 백금 수백 냥으로 조의를 표했다. 진린은 이순신을 이렇게 추모했다. "이순신은 세상을 다스리는 경천위지지재(經天緯地之才) 즉 베의 날줄과 씨줄처럼 천하의 체계를 바로 세우는 재능과, 보천욕일지공(補天浴日之功) 즉 하늘을 깁고 해를 씻기듯 나라를 바로잡은 공이 있다." 진린은 더 이상 포악하지도 사납지도 않았다. 진린은 이미 이순신의 광(狂)팬이 되어 있었다. 그것은 말도 통하지 않는 이방의 장수를 뜨거운 가슴으로 품어 안은 이순신의 사람됨이었다.

15

정걸 : 한 세대를 뛰어넘는 아름다운 파트너십

임진왜란, 이순신과 정걸(丁傑)의 관계를 보면서 무릎을 친다. 아, 이런 게 바로 진정한 파트너십이구나! 이해를 돕기 위해 이순신과 정걸을 비교해 본다. 전라도 고흥 출신의 정걸은 1514년생으로 알려져 있었는데, 최근 2014년 12월 '정걸 장군 재조명 학술대회'에 따르면 1516년 12월 2일생이라는 발표가 설득력을 얻고 있다. 그렇다면 1545년생의 이순신과는 30년 정도 즉 한 세대를 뛰어넘는 아버지뻘 어른이다. 과거시험도 정걸은 1544년에, 이순신은 1576년에 무과에 합격했으니 역시 정걸이 32년 대선배다. 보직으로 따지면 이순신이 28세의 나이로 무과시험에 낙방하던 1572년, 이때 정걸은 59세로 이미 정3품 경상우수사에 올랐지만 당시 이순신은 군인도 아니었다.

이순신이 각고 끝에 1576년 32세의 나이로 무과에 급제하여 동구비보 권관(종9품)으로 봉직하던 1577년에 정걸은 이미 전라좌수사가 되었다. 그로부터 14년 후인 1591년에 이순신이 바로 그 자리를 이었으니 새카만 선후배의 특별한 인연이라 아니할 수 없다. 뿐만 아니라 정걸은 이순신을 만나기 이전에 벌써 두 번째의 경상우수사, 전라병마사, 전라우수사 등 화려한 군사요직을 두루 역임한 역전노장으로서 이순신에게는 감히 범접할 수 없는 대선배였다.

이순신과 정걸, 한 세대를 뛰어넘는 두 사람의 인연이 이어진 것은 임진왜란 일 년 전, 이순신이 전라좌수영에 부임하면서부터이다. 이때에 46세의 신임좌수사 이순신은 무려 여든을 바라보는 77세의 백발노장 정걸을 만나게 되는데, 보통은 70세가 넘으면 치사(致仕)라 하여 나이 많음을 이유로 벼슬을 사양하고 물러나는 것이 관례였지만 정걸은 아직도 정정한 체력으로 나라에 봉사하고 있었다. 당시는 가뜩이나 왜구가 쳐들어온다는 소문으로 온 나라가 흉흉할 때다. 하지만 새로 부임한 이순신은 겨우 종6품 정읍현감에서 갑자기 7계급 특진으로 정3품 전라좌수사가 되었을 뿐 수군경험이라곤 발포만호 시절 일 년 반이 고작이었고, 그 자리조차도 파직을 당했던 사람이다. 그동안 벼슬도 별 볼일 없었고 그나마 툭하면 쫓겨났던 이순신이 전라좌수영의 최고책임자로 온 것에 대해 수군(水軍)들은 수군수군 심히 불안한 마음을 감출 수가 없었다.

그러나 이순신이 누군가? 그는 홀로서기의 달인, 스스로 인맥을 만들어 가는 사람이다. 이순신은 먼저 정걸에게 손을 내밀었다. 조방장(助防將)을 맡아 달라는 것이었다. 조방장이란 주장(主將) 이순신의 명령을 받들어 모셔야 하는 참모장수로서 그야말로 정걸에게는 언감생심 가당찮은 제안이었다. 비록 정걸이 이미 고령으로 한물간 장수라 할지라도 그는 중요한 군사요직을 두루 거쳐온 원로장수였다. 그런데 나이로 보나 등과로 보나 30년이 넘는 새까만 후배 이순신이 조방장을 맡아 달라니 결코 들어주기 쉬운 부탁은 아니었을 것이다.

그러나 정걸(丁傑)은 지혜롭고 슬기로운 준걸(俊傑)이었다. 영웅은 영웅을 알아보는 법, 흔쾌히 이순신의 요청을 수락하고 자신의 달량성 전투경험과,

판옥선 제작경험 그리고 최고사령관으로서의 지휘경험 등을 공유하고 조언했다. 급기야는 이듬해 임진왜란이 발발하자 정걸은 왜적을 무찌르기 위해 출정한 이순신을 대신해서 관할포구를 지키며 백성들을 안심시켰다. 백발이 성성한 백전노장의 위로는 백성들에게 큰 힘이 되었으리라. 뿐만 아니라 드디어 부산포해전에선 직접 팔십 노구를 이끌고 출동하여 혁혁한 전과를 올렸으니 정걸은 과연 준걸이었다. 다음은 『임진장초』의 기록이다.

수군 조방장 정걸(丁傑)에게는 본도의 수군이 출동하면 전라좌도 관내의 각 진포에 지휘할 사람이 없으므로 홍양현(고흥)에 주둔하면서 만일의 사태에 대비하도록 엄하게 지시해 두었습니다.(唐浦破倭兵狀 제2차 당포 당항포 등 네 곳의 승첩을 아뢰는 장계, 1592년 6월 14일)

8월 24일 우수사 이억기 등과 배를 띄우고 수군 조방장 정걸(丁傑)도 함께 거느리고 남해 땅 관음포에 이르러 밤을 지냈습니다.(釜山破倭兵狀 제4차 부산포승첩을 아뢰는 장계, 1592년 9월 17일)

한편 정걸은 일찍이 '바다의 황제'로 불렸던 판옥선(板屋船)을 만든 사람으로 알려져 있는데, 그 기록의 근거는 『호남절의록』(1799)으로 "훗날 암행어사 이이장(李彝章)이 판옥선은 그 운용이 어려우니 폐하자고 장계했을 때 영조(英祖)가 '그것은 명장 정걸(丁傑)이 창제한 것'이니 폐할 수 없다."라고 한 것이다. 또한 을묘왜변 직후인 1555년 9월 16일 실록에도 "임금(明宗)이 조정 대신 여럿을 데리고 한강이 바라다보이는 망원정(望遠亭)에 올랐다. 새로 만들었다는 배를 직접 보기 위해서였다."에서 알 수 있는 것처럼 당시 왜구들의 잦은 침입에 대비해 새로운 판옥선이 건조되었다는 사실이다.

당시 조선의 군선은 맹선(猛船)이었는데 원래 조세를 운반하는 조운선을 겸한 병조선에 불과했다. 이 맹선은 폭이 좁은 데다 사면이 다 허술하여 가려 막은 것이 없으며, 또 화포는 노후되고 화약의 힘은 미약한 데다 기동력도 떨어져 군선으로는 쓸모가 없다는 논란이 제기됐다. 삼포왜변(1510, 중종5), 사량진왜변(1544, 중종39), 을묘왜변(1555, 명종10) 등에서도 맹선은 군선으로서의 제 역할을 발휘하지 못했다. 결국 조정에서는 새로운 전투함 개발이 시급했다.

이때 을묘왜변 중 영암 달량에서 왜선을 무찌른 공으로 진도 남도포만호가 되었던 정걸을 중심으로 판옥선(板屋船)을 만들었다는 것인데 좀 더 신뢰성 있는 1차 사료의 기록이 없는 것이 안타깝다. 그러나 정걸은 판옥선 외에도 불화살, 성곽용 대포 대총통, 쇠 날개를 부착한 굵고 긴 화살 철익전 등 여러 가지 무기를 개발하여 전투에 활용한 것으로 보아 영조의 언급처럼 판옥선 건조에도 주도적인 역할을 했으리라 보는 것이다.

그러나 더 중요한 것은 이러한 난세에 정걸이 이순신의 사람이 되었다는 사실이다. 이순신에겐 천군만마를 얻은 것이나 다름없었다. 왜냐하면 두 사람의 만남으로 군영의 수군들, 민간의 백성들, 조정의 대신들 모두는 안도와 기대를 갖게 되었다. 사람을 쓰는 데 있어서 필요하다면 감히 원로선배한테까지 부하가 되어 달라고 간청하는 이순신, 대의(大義)를 위해서라면 노구에도 불구하고 까마득한 후배를 상관으로 모실 수 있는 정걸, 대범하고 관대하게 서로를 끌어안는 두 남자의 모습은 장수를 넘어 흉내 낼 수 없는 대인(大人)의 모습이었다.

다만 한 가지 풀리지 않는 의문이 있다. 해군사관학교 충무공연구부 제장명 교수도 질문한 내용이지만 과연 이렇게 훌륭한 정걸 장군이 그렇게 큰 공을 세웠음에도 불구하고 선무공신이나 선무원종공신 어디에도 녹훈되지 않았다는 점이다. 이런 이유에 대해 한 발표자는 정걸 장군의 아들과 손자가 연이어 사망했기 때문에 그의 공적을 알릴 집안 인물이 없어서라고 했다. 과연 공신을 평가하는 시스템이 오직 가문에서 공적사항을 알려야만 녹훈되는 것인지에 대해서는 의문의 여지가 있다. 이는 정걸을 연구하는 학자들의 또 하나의 과제일 것이다.

오래전 모리야 히로시가 쓴 『남자의 후반생』이란 책을 읽었던 기억이 난다. 인생 이모작에 성공한 공자를 비롯한 22명의 중국 인물들에게 배우는 삶의 지혜다. 그러나 나는 우리의 정걸에게서 그 교훈을 얻는다. 인생은 후반생이 아름다워야 한다. 같은 해 같은 논에 봄에는 벼를 심고 가을에는 벼를 거둔 자리를 갈아엎고 보리를 심는 이모작(二毛作), 화려했던 과거를 갈아엎고 자신을 낮추어 조방장으로 거듭난 정걸, 선무일등공신 충무공 이순신과 더불어 임진왜란사에 찬란히 빛나는 정걸이야말로 인생 이모작에 성공한 남자의 후반생이었다. 그러나 어디 정걸 같은 남자뿐이겠는가? 인생 100세 시대, 허울뿐인 학력, 화려했던 경력, 숫자뿐인 나이는 모두 잊고 새로운 후반생에 도전하는 정신, 이것이 바로 이순신의 내 사람 만들기, 정걸의 내 인생 만들기에서 배우는 인생의 교훈일 것이다.

16
정경달 : 이순신의 비서실장으로 행정업무를 총괄하다

이순신의 인맥관리에는 분명한 원칙이 있었다. 권세 있는 자에 아첨하여 뜬 영화를 탐하지 않겠다는 자신을 쓰는 원칙과, 능력과 전문성으로만 인재를 기용하겠다는 사람을 쓰는 원칙이 그것이다. 이렇게 까다로운 데도 불구하고 나이에 관계없이 폭넓은 인간관계를 유지했다는 사실이 놀랍다. 예컨대 21살이나 적었던 남이공(南以恭, 1565년생)과 19살 적었던 이영남(李英男, 1563년생)부터 30살이나 많았던 정걸(丁傑, 1516년생), 20살이나 위였던 정탁(鄭琢, 1526년생) 등이 있다. 사람의 마음을 빼앗는 특별한 기술이 아니라 의심스러운 사람은 쓰지 않고, 사람을 쓰려거든 의심하지 않는다(疑人勿用 用人勿疑)는 원칙을 지켰기 때문일 것이다.

이런 의미에서 한 사람을 쓴다는 것은 그만큼 중요하고 또 중요하다. 그래서 인사(人事)는 만사(萬事)라고 한다. 우수한 인재를 채용해서 적재적소에 배치하고 공정하게 관리해야 한다는 뜻이다. 그러자면 맹자의 말씀대로 입현무방(立賢無方)을 해야 한다. 유능하고 현명한 인재를 세우되 친소(親疎)와 귀천(貴賤)을 가리지 말고, 네 편 내 편을 가르지 말고, 내가 잘 아는 사람을 쓰는 것이 아니라 그 일을 잘할 수 있는 사람을 쓰는 것이다.

이순신에게는 행정업무를 보좌해줄 종사관(從事官)이 필요했다. 삼도수군을 지휘해야 할 통제사가 상부에 올리는 자잘한 공문까지도 챙겨야 했기 때문이다. 물론 이순신 휘하에도 무과에 급제한 유능한 인재들이 많았다. 하지만 그들은 이순신이 맡기려는 효율행정에는 적합하지 않았다.

이순신의 선택은 분명했다. 행정업무를 제대로 처리할 수 있는 문관(文官)으로 종사관을 뽑아야 한다. 처음부터 내 사람은 없다. 동인(東人)이든 서인(西人)이든 내 사람은 내가 만든다. 적재적소(適材適所) 적당한 재능을 가진 사람에게 적합한 지위와 임무를 맡기겠다는 원칙이다. 종사관은 최고지휘관인 주장(主將)을 보좌하던 직책으로 보통 문관 5·6품의 직계가 맡았다. 1593년 윤11월 17일에 이순신은 장계를 올렸다. 먼 거리의 도원수, 순찰사 등 상부와의 업무협의, 소속연안의 관리감독, 수부격군 등 수군충원, 군량조달과 둔전개발 등 보좌할 종사관이 필요한데 마침 전 부사 정경달이 신병으로 가까운 장흥에 내려와 있다 하니 그를 종사관으로 보내줄 것을 요청한 것이다. 보낼 사람까지 찾아서 보내 달라는 이 장계를 어찌 거절하겠는가? 조정은 1594년 1월 13일 정경달을 이순신의 종사관으로 임명했다.

그렇다면 정경달(丁景達, 1542~1602)은 어떤 사람인가? 이순신보다 3살이 많았다. 호는 반곡(盤谷), 1570년 식년문과에 급제한 후 여러 벼슬을 거쳐 1592년 선산부사(善山府使)로 재임 중 임진왜란을 당했다. 그러자 군사를 모집하고 자기 집안의 양곡까지 군량미로 내놓으면서 관찰사 김성일(金誠一), 병마사 조대곤(曺大坤)과 함께 금오산(金烏山)에서 크게 적을 물리치기도 했다. 역시 이순신의 사람 보는 눈은 틀림이 없었다. 정경달은 부임하러 오는 길에 벌써 전라우수사 이억기 함대의 병력징발 등을 검칙하고 2월 26일 한산도에 도착했다. 정경달이 한산도에 부임하자마자 연 3일 동안 이순신과 마주 앉아 종일토록 의견을 교환하고 향후 대책을 논의하는 모습을 『난중일기』에서 확인할 수 있다.

갑오일기(1594) 2월 28일, 맑음

아침에 활터 정자로 올라가 종사관(정경달)과 종일 얘기했다.

갑오일기(1594) 2월 29일, 맑음

아침에 종사관(정경달)과 함께 식사하고 또 이별 술을 마시며 종일 얘기했다. 장흥부사도 함께했다.

갑오일기(1594) 3월 1일, 맑음

망궐례를 드리고 그 길로 활터에 가서 앉았다가 금문포만호를 심문하고 곤장 치고 도훈도를 처형했다. 종사관(정경달)이 돌아갔다.

정경달은 이 자리에서 선산부사 시절 효과를 보았던 도청(都廳)을 여러 곳(列邑)에 설치하자는 효율행정을 건의하는데 이순신은 즉각 이의 없이 받아들였다. 당연하다. 자신이 믿고 발탁했는데 자신이 믿어주지 않으면 누가 믿어줄 것인가? 바로 삼성의 창업자 이병철 회장의 지론이기도 했던 "용인물의(用人勿疑), 일단 사람을 썼으면 의심하지 않는다."는 인사원칙이었다.

이렇게 정경달이 이순신과 함께했던 기간은 겨우 일 년 남짓, 1595년 2월 남원부사로 이임할 때까지다. 그러나 이 기간 중에도 1594년 2월에는 영광군수로, 7월에는 함양부사로 연달아 인사발령을 받는다. 그래서 2월 29일 『난중일기』에 "아침식사 후 또 이별 술을 마시며 종일 얘기했다."고 기록하고 있으니 만나자마자 이별하게 되는 상황이다. 도대체 업무를 파악해야 할 자리가 이별주를 나누는 자리가 되었으니 짐작건대 이순신도 정경달도 하늘만 쳐다보았을 것이다. 망사(亡事)가 된 인사지만 다행히 이순신의 강력한 유임요청으로 그나마 일 년이라도 함께할 수 있었다. 정경달은 처음 만나 맺은 인연이지만 자신을 믿어주는 보스 이순신을 위해 최선을 다했다. 이순신이 출전 중에는 그를 대신해 군무를 담당했고, 이순신의 관심을 기울였던 둔전관리와 군량확보에 전력을 기울이니 떠도는 피난민들을 정착시키는 데도 지대한 효과를 거두었다. 이때 세운 공로로 정경달은 정3품 통정대부(通政大夫)에 오른다.

중요한 것은 이때 정경달이 보았던 이순신이다. 자신은 명색이 문과에 급제한 문신(文臣)이었다. 나이도 이순신보다 3살이나 많았고, 과거급제도 7년이나 앞섰으며 이미 24년 차 산전수전 다 겪은 고급관료였다. 그동안 수많은 문·무신을 보아왔지만 이순신은 달랐다. 원칙과 정도, 신상과 필벌, 청렴과 결백, 긍정과 소통, 전략과 전술, 가히 그 누구와도 비교될 수 없는 인물이었다. 일거수일투족 이순신이 말하고 생각하고 행동하는 데 있어서 모두에게 진실한가? 모두에게 공평한가? 모두에게 유익한가? 생각할 필요 없이 그 대답은 모두 예스, 그는 반듯한 사람, 신뢰할 만한 사람이었다. 이렇게 짧은 만남 뜨거운 인연에 정경달은 이순신에게 흠뻑 빠져들었다. 아니 그가 바로 자신이 닮고 싶은 롤 모델이었다. 진짜 그랬을까? 그 대답은 다음에 전하는 정경달의 기록으로 확인할 수 있다.

7년전쟁이 강화기에 접어들었을 때다. 명나라 찬획주사 양위(楊位)가 접반사 정경달에게 물었다. "군사를 출동시켜 조선에 구원병으로 왔으나 산천의 형세와 싸움터의 형편을 잘 알지 못하여 귀국 장수와 함께 의논하고자 하는데 지혜롭고 군사에 능숙한 자가 누구냐?" 하고 물으니 "우리나라에는 이순신이라는 이가 있어 삼도통제사가 되었는데, 군사를 사용하는 방법이 신(神)과 같아 얼마 안 되는 수군을 이끌고 백만의 적병을 제압했습니다. 우리나라가 지금까지 유지된 것은 모두 그 분의 힘입니다."라고 답했다.(『반곡집』)

또 1597년 3월 4일 이순신이 한성의 감옥에 잡혀갔을 때다. 선조는 이순신을 죽이려고 했다. 『선조실록』 1597년 3월 13일 자를 보면, "이순신이 조정을 속이고 임금을 무시한 죄나, 적을 놓아주고 치지 않음으로써 나라를 저버린 죄나, 심지어 남의 공을 가로채고 또 남을 죄에 몰아넣은 죄나 이 모든 것들이 제 멋대로 거리낌 없이 행동한 죄이다. 이렇게 수많은 죄상이 있는 만큼 법으로 보아서 용서할 수 없으니 법조문에 따라 처단해야 마땅할 것이다. 신하로서 임금을 속인 자는 반드시 죽여서 용서하지 말아야 한다. 이제 끝까지 고문하여 그 내막을 밝혀낸 후 처리 방법을 대신들에게 물어보도록 하라."며 우부승지 김홍미(金弘微)에게 비망기로 명령을 내렸다.

그야말로 이순신의 목숨이 경각에 달렸다. 선조가 이순신을 죽이겠다는 의지가 이토록 확고하니 그 누가 이순신을 변호하겠는가? 이때 정경달이 발 벗고 나섰다. 다음은 정경달의 『반곡집(盤谷集)』 내용이다.

이순신이 원균의 모함을 당해 잡혀가므로 공(정경달)이 도체찰사 완평 이원익에게 이르기를 "왜적이 겁내는 것은 이순신인데 일이 이 지경에 이르렀으니 이제 이 나라도 어찌할 길이 없게 되었소." 하였다. 이 정승이 이로써 장계를 올렸으나 조정에서 듣지 않았다. 또다시 공이 유성룡과 이항복을 찾아가니, 그들이 묻기를 "그대가 남쪽에서 왔으니 원균과 이순신의 옳고 그름에 대해 말해줄 수 있겠는가?" 하므로 정경달이 답했다. "누가 옳고 누가 그른가는 말로써 해명할 게 아니라, 다만 보니 이순신이 붙잡혀가자 모든 군사들과 백성들이 울부짖지 않는 이가 없었으며 '이 공(公)이 죄를 입었으니 이제 우리들은 어떻게 살꼬.' 할 뿐이었소. 이것을 보면 그 시비를 알 수 있을 것이요."라고 하였다.

이런 노력에도 불구하고 조정 대신들을 통한 구명운동은 답보상태였다. 정경달은 직접 선조를 찾아가 독대한 가운데 다음과 같이 말했다.

이순신의 애국충심과 적을 방어하는 재주는 일찍이 그 예를 찾을 수 없습니다. 전쟁에 나가 싸움을 미루는 것은 병가의 승책(勝策)인데 어찌 적세를 살피고 싸움을 주저한다 하여 죄로 돌릴 수 있겠습니까? 왕께서 이 사람을 죽이면 나라가 망하겠으니 어찌하겠습니까?" 하고 이순신의 석방을 강력히 주장하며 직언을 서슴지 않았다.(『반곡집』)

사실 구명내용으로 보나 독대시기로 보나 자칫 정경달의 목숨조차 위태로울 수 있음이었다. 그러나 짧은 만남이었지만 뜨거운 인연으로 맺어진 통제사 이순신이었기에 절대로 죽게 할 수는 없는 일이었다. 가장 가까운 가족이나 측근으로부터 존경을 받을 수 있다면 그는 성공한 사람이라고 한다. 비록 짧은 동안 이순신을 모셨던 종사관 정경달이지만, 그의 이순신에 대한 사랑은 그야말로 처음 만나 맺은 마음 일편단심 민들레였다. 긴 세월 하루같이 이순신만 쳐다보는 이순신의 사람이었다. 과연 정경달 그는 이순신의 내 사람 만들기의 결정판이었다.

17 전라좌수군 : 권준, 이순신(李純信), 정운, 배흥립, 어영담

최고경영자(CEO)가 조직목표를 달성하기 위해서는 핵심역량을 발휘할 수 있는 핵심참모가 있어야 한다. CEO가 아무리 유능해도 혼자서 다 할 수는 없기 때문이다. 문제는 CEO가 현명하지 못하면 지도자의 고유권한을 핵심참모, 소위 측근이라는 자들이 마치 자신의 것처럼 휘두르게 된다는 점이다. CEO가 깨끗하지 못하면 핵심참모는 물론 말단까지도 윗물 따라 썩기 마련이다. 결국 조직의 질서는 붕괴되고 지도자의 권위는 떨어지며 급기야는 CEO마저 위기를 맞게 된다. 국가경영이든 기업경영이든 심지어 작은 사조직의 경영에서도 핵심참모가 중요한 이유, 누구보다 CEO가 가장 중요한 이유라고 할 수 있겠다.

전라좌수영을 경영했던 이순신에게도 핵심참모들이 있었다. 과연 그들은 어떤 핵심역량을 발휘했는가? 임진왜란이 발발했을 때 경상도 수·육군 장수들의 행태와 비교해서 확인할 수 있다. 전쟁은 초기 기선제압이 승패에 중대한 영향을 미친다. 그러나 임진년 4월 왜적들이 부산상륙을 시도했을 때 경상도 수·육군의 CEO들은 지리멸렬 제대로 한 번 싸워보지도 않고 도망치기에 급급했다. 그 핵심참모들 또한 같은 모습이었다. 당시 이 지역의 초유사 김성일이 보고했던 장계 그리고 이순신의 『난중일기』를 보자.

신이 도내에 있으면서 여러 성이 함락된 사유와 여러 장수들이 패전한 상황을 목격하였는데, 말하는 자는 모두 '군졸이 명령을 따르지 않고 적과 대진하자 무너져 흩어졌기 때문에 장수가 속수무책이었다'고 합니다. 그러나 신이 본 바로는 좌수사(左水使) 박홍(朴泓)은 화살 한 개도 쏘지 않고 먼저 성을 버렸으며, 좌병사(左兵使) 이각(李珏)은 뒤이어 동래(東萊)로 도망하였으며, 우병사(右兵使) 조대곤(曺大坤)은 연로하고 겁이 많아 시종 물러나 움츠렸고, 우수사(右水使) 원균(元均)은 군영을 불태우고 바다로 나가 다만 배 한 척만을 보전하였습니다. 병사와 수사는 한 도(道)의 주장(主將)인데 하는 짓이 이와 같으니 그 휘하의 장졸(將卒)들이 어찌 도망하거나 흩어지지 않겠습니까. 양산(梁山)의 가장(假將) 밀양 부사(密陽府使) 박진(朴晉)도 창고와 병기(兵器)를 불태우고 도망하였습니다.(『선조실록』 1592년 6월 28일)

임진일기(1592) 5월 2일, 맑음

삼도순변사 이일(李鎰)과 우수사 원균의 공문이 도착했다. 송한련(宋漢連)이 남해에서 돌아와서 하는 말이 남해현령 기효근(奇孝謹), 미조항첨사 김승룡(金承龍), 상주포·곡포·평산포만호 김축(金軸) 등이 왜적의 소식을 한 번 듣고는 벌써 달아났고 군기 등의 물자가 모두 흩어져 남은 것이 없다고 했다. 참으로 놀랄 일이다.

당시 부산 앞바다에 쳐들어온 일본군은 제1진 고니시 유키나가(小西行長) 병력 18,700명이었다. 부산에 상륙한 일본군의 최초병력이 이렇다면 경상도 동래성의 20,000여 지상군과 10,000여 명의 경상좌우수군 연합세력으로 능히 저지할 수 있었다. 통탄스럽게도 초기 접전지역의 경상수·육군 지휘관들은 전투를 회피하고 관할지역을 이탈하면서 부산지역의 방어전선이 무너졌고 고니시 유키나가의 후속부대까지 속속 상륙하면서 불과 20일 만에 수도 한성을 함락시키고 말았다.

그렇다면 이순신의 전라좌수군은 어떠했는가? 참으로 대조적이다. 이순신이 일본군의 침입소식을 들은 것은 4월 15일 저녁이다. 그러나 이순신은 이미 1년 전부터 유비무환 이 전쟁을 대비했던 유일한 CEO였다. 원균의 공문을 받는 즉시 조정에 장계를 올려 사변에 대비하는 일을 아뢰고(因倭警待變狀), 경상수역으로의 출전명령을 요청했다(赴援慶尙道狀). 다른 한편으로는 관할론을 제기하는 휘하장수들과 뜨거운 토론의 장을 벌였다. 이는 결론도출을 위한 격론의 장이 아니라 의견일치를 위한 소통의 장이었다. 모든 장수가 경상도 출전의 당위성을 인지하고 자발적으로 출전할 수 있도록 분위기를 유도하는 것이었다.

이는 5월 2일 임진일기에 있는 "낙안군수 신호(申浩)만은 피하려는 뜻을 가진 것 같아 한탄스럽다."라는 내용과 『이충무공전서』에 기록된 이순신의 대갈(大喝)로 보면 명확해진다.

> 적의 기세가 마구 뻗쳐서 국가가 위급하게 된 이때에 어찌 다른 도의 장수라고 핑계대고 물러나 제 경계만 지키고 있을 것이냐? 내가 시험 삼아 물어본 것은 우선 여러 장수들의 의견을 들어보자는 것이었다. 오늘 우리가 할 일은 오로지 나가서 싸우다가 죽는 길밖에 없다. 감히 반대하는 자가 있다면 목을 베리라.

결국 치열한 난상토론과 녹도만호 정운, 흥양현감 배흥립, 광양현감 어영담 등의 강력한 주장과, 결정적으로 이순신의 강력하고 분명한 출전의지로 경상도 부원(赴援)은 결정되었다. 드디어 4월 27일, 원균과 합세하여 적을 치라는 유서 즉 경상도 지역으로 출전해도 좋다는 조정의 지시를 받게 된다. 이 교서를 받은 후 전의를 불사르는 이순신의 핵심참모들을 보라.

임진일기(1592) 5월 1일

수군들이 모두 앞바다에 모였다. 이날은 날이 흐렸지만 비는 오지 않고 남풍이 세게 불었다. 진해루에 앉아서 방답첨사(李純信), 홍양현감(배홍립), 녹도만호(정운) 등을 불러들였다. 모두 격분하여 제 한 몸을 생각하지 않으니 실로 의사(義士)들이라 할 만하다.

임진일기(1592) 5월 3일, 아침 내내 가랑비가 내렸다

오후에 광양현감(어영담), 홍양현감(배홍립)을 불러왔는데 함께 이야기하던 중에 모두 분한 마음을 나타냈다. (중략) 조금 뒤에 녹도만호가 알현을 청하기에 불러들여 물은 즉 "우수사(李億祺)는 오지 않고 왜적은 점점 한성 가까이 다가가니 통분한 마음 참을 수 없으며 만약 지금의 기회를 놓친다면 후회해도 소용이 없을 것입니다." 하는 것이었다. 바로 중위장(李純信)을 불러 내일 새벽에 떠날 것을 약속하고 장계를 써 보냈다. 이날 여도 수군 황옥천(黃玉千)이 왜적의 소식을 듣고 집으로 도망갔다 하므로 잡아다가 목을 베어 군중 앞에 내다 걸었다.

이것이 경상도 수·육군의 CEO와 그 핵심참모들 그리고 전라좌수영의 CEO 이순신과 그 핵심참모들의 모습이다. 왜 이렇게 다른가? 여기 CEO 이순신이 장계하는 핵심참모들과의 관계가 그 해답일 것이다.

여러 장수들 중에서도 권준(순천부사), 이순신(李純信, 방답첨사), 어영담(광양현감), 배홍립(홍양현감), 정운(녹도만호) 등은 특별히 믿는 바가 있어 서로 함께 죽기를 기약

하고 매사를 함께 논의하고 계획을 세웠습니다.(請鄭運追配李大源祠狀, 1592년 9월 11일)

이들이 얼마나 똘똘 뭉쳐 일사불란한 팀워크를 이뤘으면 원균이 이순신을 향해 "당신에게는 아들 다섯이 있잖아!"라고 비아냥거렸을까, 서성(徐渻)이 원균과 이순신을 화해시키려고 마련한 술자리에서 나눈 대화내용이다.(『선조실록』 1597년 1월 27일), 이렇게 원균의 지칭으로 생겨난 다섯 아들이니 이들은 원균이 낳은 이순신의 아들들인 셈이다. 그러나 다섯 아들이라니 어디 가당키나 한 말인가? 나이로 보아도 어영담은 12살 위, 권준 4살 위, 정운 2살 위, 배흥립 1살 아래, 이순신(李純信)만이 9살 아래였고, 급제년도나 직위품계로 봐서도 아들이란 관계설정은 천부당만부당, 어불성설이다.

그렇다면 소위 다섯 아들들은 무엇 때문에 이순신과 죽기를 기약하고 핵심참모가 되었을까? 단지 정3품 전라좌수사의 부하였기 때문만은 아닐 것이다. 하극상이 비일비재했던 당시 체제에서 1, 2품의 차이가 무에 그리 대수였겠는가. 따지고 보면 이순신도 7계급 특진으로 전라좌수사에 오르기 전까지는 종6품 정읍현감에 불과했다. 이와 관련하여 재미있는 일화가 있다. 『이충무공전서』 권9의 기록을 보면 이순신이 45세(1589)되던 해 봄에 전라순찰사 이광의 군관 겸 조방장(종4품)이 되었을 때다. 이순신이 순천에 갔다가 부사(종3품) 권준을 만났는데 함께 술을 마시던 권준이 "이 고을이 아주 좋은데 그대가 한 번 나를 대신해 보겠소?" 하며 거만을 떨었다. 하지만 이순신은 그저 웃어넘기고 말았다. 그리고 불과 2년 뒤 상황이 바뀌어 이순신이 전라좌수사(정3품)가 되어 이번에는 권준의 상관으로 만났던 것이다. 이런 상황에서 만일 이순신이 한 치라도 자그마한 허점이나 흐트러진 약점을 보였다면 어림없는 일일 것이다. 오직 CEO, 최고지휘관으로서 보여주는 솔선수범, 언행일치, 포용과 인품 등 온몸으로 실천하는 인간 이순신에 대해 절대적 신뢰가 있었기에 가능했을 일이다.

이들은 1592년 9월 1일 부산포해전에서 전사한 충장공 정운, 1594년 4월 9일 전염병으로 세상을 떠난 조방장 어영담을 빼고는 모두가 이순신이 전사하는 그 순간까지도 7년전쟁에 목숨을 걸고 힘껏 싸웠다. 이순신의 사후에도 권준, 이순신(李純信), 배흥립 이들 모두는 승승장구 수군절도사, 병마절도사에 오르며 CEO 이순신의 모습을 역사에 빛나게 한 영원한 핵심참모들이었다. 기억해야 할 것은 이들은 하나같이 5관5포의 진장(鎭將)으로 있었던 인물일 뿐, 운명처럼 다가온 인연을 뜨거운 가슴으로 얽어맨 이순신의 숙명적인 사람들이었다.

18

초계변씨 : 이순신의 효심과 어머니 초계변씨

계절의 여왕 오월이다. 창조주께서는 이 세상을 가장 좋아하시는 초록색으로 물들여 놓으셨다. 사람들은 녹음방초 우거진 이 아름다운 오월을 세상의 중심인 가정에 바쳤다. 그래서 가정의 달 5월엔 어린이날(5월 5일), 어버이날(5월 8일), 입양의 날(5월 11일), 스승의 날(5월 15일), 세계가정의 날(5월 15일), 부부의 날(5월 21일), 성년의 날(5월 21일), 실종아동의 날(5월 25일) 등 가족과 관련된 여러 날들이 있으니 이렇게 많은 날이 있는 줄 예전엔 몰랐었다.

그만큼 가정이 중요하다는 뜻, 가정이 바로 서야 나라가 바로 선다는 의미일 것이다. 그 가정의 중심에 어머니, 방언으로 '엄니'라는 이름의 존재가 있다. 가정을 세우고, 나라를 세우고 그리고 세상을 바꾸는 힘의 원천이 어머니라는 사실을 부정할 사람은 없을 것이다. 오늘날 우리나라가 세계경제 10위권에 오른 위대한 저력도 바로 어머니들의 교육열에 있었음을 또한 부정할 수 없다. 굳이 6남매를 모두 미국 최고의 명문대에 보내고 두 아들을 미국 국무부 차관보로 키우신 고홍주 박사의 어머니 전혜성 박사나, 지독한 사랑과 집념으로 대한민국의 아이콘, 피겨의 여왕으로 등극시킨 김연아의 어머니 박미희 씨를 말할 필요는 없다. 왜냐하면 조선의 임금도 어머니가 낳았고, 오늘의 대통령도 어머니가 낳았고, 우리 모두도 어머니가 낳으셨기 때문이다. 당연히 이순신도 어머니가 낳으셨다. 그래서일까? 이순신은 가정의 중심인 가족 그 맨 위에 어머니를 올려놓았다. 그 증거가 바로 『난중일기』다.

임진일기(1592) 정월 초1일, 맑음

새벽에 아우 여필(禹臣)과 조카 봉(荃), 맏아들 회(薈)가 와서 얘기했다. 다만 어머니를 떠나 두 번이나 남쪽에서 설을 쇠니 간절한 회한을 이길 수 없다.

이렇게 7년 동안 써 내려간 『난중일기』, 그 첫날 첫 번째 주제가 바로 가족이었고 첫 번째 등장인물도 역시 가족이었다. 그런데 우연의 일치일까? 이순신이 임진왜란 처음으로 출전한 날이 임진년 5월 4일, 바로 어머니의 생신날이었다. 1593년 5월 4일의 『난중일기』를 보면 "오늘이 곧 어머님 생신이었으나 적을 토벌하는 일 때문에 가서 축수의 잔을 올리지 못하니 평생의 한이 되겠다." 또 1595년 5월 4일 "오늘이 어머님 생신인데 몸소 나아가 잔을 드리지 못하고 홀로 멀리 바다에 앉았으니 가슴에 품은 생각을 어찌 다 말하랴." 그리고 1596년 5월 4일 "이날은 어머님의 생신인데 나아가 헌수의 한 잔을 올리지 못하니 마음이 편치 못했다." 마지막 1597년 5월 4일 "비가 내렸다. 오늘은 어머님의 생신이다. 슬프고 애통함을 어찌 견디랴. 닭이 울 때 일어나 앉으니 눈물만이 흘렀다."

이순신의 어머니 사랑은 참으로 극진했다. 오죽했으면 팔순 노모를 전쟁터로 모시고 왔을까. 어머니에 대한 특별한 연민(憐憫)을 갖고 있는 나로서는 그것이 늘 궁금했다. 그래서 지난여름 여수시 웅천동 1420-1번지, 송현마을(옛 지명 古音川)을 찾아갔다. 여기가 바로 이순신의 어머니 초계변씨가 7년 전쟁 중 4년여 동안 기거했던 곳이다. 이순신은 전라좌수영 가까운 이곳에 어머니를 모시고 극진한 효성을 베풀었다. 효(孝)는 백행(百行)의 근본임을 휘하장졸과 백성들에게 몸소 보여줬던 곳이다.

이순신은 왜 남해안 전쟁터까지 어머니를 모셔야 했는가? 사실 어머니가 사시던 충청도 아산은 전쟁 초기엔 일본군의 직접적인 침략이 없었다. 어머니가 고음천으로 내려오는 1593년 5월경에는 오히려 일본군이 퇴각하여 아산과 더 멀어진 경상도 해안지역에 주둔하고 있었다. 그럼에도 불구하고 피란이 임진왜란 초기에 이루어지지 않고 1년여가 지난 후에 전라좌수영과 가까운 이곳으로 내려오신 까닭이 무엇인가?

가장 큰 이유는 어머니(1515~1597)의 고령 때문이었다. 전쟁이 장기화되는 상황에서 이미 어머니의 연세가 79세, 당시로 보면 천수(天壽)를 다하신 나이다. 그러나 전쟁을 수행중인 장수로서 자신이 직접 아산으로 갈 수도 없는 노릇이다. 언제 돌아가실지 모르는 어머니, 비록 전쟁터에서라도 가까이 모시고 자식의 도리를 다하고 싶었던 것이다. 물론 여기에는 어머니 초계변씨의 자식 사랑 또한 지극했다 할 것이다. 초고령의 어머니가 전쟁터로 흔쾌히 내려올 수 있는 것은 자식을 가까이서 격려하겠다는 사랑 없이는 불가능한 일이다. 여기 그렇게 모신 어머니를 찾아뵙는 아들 이순신, 그 모자간의 대화를 들어보자.

갑오일기(1594) 1월 11일, 흐리되 비는 오지 않았다

아침에 어머님을 뵈려고 배를 타고 바람을 따라 바로 고음천에 도착했다. 남의길(南宜吉), 윤사행(尹士行), 조카 분(芬)과 함께 갔다. 어머니께 가서 배알하려 하니 어머님은 아직 주무시고 계셨다. 큰소리로 부르니 놀라 깨어 일어나셨다. 숨을 가

쁘게 쉬시어 살아 계실 날이 얼마 남지 않으신 듯하여 감춰진 눈물이 흘러내릴 뿐이다. 그러나 말씀을 하시는 데는 착오가 없으셨다. 적을 토벌하는 일이 급하여 오래 머무를 수가 없었다.

갑오일기(1594) 1월 12일, 맑음

아침 식사 후 어머니께 하직을 고하니 "잘 가거라. 부디 나라의 치욕을 크게 씻어야 한다."라고 분부하여 두세 번 타이르시고, 조금도 헤어지는 심정으로 탄식하지 않으셨다.

참으로 그 어머니에 그 아들이다. 이순신의 강직함은 결국 어머니의 곧은 성품, 바른 모습에서 비롯된 것이었다. 그러나 이순신의 어머니도 결국 세상을 떠나셨다. 끔찍이 사랑하는 자랑스러운 아들 이순신, 아니 조선의 자랑스러운 아들 이순신이 죽음의 문턱에서 풀려났다는 소식을 듣고 어머니는 한시바삐 아들을 보러 길을 나섰다. 그러나 그게 마지막이었다. 고향을 향하는 서해바다 뱃길에서 어머니는 두둥실 바다 저편으로 홀연히 떠나시고 말았다.

정유일기(1597) 4월 13일, 맑음

일찍 식사 후에 어머님을 마중하려고 바닷가의 길로 나갔다. (중략) 아들 울(蔚)이 종 애수(愛壽)를 보냈을 때는 배가 왔다는 소식이 없었다. 얼마 후 종 순화(順花)가 배에서 와서 어머님의 부고를 전했다. 달려 나가 가슴을 치고 뛰며 슬퍼하니 하늘의 해조차 캄캄해 보였다. 바로 해암(蟹巖 게바위)으로 달려가니 배는 벌써 와 있었다. 길에서 바라보며 가슴이 찢어지는 슬픔을 이루 다 적을 수가 없다. 후에 대강 적었다.

정유일기(1597) 4월 19일, 맑음

일찍 나와서 길을 떠나며 어머님 영전에 하직을 고하고 울부짖으며 곡하였다. 어찌하랴, 어찌하랴, 천지 사이에 어찌 나와 같은 사정이 있겠는가? 어서 죽는 것만 같지 못하구나. 조카 뇌의 집에 이르러 조상의 사당 앞에서 하직을 아뢰었다.

정유일기(1597) 5월 5일, 맑음

오늘은 단오절인데, 천 리되는 천애의 땅에 멀리 와서 (백의)종군하여 어머님 장례도 못 모시고 곡하고 우는 것도 마음대로 못하니 무슨 죄로 이런 앙갚음을 받는 것인가, 나와 같은 사정은 고금에도 같은 것이 없을 터이니 가슴이 찢어지는 듯 아프다. 다만 때를 못 만난 것이 한탄스러울 뿐이다.

효심(孝心)은 천심(天心)이다. 전장에 나서면 서릿발같이 엄했던 이순신도 언제나 그의 내면에는 가족의 사랑과 인간의 연민이 자리 잡고 있었다. 어머니에 대한 효성과 극진한 사랑은 『난중일기』 곳곳에 백 회 이상 나타난다. 파란만장했던 이순신의 생애를 지켜주신 어머니, 어려울 때마다 품안을 찾았던 안식(安息)의 고향 어머니, 그래도 돌아가시는 83세까지 삼도수군통제사에 오르는 아들에게서 가슴 벅찬 희열을 느끼시며, 재능보다는 미덕을, 자신보다는 나라를 섬기라고 가르쳐주신 반듯한 어머니였다.

불현듯 내 어머니가 사무치게 그리워진다. 그러고 보니 참 공교롭다. 이순신의 어머니가 가신 날이 4월 11일, 내 어머니 가신 날은 4월 16일, 모두 풀꽃 피는 양력 5월에 엄니 꽃은 지고 말았다. 그래서 오늘 어버이날, 아산에 가서 어머님 산소에 성묘하고 지근거리의 해암(蟹巖, 게바위)을 찾아 이순신의 어머니를 추모했다. 흐드러진 풀꽃 아름 따다 가신 길에 뿌리고 왔다.

19

권율과 원균 : 권율의 곤장 vs 이순신의 곤장

직속부하를 곤장 치는 권율과 직속부하를 배려하는 이순신의 태도가 어떤 결과를 가져왔는지를 보자.

정유년(1597) 7월 11일, 곤양에 도착한 도원수 권율은 삼도수군통제사 원균을 호출하여 가차 없이 곤장을 친다. 이유는 이번 절영도 외양해전(7월 8일~7월 9일)에 휘하수사들만 출동시키고 정작 통제사 자신은 출전하지 않았다는 것이다. 그러나 도원수가 삼도수군통제사에게 곤장을 친 이 사건은 엄청난 후폭풍을 몰고 온다. 삼도수군통제사 즉 오늘날의 해군참모총장이 합참의장격인 도원수 권율에게 시쳇말로 '빠따'를 맞았으니 얼마나 분하고 억울하겠는가? 원균이 누군가? 나이로 치면 권율보다 3살 아래지만 과거로 따지면 문·무과가 다르다 해도 무려 15년이나 앞서 급제했고 그것도 을과 2등에 올랐던 자존심 높은 맹장이었다.

그리고 이때가 언제인가? 정유재란이 시작되면서 전황은 다시 혼미 속으로 빠져들고 있었다. 조정과 권율은 원균에게 수로차단전술을 밀어붙였고, 원균은 이순신이 주장하다 파직당한 것과 같이 수륙합공전술을 고집하며 도체찰사—도원수—통제사—수사로 이어지는 지휘명령체제가 매우 혼란스러운 상태였다. 원균이 정작 통제사가 되고 보니 이순신의 판단이 옳았다는 사실과 섣불리 왜적을 공격할 수 없다는 사실을 깨달았기 때문이다. 이 곤장사건의 발단은 통제사 원균이 절영도 외양해전에 직접 출동하지 않은 것에 대한 질책이었다. 하지만 그 바탕에는 원균이 수로차단전술에 적극적으로 나서지 않는 것에 대한 권율의 누적된 분노가 있었다.

거듭되는 권율의 출전독촉에 원균은 장졸들의 휴식이 필요하고 이미 시작된 장마가 끝난 후에야 출동하겠다고 했지만 권율은 전혀 들어주지 않았다. 울화가 치민 다혈질의 원균은 이미 일주일가량 부산근해해전을 치르고 지칠 대로 지쳐 돌아온 조선 수군을 바로 그 다음날인 7월 12일 숨 돌릴 사이도 없이 다시 이끌고 부산근해로 출동했다. 참으로 미친 짓이었다. 결과는 어떻게 되었는가?

7월 12일 한산도를 떠나 7월 14일 늦게 절영도에 도착한 원균의 선단은 정박도 하기 전에 왜선 1,000여 척이 새카맣게 밀려오는 것을 보고 그 밤으로 배를 돌려 밤새도록 노를 저어 7월 15일 새벽 가덕도에 도착했다. 그러나 계속 추격해 오는 일본군에게 쫓겨 다시 영등포를 거쳐 밤늦게 칠천량에 도착했지만 며칠 동안 피로와 허기에 시달린 조선 수군은 전열을 가다듬을 틈도 없이 7월 16일 새벽 칠천량에서 겹겹이 포위된 채 궤멸당하고 말았다. 통제사 원균은 물론 전라우수사 이억기, 충청수사 최호 등 수많은 장졸들이 전사했다. 애당초 질 수밖에 없는 싸움이었다. 이 패전에 여러 이유들이 존재하겠지만 결정적으로 도원수 권율의 곤장이 칠천량 패전에 도화선이 되었음을 부인할 수 없다. 순간의 분노를 다스리지 못한 결과 권율, 원균 그리고 조선 수군 전체가 재앙을 맞게 된 것이다.

이제 이순신의 경우를 보자. 도원수 권율이 삼도수군통제사 원균에게 곤장을 쳤던 7월 11일로부터 불과 40여 일 후에 삼도수군통제사 이순신도 경상우수사 배설에게 곤장을 쳐야 하는 상황이 발생했다. 정유일기를 보면 8월 3일 삼도수군통제사 재임용을 받아든 이순신이 전열을 정비하고 수군을 재건하기 위해 8월 17일 장흥에 도착했을 때 경상우수사 배설이 약속을 어기고 통제사가 탈 배를 보내지 않은 것에 대해 '대단히 서운했다'고 적고 있고, 또 8월 18일 회령포에 갔더니 '배설이 배 멀미를 핑계로 나오지 않아 다른 장수들만 만났다'고도 적고 있다. 이런 괘씸한 일을 반복하던 중 드디어 8월 19일 이순신의 분노는 폭발했다.

정유일기II(1597) 8월 19일, 맑음

여러 장수들로 하여금 교서와 유서에 숙배하게 하였는데, 배설은 지영(祗迎)하여 절하지 않았다. 그 능멸하고 오만한 태도가 이루 말할 수 없기에 이방(吏房)과 영리(營吏)에게 곤장을 쳤다.

바로 이 대목이다. 교서에 숙배하지 않는다는 것은 절대군주시대에 있을 수 없는 일이다. 생각해 보면 이순신인들 배설을 직접 곤장치고 싶지 않았겠는가? 삼도수군통제사에 재임용된 자신을 철저히 무시했을 뿐만 아니라 감히 임금의 교서에 숙배하지 않는 불경죄를 저질렀다. 어디 그것뿐인가. 무엇보다도 배설은 칠천량해전에서 조선 수군이 궤멸당하는 순간에 통제사 원균의 명령을 거역하고 몰래 도망쳤던 비열한 겁장(怯將)이었다.

하지만 이순신은 자신의 분노에 최면제를 먹였다. 도원수 권율이 통제사 원균에게 곤장을 치는 것과는 달리 이순신은 배설 대신 그의 부하들을 데려다 곤장을 쳤다. 도원수가 삼도수군통제사를 칠 수 있다면 삼도수군통제사도 능히 경상우수사를 칠 수 있을 것이다. 그러나 이순신은 적어도 곤장을 쳐야 할 대상, 곤장을 쳐야 할 상황을 철저히 배려하고 고려했던 것이다. 경상우도수군절도사라는 배설의 지위와 자존심, 또 그 휘하 부하장졸들의 사기를 생각해서라도 적어도 한 직급 아래의 수사에게 직접 곤장을 치는 행위만큼은 삼갔던 것이다. 그러나 배설에게는 자신이 곤장을 맞은 것보다 더 무서운 형벌이었을 것이다. 사실 이와 같이 수사(水使) 급을 배려하는 사례는 전라우수사 이억기에게도 있었으니 몸에 배인 리더의 매너라고 할 수 있다.

병신일기(1596) 2월 30일, 맑음

해가 지려할 때, 우수사(李億祺)가 보고하기를 "이미 바람이 잔잔하여 계책으로 호응해야 할 때를 당하니 급히 소속 부하를 거느리고 본도(전라우도)로 가고자 한다."고 하였다. 그 작심한 것이 지극히 해괴하여 그의 군관 및 도훈도에게 곤장 일흔 대를 쳤다. 수사가 자기 부하를 거느리고 견내량에서 복병하는데 그 분하다고 하는 말에 가소로움이 많았다.

또 이런 일도 있었다. 1594년 4월 한산도에서 과거시험을 보아 무려 97명이 무과에 급제하는 영광을 누린다. 이는 부하를 사랑하는 이순신의 배려로 가능했던 일로, 한산도 진중에서 별시를 치루지 않았다면 불가능한 일이었다. 한산도 진중에서 과거를 치를 수 있게 해 달라고 간청하는 장계(請於陣中試才狀, 1593년 12월 29일)를 요약해 보면 이순신의 부하 사랑이 얼마나 따뜻한지 그 배려하는 마음을 잘 알 수 있다.

이달 12월 23일 도착한 겸순찰사 이정암(李廷馣)의 공문에 "이번에 동궁께서 전주로 내려와 하삼도에 과거시험장을 열고 인재를 뽑는다."는 내용이 있습니다.

그동안 왜란이 일어난 지 2년, 남도의 무사들이 오랫동안 진중에 있었지만 그들을 위로하고 기쁘게 해줄 길이 없었습니다. 12월 27일 전주부(全州府)에다 과거시험장을 개설하셨다 하니, 진중에 있는 군사들이 모두 즐거이 응시하고자 합니다. 그러나 물길이 너무 멀어 제 기한 내에 도착하지 못할 뿐 아니라, 적과 서로 대치해 있는 때에 군사들을 일시에 보낼 수도 없는 일입니다. 하여 수군에 소속된 군사들만이라도 한산도 진중에서 시험을 보아 그들의 마음을 위로해주는 것이 좋을 듯합니다.

그러나 진중과거를 추진하는 것을 시기하고 질투하는 이순신의 상사가 있었으니 바로 공문을 보냈던 이정암(李廷馣)이다. 그는 이순신에게 공문을 보내 "동궁이 전주로 내려와 하삼도의 무사들에게 과거시험장을 열고 인재를 넉넉히 뽑으려 하니 유능한 인재가 빠지는 일이 없도록 하라."고 공문을 보냈던 장본인이다. 그런 그가 막상 이순신이 장계와 장달을 올려 한산도 진중에서 과거를 보게 해 달라고 청원하자 "진중에서 과거시험을 설치하자고 장달(狀達)을 올려 여쭌 것은 매우 잘못되었으니 그 죄를 물어야(推考) 한다."며 오히려 발목을 잡는다. 이순신도 '참으로 우스운 일'이라고 갑오일기(1594년 2월 4일)에 적고 있다. 그럼에도 불구하고 4월 6일부터 9일까지 실시한 이 진중 별시에서 무려 97명이 급제하여 홍패(紅牌, 합격증)를 받았다. 이순신이 식년무과에 급제할 당시 29명이 급제한 것에 비하면 무려 3.5배에 달하는 합격자를 배출한 것이니 참으로 이순신은 많은 부하들에게 새로운 미래를 열어준 그야말로 상경하애(上敬下愛)를 실천하는 상사였다.

이순신의 부하 사랑 사례는 얼마든지 있다. 궁색한 말을 하는 부하 이중익(李仲翼)에게 입고 있던 옷을 벗어주고, 병고에 신음하는 선거이(宣居怡)의 집을 찾아 문병하는 일 등을 『난중일기』에서 확인할 수 있다. 임진년 네 차례의 승첩 보고에는 이름도 없는 말단 수군 개똥이(介叱同)와 망구지(亡仇之)까지 전과를 올려주고, 통선 한 척이 전복되어 병사들이 죽은 것과 관련 하여 자신이 지휘를 잘못한 탓이라며 죄를 자청했고, 아끼는 부하 정운(鄭運)이 전사하자 사당에 배향해 달라고 청원했으며. 부당하게 쫓겨난 광양현감 어영담(魚泳潭)을 유임시켜 달라며 청원하고, 또 자신의 조방장으로 임명해 달라고 장계했다. 뿐만 아니라 이름 없는 졸병들의 시신을 고향에 보내서 장사지내게 하고 그들의 가족을 돌봐주도록(恤典) 조치하는 이순신이었다. 함께 있는 오늘만이 아닌 미래까지, 아니 그 영혼까지도 책임지는 이순신은 그야말로 사랑과 배려가 넘치는 CEO였다.

그렇다. 어느 조직에서나 중요한 것은 아랫사람에 대한 사랑과 배려, 그리고 분노를 다스리는 일이다. 윗사람으로서 분노의 감정을 절제하지 못하면 너와 나 그리고 조직 전체가 피해자가 된다. 왜냐하면 배려는 사랑을 낳지만 분노는 재앙을 불러오기 때문이다. 분노를 잠재워라, 분노에 최면제를 먹여라. Anger(분노)는 바로 Danger(위험)이기 때문이다.

20
온양방씨 : 로맨티스트 이순신, 아내 온양방씨

21세기 키워드 중 하나가 바로 '가정(家庭)'이다. 가정이 흔들리면 인생이 흔들린다는 것을 사람들이 깨닫게 된 것이다. 그 가정의 중심에 화성에서 온 남자가 있고 금성에서 온 여자가 있다. 각각 남편과 아내라는 이름으로 존재하지만 이들은 원래 서로 다른 별에서 온 우주인으로 언어와 사고와 행동이 모두 달랐다. 그러나 바로 그 다른 것에 대한 호기심으로 둘은 사랑에 빠져 결혼을 한다. 그런데 바로 그 다른 점 때문에 힘들어 하고 후회도 하니 참으로 인생은 아이러니가 아닐 수 없다.

5월 21일은 '부부의 날'이다. 365일이 모두 부부의 날인데 왜 이런 날이 존재해야 하는지 아마도 평등부부를 외치는 것에서 해답을 찾아야 할 것 같다. 남편이라는 존재보다 아내라는 존재로 살아간다는 것이 훨씬 더 어렵다는 사실 때문일 것이다. 남편에게는 사랑스런 아내이자 자녀에게는 위대하신 어머니, 그러나 동서고금을 막론하고 육아에 시달리고 내조에 힘들어 하는 여인들이 바로 남편들의 아내들이다. 하지만 이제는 평등부부 시대다. 아내에게도 동등한 권리와 공동의 책임이 부여되고 있다. 그러나 이 모든 것에 전제되어야 할 것은 오직 사랑이다. 인생의 반려자로서, 삶의 동반자로서 사랑과 존경이 함께할 때 가정의 평화와 행복이 찾아오기 때문이다.

이순신은 아내를 얼마나 사랑했을까? 『난중일기』를 통해서 어머니의 이야기는 100여 회 등장하지만 아내의 이야기는 채 열 번도 등장하지 않는다. 그조차도 아내가 그립다는 애정표현은 단 한 군데도 없고 다만 걱정하는 모습만 있을 뿐이다. 이순신은 과연 아내를 사랑했던 것인가? 그가 살았던 4백 년 전 조선시대는 전통적인 유교사회였다. 대감마님은 사랑채에 살고 안방마님은 안채에서 살았던 가부장적 문화에서 어머니는 효도의 대상이었고, 아내는 부부유별(夫婦有別), 분별의 대상이었다. 이순신이 할 수 있는 유일한 사랑표현은 그저 걱정뿐이었다. 사랑 없는 걱정이 있을 수 없고, 걱정 그 자체가 사랑이라면 이순신은 아내를 끔찍이 사랑한 것이다.

갑오일기(1594) 8월 30일, 맑고 바람도 없었다

이날 아침 탐후선이 돌아왔는데, 아내의 병세가 매우 위중하다고 했다. 이미 생사가 결정이 났는지도 모르겠다. 나랏일이 이 지경에 이르렀으니 다른 일에 생각이 미칠 수는 없으나 아들 셋, 딸 하나가 어떻게 살아갈 것인가, 마음이 아프고 괴로웠다. 이경(밤 9~11시)부터 마음이 어지러워 잠을 이루지 못했다.

갑오일기(1594) 9월 1일, 맑음

앉았다 누웠다 하면서 잠을 이루지 못하여 촛불을 밝힌 채 뒤척였다. 이른 아침에 손을 씻고 조용히 앉아 아내의 병세를 점쳐 보니, '중이 속세에 돌아오는 것과 같다'고 하였다. 다시 점쳐 보았더니 '의심이 기쁨을 얻는 것과 같다'는 괘를 얻었다. 매우 길하다. 또 병세가 나아질 것인지와 어떤 소식이 올 것인지를 점쳤더니 '귀양 땅에서 친척을 만난 것과 같다'는 괘를 얻었다. 이 역시 오늘 중에 좋은 소식을 들을 징조였다.

갑오일기(1594) 9월 2일, 맑음

저녁에 탐후선이 돌아왔는데, 아내의 병이 좀 나아졌다고 하나 원기가 몹시 약하다고 하였다. 매우 걱정스럽다.

을미일기(1595) 5월 16일, 흐리되 비는 오지 않았다

아침에 탐후선이 들어왔는데, 어머님은 평안하시다고 하지만 아내는 불이 난 뒤로 심기가 많이 상하여 천식이 더 심해졌다고 한다. 매우 걱정이 된다.

일기에서 보듯 전쟁터에 있는 이순신은 노심초사 아내를 걱정한다. 명색이 삼도수군통제사가 방바닥에 쪼그리고 앉아서 점을 치고 있는 모습을 상상해 보라. 점괘가 잘 나오자 오늘은 아내에게서 좋은 소식이 있을 것이라며 기뻐하는 그 모습, 애지중지했던 막내아들이 죽자 따라 죽고 싶지만 힘들게 남아 있을 아내를 생각하여 그러지 못한다는 이순신이었다.

어디 그뿐인가? 이순신은 한산도 전쟁터에 있으면서도 장모의 제삿날에 자신의 맏이와 셋째까지 두 아들을 모두 천 리 길 아산으로 올려 보낸다. 아무리 데릴사위로 외손봉사(外孫封祀)를 한다지만 지금은 전시상황이다. 옛 속담에 '아내가 예쁘면 처갓집 말뚝 보고도 절을 한다'고 했는데 이것이 이순신이었다. 무뚝뚝한 남편들이 변명처럼 하는 말 "꼭 말로 표현해야 사랑인가?", 직접적으로 표현하지 못하는 이순신의 아내 사랑은 결국 걱정과 배려의 형식으로 고스란히 일기 속에 배어 있으니 이것이 바로 이순신의 방식으로 엮어간 사랑의 표현이었다.

갑오일기(1594) 5월 22일, 비가 오고 바람이 거세게 불었다

오는 29일이 장모의 제삿날이라 아들 회(薈)와 면(葂)을 내보내고 계집종들도 내보냈다.

갑오일기(1594) 5월 29일, 아침에 비가 오다 늦게 갰다

장모의 제삿날이라 공무를 보지 않았다.

이순신의 아내 온양방씨는 어떤 사람이었나? 온양방씨는 1547년 8월 10일생이니 이순신보다 2살 아래였다. 일기에는 아내가 아프다는 얘기가 많이 등장하는데 '골골 팔십'이라더니 정말 80세가 넘도록 장수했다. 이순신의 품계에 따라 정경부인(貞敬夫人)의 지위까지 올랐지만 아무나 되는 것은 아니었다. 정경부인의 봉작은 정·종일품의 부인으로서 부도가 곧고 바른 사람이어야 했으며, 서얼 출신이거나 재가한 사람, 남편이 죄를 범하여 직첩이 회수되거나 남편이 죽은 뒤 재가한 사람이면 이미 준 봉작도 회수하였다.

정경부인 온양방씨의 일생은 군인의 아내로서 결코 순탄치 못했다. 22년의 군 생활 대부분을 변방의 전쟁터에 있는 남편과 별거해야 했고, 남성중심의 가족제도하에서 종속적이고 예속적인 지위를 감수해야만 했다. 아내가 똑똑하다든가 주장이 강하다든가 하는 것은 가정평화에 위협으로 간주되던 시대에 이순신의 부인 온양방씨에 대한 기록이 『이충무공전서』의 「방부인전」에 전해지는데 요약하면 다음과 같다.

방씨 부인은 어릴 때부터 매우 영민했다. 겨우 12세 때 집안에 도둑이 들었는데 아버지 방진이 화살을 쏘다가 화살이 다 떨어졌다. 딸에게 소리쳐 화살을 가져오라고 했지만 이미 계집종이 도둑과 내통하여 모두 훔쳐가고 남은 것이 없었다.

그러자 딸이 "아버지, 여기 있습니다!" 하고 급히 베 짜는 데 쓰이는 바디 살을 한 아름 바닥에 내던지자 타다닥! 떨어지는 소리가 마치 화살을 떨어뜨리는 것과 같았다. 도둑이 본래 당대의 명궁사였던 방진(方震)의 활솜씨를 두려워했던 터라 그대로 도망갔다.

전쟁이 끝난 훗날 제7대 통제사 이운룡이 과거 부하로 있었던 옛 의리를 생각해서 지나는 길에 이순신의 사당에 참배하러 들렀다. 이때 통제사로서 굉장한 위의(威儀)를 갖추고 들어가 먼저 부인께 문안하고 예단을 올렸다. 그때 방씨 부인 왈, "대장과 막하의 신분이 본시 한계가 엄연한데, 저승과 이승이 비록 다르다할 망정 예의에는 사이가 없거늘 집 어른의 사당을 지척에 두고 호각을 불며 곧장 들어오는 것은 미안한 일이 아닌가?" 하니, 이운룡이 결례를 깨닫고 황급히 사죄하므로 그때서야 문안을 받고 예단을 받았다.

온양방씨의 품성은 어디서 왔을까? 역시 그의 아버지이며 이순신의 장인이자 스승이었던 방진(方震)을 언급하지 않을 수 없다. 그는 1514년 갑술생으로 중종조에 무과에 급제했다. 제주현감(종6품)과 보성군수(종4품)를 지낸 무인 출신이며 본관이 온양방씨다. 온양방가(溫陽方家)는 고려조에 현달한 가문으로 중시조 방운(方雲)이 왕건을 도와 후백제의 견훤 정벌에 공을 세운 고려창건의 개국공신이다. 광종(光宗) 때에 온양현, 아산현, 신창현 3개현을 사패지(賜牌地)로 하사받아 주거지가 되면서 상주방씨의 본관이 후일 온양방씨로 바뀌게 된다. 정경부인 상주방씨를 오늘날 온양방씨로 지칭하는 이유이며, 이순신의 처가가 온양인 이유이다.

조선조에 들어와서도 문·무과 237명의 과거급제자를 배출했던 온양방가(溫陽方家)의 22세손이 바로 방진이었다. 방진은 특히 활을 잘 쏘는 궁사로 이름을 날려 조선조 선조 대에 사위 이순신과 함께 명궁 선사(善射)로 『한국민족문화대백과』 과학/기술편에 기록되어 있다. 방진은 은퇴 후 고향 아산에 살면서 비범한 청년 이순신을 눈여겨보고 무남독녀 외동딸의 데릴사위로 맞았다. 원래 유학을 공부했던 이순신은 이때부터 무과로 전과하고, 보인(保人)의 신분으로 병과 4위로 급제했으니 여기에 장인 방진의 역할이 지대했다고 보는 이유이다.

이런 온양방씨가 이순신과 함께 살았던 기간은 겨우 33년, 과연 이 기간 동안 남편과 살을 비비고 산 날이 얼마나 되었을지. 분명한 것은 방씨 부인은 이순신이 군인의 길을 걸었던 22년 동안 함경도 변방과 남해안 전쟁터에서 목숨 바쳐 싸울 수 있도록 내조를 다했고, 훌륭하게 키운 3남1녀의 자녀들을 나라에 바치며 가정과 선영을 지키는 고난의 일생을 살았다는 것이다.

이렇듯 남편이 능력 있는 사회의 주역으로 성공하기 위해서는, 자녀들이 가치 있는 인생의 주인으로 성공하기 위해서는 반드시 그 아내, 그 어머니의 중심적 역할이 없이는 불가능하다. 언제나 돌아서서 후회하는 숙맥남(菽麥男)들이여! 내 아내를 사랑해야 하는 이유는 다른 사람보다 더 매력 있고 더 능력 있기 때문이 아니다. 최고의 아내도 최악의 아내도 그저 상대적일 뿐, 이 세상에 아내로서의 존재는 오직 한 사람 내 아내밖에 없기 때문이다. 지금 이대로의 모습으로 '내 아내의 모든 것'을 사랑해야 하는 이유이다.

3부

백성 — 운주당 — 손자병법

21
탄핵 : 이순신을 사형에 처하라

언제부터인가 우리사회에 바보라는 단어가 훈장처럼 따라다닌다. 바보 김수환, 바보 노무현, 바보 엄마, 바보 천사 등이 그렇다. 스스로를 바보라 칭했던 김수환 추기경에서 비롯된 것일까, 책과 노래의 제목에까지 등장하며 이제는 누군가를 바보라 불러도 칭찬으로 받아들인다. 사실 바보는 IQ173을 73으로 알고 살았던 '바보 빅터'처럼 범인(凡人)의 경지를 넘어선 영역의 존재이다. 이제는 하늘의 별이 된 바보 김수환, 평생 사랑의 메시지를 전달했던 이 바보가 세상에 남아 있는 바보들에게 남긴 말씀은 "서로 사랑하세요."였다. 바보 이순신, 아무리 생각해도 그는 바보였다.

이순신은 32세에 등과하여 54세에 전사하기까지 22년 동안 죄도 없이 자리에서 쫓겨나기를 3번, 죽임을 면하고 백의종군을 당한 것이 2번이었다. 첫 번째 파직은 발포만호 시절 군기관리 불량이라는 서익의 무고, 두 번째 파직과 첫 번째 백의종군은 조산보만호 시절 녹둔도전투에서 이일의 모함, 세 번째 파직과 두 번째 백의종군은 삼도수군통제사 시절 가토 기요마사를 잡지 않았다는 임금의 분노였다. 그러나 어떤 경우도 명백하게 이순신에게 죄를 물어 마땅한 적은 없었다. 만약 이순신에게 죄가 있었다면 그것은 원칙을 지켜온 죄, 정도를 걸어간 죄, 불의를 배척한 죄, 이로써 백성을 사랑한 죄, 임금에게 충성한 죄, 나라를 사랑한 죄이니 이는 곧 공직자의 표상이 되었던 죄라 할 것이다.

이순신이 바보인 것은 오로지 우직하게 맡은 직무에만 충실했을 뿐 영악한 처세술이나 가식의 두 얼굴을 갖지 못했다는 것이다. 또 융통성 있게 현실과 타협하고, 계산적으로 주변과 유착하지 못했다는 것 그리고 일신의 안일보다는 사직의 미래를 걱정했다는 것 등이다. 어쩌면 이렇게 이순신은 충직한 바보일까? 여기 『난중일기』에 이순신이 기록한 독송사(讀宋史)를 보면 그 내면의 사상을 이해할 수 있다.

정유일기(1597) 10월 8일, 맑음. 독송사(讀宋史)

어허! 이때가 어느 때인데 이강(李綱)은 떠나고자 했는가, 가면 또 어디로 간단 말인가? 무릇 신하된 자(人臣)로 임금을 섬김에는 오로지 죽음만이 있을 뿐 다른 길은 없다. 이때야말로 종묘사직의 위태로움이 마치 머리털 한 가닥으로 삼만 근(千鈞)을 달아 올림과 같아서, 정히 신하된 자는 몸을 던져 나라의 은혜를 갚아야 할 때인데, 떠난다는 말은 진실로 마음으로 생각해서도 안 될 것이거늘 하물며 어찌 입 밖으로 낼 수가 있단 말인가? (후략)

이 내용은 송나라가 금나라에게 침략당했을 때 송의 정승 이강이 중원에서 적과 맞서 싸우자고 주장하고, 황잠선 등은 남쪽으로 피난을 가자며 대립하던 중에 임금 고종(高宗)이 이강이 추천한 부양(傅亮)과 장소(張所)를 좌천시키자 임금의 뜻이 자기의 주장과 같지 않음을 짐작하고 정승이 된 지 70여 일 만에 물러나 시골로 가버린 일화를 논함이었다. 이순신은 자신의 뜻이 받아들여지지 않는다 하여 임금을 떠나는 이강의 자세를 비판함으로써 이순신의 충심이 어디에 있는지 잘 나타내준다.

이것이 바로 신하는 의리로서 임금을 섬겨야 하는 군신유의(君臣有義), 군위신강(君爲臣綱) 즉 삼강오륜이 바탕이 된 이순신의 절대적 임금사랑, 나라사랑이었다. 이순신은 전쟁터에서도 초하루와 보름에는 어김없이 망궐례를 올렸고, 임금이 보낸 교서를 받을 때도 반드시 궁궐을 향해 숙배의 예를 갖추었다. 심지어 활쏘기 연습을 할 때도 임금이 있는 쪽을 향해 화살을 쏠 수 없다며 항상 남쪽을 향하여 화살을 날렸다. 이와 같이 신하로서 군주에 대한 충성심을 행동으로 실천하니 이를 보고 듣는 장졸과 백성들은 그야말로 감동하여 따를 뿐이었다.

이순신은 이런 자신의 마음을 시로 표현했는데 우리가 잘 알고 있는 진중음의 「서해어룡동 맹산초목지」다. 이순신이 1차 출전 적진포해전을 끝냈을 때 도사 최철견의 첩보로 임금이 의주로 피난했다는 소식을 듣고 본영으로 귀영하면서 통분한 마음으로 토해낸 글이다. 비록 임금은 파천했을망정 자신은 죽을 때까지 싸워 원수를 무찌르겠다는 충심을 표현한 시다.

> 임금의 수레 서쪽으로 멀리 가시고 왕자들은 북쪽에서 위태로운데,
> 나라를 근심하는 외로운 신하 장사들은 공로를 세울 때로다.
> 바다에 서약하니 어룡이 감동하고 산에다 맹세하니 초목이 아는구나.
> 이 원수들을 모조리 무찌른다면 이 한 몸 죽을지라도 마다하지 않으리.
> 天步西門遠 君儲北地危 孤臣憂國日 壯士樹勳時
> 誓海魚龍動 盟山草木知 讐夷如盡滅 雖死不爲辭

이순신은 마음만이 아니라 물질로도 충성을 다했다. 『이충무공전서』 권

9를 보면, 이순신이 쌀(精米) 500석을 따로 저장해 놓고 쓰지 않자 누군가 그 용처를 물었다. 이순신이 답하기를 피난길에 나서는 임금을 모시기 위해 준비한 양곡이라는 것이다. 도대체 백성과 나라를 버리고 도망가는 임금을 위해 쌀 500석을 따로 마련해 놓고 만일의 경우 자기가 직접 가서 임금을 모시겠다니, 그 대책 없는 충심에 뜻있는 사람들은 바보라 하지 않았을까.

> 지금 주상께서 멀리 의주에 계시는데 평양을 점거한 왜적이 만약 더 서쪽으로 침범한다면 임금의 수레는 장차 바다를 건너 피난 갈 형편이다. 그러면 내 직책으로서 마땅히 배를 가지고 바다로 올라가 그 수레를 모셔야 할 것이다.

뿐만 아니다. 이순신의 장계(封進紙地狀 1592년 9월 18일, 裝送戰穀狀 1592년 9월 25일, 裝送戰穀及方物狀 1592년 12월 25일)를 보면 이순신은 종이를 보내고 전쟁곡식을 보내고 갖가지 물품들을 조정에 올려 보낸다. 한심한 것은 이순신은 둔전, 염전, 어장, 가마(窯) 등을 통해서 군량은 물론 소금, 물고기, 질그릇, 종이, 화약, 전죽(箭竹) 등 부족한 물자를 자급자족하고 있는데, 조정은 어처구니없게도 이순신에게 물자들을 보내라고 지시를 내린다. 이때마다 이순신은 넉넉하게 보내지 못해 죄송하다며 전쟁터에서도 부족한 물자들을 보내고 있으니 과연 아낌없이 주기만 하는 바보 이순신이었다.

그럼에도 불구하고 임금은 이순신을 어떻게 평가하고 있었는가? 정유재란 당시 이중간첩 요시라의 반간계에 속아 넘어간 임금 선조는 자신의 명령을 거부했다며 이순신을 죽음에까지 몰고 간다. 첩보를 처음 받은 경상우병사 김응서, 도원수 권율까지 속아 넘어간 상황에 조정 대신들과 재야 유림들은 이순신을 탄핵하라는 여론으로 들끓고 있었다. 급기야 임금 선조는 성균관 사성인 남이신(南以信)을 내려보내 한산도에 가서 염찰하여 오라 하였다. 남이신이 전라도에 들어가니 이순신의 원통하고 억울함을 풀어 달라는 사람들이 연이었으나 남이신은 원시 서인(西人)인지라 이를 사실대로 보고하지 않았다. 오히려 말하기를 "가등청정이 해도(海島)에서 7일 동안이나 머물러 있었으니 우리 군사가 만일에 쳐 나갔더라면 청정을 잡아올 수 있었던 것인바 순신이 머뭇거려 그만 호기를 놓쳤습니다." 하였다. 급기야 이순신은 하옥되고 말았다.(『선묘중흥지 宣廟中興誌』)

뿐만 아니라 당초 반간계로 조정을 흔들었던 요시라가 김응서를 다시 찾아가 "청정이 벌써 착륙했는데 조선에선 왜 막아서 잡지 않았는지 매우 아까웠소이다." 하고 거짓으로 탄식하고 애석해 하니 이 사실이 다시 조정에 알려지자 조정의 여론은 모두 이순신을 허물하여 대간에서는 그를 잡아와 국문하기를 청했다. 영남(청송, 주왕산)의 유사(儒士)로 명성을 떨쳤던 박성(朴惺)이란 자는 그때의 시론에 따라서 "순신을 베어야(죽여야, 舜臣可斬) 한다."라고 아뢰고, 좌의정 김응남도 원균이 먼저 싸우러 나갔는데 순신이 구하지 않았다 하여 조정에서는 1월 27일 드디어 의금부 도사를 보내어 그를 잡아오게 하고 대신 원균을 통제사로 삼았다.(『징비록』, 『재조번방지』, 『이충무공전서』 권12)

윤두수: 이순신은 조정의 명령을 받아들이지 않고 싸움에 나가기 싫어 한산도로 물러가 지키고 있는 바람에 큰 계책이 실현될 수 없었던 것이니 이에 대하여 신하들로서 누가 통분하지 않을 수 있겠습니까. 이순신은 조용한 것 같지만 거짓이 많고 앞으로 나서지 않는 사람입니다.(『선조실록』 1597년 1월 27일)

사헌부: 이순신은 나라에 막대한 은혜를 입어 순서를 뛰어넘어 한껏 높은 자리에 올랐음에도 불구하고 온 힘을 다하여 싸우지 않고 바다 가운데서 군사를 끼고 앉아 이미 다섯 해를 보냈습니다. 마침내 적이 바다를 덮고 밀려와도 길목을

지켰다거나 선봉을 막아냈다는 말을 들어보지 못했습니다. 은혜를 배반하고 나라를 저버린 죄가 큽니다. 붙잡아다 신문하고 법대로 국문하여 벌을 내려야 합니다.(『선조실록』 1597년 2월 4일)

임금 선조 이연(李昖)의 심중은 과연 어떠했는가.

순신(舜臣)이 어떤 자인지 모르겠다. 녹둔도사건(이일의 모함으로 파직과 백의종군) 이후 사람들은 모두 그가 간사하다고들 말하고 있다. 순신은 부산의 왜적 진영을 불태운 사건에 대해 조정에 거짓 보고를 하였다. 이제는 설사 그가 제 손으로 가토 기요마사의 머리를 갖고 오더라도 결단코 용서받지 못할 것이다. 그가 글을 아는가? 이순신을 용서할 수 없다. 일개 무장인 주제에 어찌 감히 조정을 업신여길 생각을 한단 말인가? 수군의 선봉을 갈아야겠다. 이순신을 털끝만치도 용서할 수 없다.(『선조실록』 1597년 1월 27일)

비망기로 우부승지 김홍미(金弘微)에게 전교하였다.

이순신(李舜臣)이 조정을 기망(欺罔)한 것은 임금을 무시한 죄이고, 적을 놓아주어 치지 않은 것은 나라를 저버린 죄이며, 심지어 남의 공을 가로채 남을 무함하기까지 하며 방자하지 않음이 없는 것은 기탄함이 없는 죄이다. 이렇게 허다한 죄상이 있고서는 법에 있어서 용서할 수 없는 것이니 율(律)을 상고하여 죽여야 마땅하다. 신하로서 임금을 속인 자는 반드시 죽이고 용서하지 않는 것이므로 지금 형벌을 끝까지 시행하여 실정을 캐어내려 하는데 어떻게 처리할 것인지 대신들에게 하문하라.(『선조실록』 1597년 3월 13일)

바보 이순신은 결국 죽음의 문턱에서 고문을 당한 후 간신히 출옥하여 백의종군을 당했다. 이 와중에 하늘 같은 어머니를 잃고 다시 삼도수군통제사에 임명된 이순신이다. 칠천량해전에서 궤멸된 조선 수군을 다시 수습하여 명량대첩이라는 세계해전사에 유례없는 대승을 거두었다. 그러나 돌아갈 통제영이 없어진 이순신은 안편도, 고하도, 고금도를 전전하며 가까스로 수군을 재건하여 퇴각하는 일본군을 노량해전에서 분멸시켰다. 그리고 이순신은 이 마지막 해전에서 남아 있는 자신마저도 나라에 바쳤다. 자신을 탄핵했던 모든 사람들에게 끝내 자신마저 주고 떠난 이순신이다. 사랑은 오직 주는 것, 남김없이 주는 것, 그래서 바보들이나 하는 짓이다.

22
백성 : 백성이 주인된 나라를 꿈꾸다

차수약제 사즉무감(此讐若除 死卽無憾), 무술년(1598) 11월 18일 이순신의 마지막 전투, 노량해전 전날 밤 12시경, 칠흑 같은 밤바다 노량수로 좌단에 도착한 이순신은 갑판에 올라 손을 씻고 무릎을 꿇어 밤하늘에 빌고 또 빌었다. "이 원수를 무찌른다면 지금 죽어도 유한(遺恨)이 없겠습니다." 이 원수 일본놈들은 바로 이 나라의 원수였고 이 백성의 원수였다. 지난 7년 동안 이순신이 목숨 바쳐 싸웠던 전쟁의 목적은 과연 무엇이었나? 이순신이 온몸으로 실천했던 사랑의 본질은 정녕 무엇이었나? 이 두 질문에 대한 해답은 오직 하나 바로 백성 사랑이었다.

이순신이 펼친 사랑 중에서 가장 위대한 사랑은 단연코 백성 사랑이다. 예컨대 가족을 사랑하고, 나라를 사랑하고, 부하를 사랑하는 것은 어쩌면 당연한 의무이거나 책임일 수도 있다. 누구나 해야 하는 것이지만 아무나 할 수 있는 것은 아니기 때문에 물론 그 자체도 대단히 훌륭하다. 다만 이순신의 백성 사랑은 그 스스로의 보편적 가치였고 자의적 소명의식이었다. 일찍이 유학을 공부했던 사람으로서 나라의 주인은 백성이라는 것, 나라 없는 백성은 있을 수 있어도 백성 없는 나라는 있을 수 없다는 것, 당연히 임금과 신하는 백성을 위해서 존재한다는 사실을 잘 알고 있었기 때문이다.

그러나 엄밀히 말해서 이 백성들을 보호하고 보살피는 일은 임금과 조정 대신 그리고 지방 관찰사 등 문신(文臣)들의 몫이었다. 이순신은 무신(武臣), 삼도수군통제사로서 오로지 적과 싸워 이 나라를 지키는 일이 그의 더 큰 책무였다. 그러나 이순신이 누군가? 이 강산 이 백성이 처참히 짓밟히고 살육되는 마당에 문무(文武)가 어디 있으며, 영호(嶺湖)가 어디 있고, 남북(南北)이 어디 있단 말인가? 오직 그가 사랑한 이 땅의 주인 백성만이 있을 뿐이었다. 그 사랑의 모습을 그가 올렸던 장계를 통해서 요약해 본다.

1592년 6월 5일, 당항포해전이 벌어진 이날 아침, 사방에 짙게 깔린 안개가 서서히 걷히면서 당항포 앞바다는 순식간에 포성으로 뒤덮이고 불바다로 변하면서 적선 26척 중 25척이 이순신 함대의 포격에 박살이 났다. 수많은 왜병들이 바다에 빠져 죽으며 허우적거렸고, 일부는 혼비백산 육지로 기어올라 산으로 숨어들었다. 이 광경을 지켜보던 이순신은 적선 한 척만은 온전히 남겨두라고 지시했다. 철저하게 패배한 왜적들이 육지로 도망쳤으니 필경 우리 백성들을 도륙할 것이므로 이들이 타고 나와 도망갈 수 있도록 배 한 척을 남겨두게 한 것이다. 예상대로 다음날 아침 100여 명의 왜적들이 그 배를 타고 도망치다 당항포 어귀에 매복해 있던 우리 수군들에 의해 모조리 잡혀 죽었다.(唐浦破倭兵狀, 1592년 6월 14일)

1592년 9월 1일, 부산포해전이 벌어진 이날, 이순신은 왜선 470여 척과 싸워 100여 척을 깨부쉈다. 다음날 아침 또 다시 출격하여 나머지 잔당들을 모조리 깨뜨리고자 하였다. 그런데 육지로 도망친 왜적들이 여러 곳에 널리 가득 차 있으므로 만일 돌아갈 길을 끊는다면 궁지에 빠진 왜병들이 우리 백성들을 공격할까 두렵다. 왜적이 도망갈 수 있도록 틈을 내주면서 우선 백성의 안전을 도모하고 후일을 기해 바다와 육지에서 함께 공격하기로 하고 진을 파하여 본영으로 돌아왔다. 전공보다는 백성의 안전을 먼저 생각하는 이순신이었다.(釜山破倭兵狀, 1592년 9월 17일)

전시의 백성 사랑이 이 정도였다면 평시에는 과연 어떠했겠는가? 이순신은 전란 중에 굶주린 백성들이 인육(人肉)을 먹을 수밖에 없는 참담한 현실을 그대로 보고만 있을 수는 없었다. 기아에 허덕이는 백성들의 민생고를 해결하기 위해 안간힘을 쓰는 그의 모습은 차라리 군주를 능가하는 애민호국(愛民護國) 그 자체였다. 여기 굶주린 백성들이 살아갈 수 있는 방법을 찾아 고민하는 이순신의 모습들을 살펴보자. 유성룡의 『징비록』에서도 한탄했던 상황으로 과연 사람이 사람을 잡아먹을 수밖에 없는 이 기막힌 현실 앞에 어떻게 장군의 입으로 돼지고기가 들어갈 수 있겠는가? 이순신은 심히 목메는 심정으로 백성들의 굶주림을 해결할 수 있는 방법이 무엇인가 한탄하며 묻고 있다.

지금 본영 경내에 들어와서 살고 있는 영남의 피난민들이 200여 호 이상 되는데, 각각 임시로 살 수 있도록 하여 겨울을 지나게 하였으나 이제는 더 이상 구호할 물자를 마련할 수 없습니다. 비록 사변이 평정된 뒤에는 제 고향으로 돌아간다 하더라도 당장 눈앞에서 굶주리는 모습은 차마 눈뜨고는 볼 수 없습니다. 이에 신이 살펴본바 피난민들이 농사지을 만한 땅으로 돌산도만 한 곳이 없습니다. 지금은 국사가 어지럽고 백성이 살길을 잃었으므로 의지할 곳 없는 어리석은 백성들로 하여금 들어가 농사짓게 하여 목마구민(牧馬救民)하면 양편이 다 편리할 것입니다.(請令流民入接突山島耕種狀, 1593년 1월 26일)

아침에 고성현령이 왔는데 돼지고기를 가져왔다. 그에게 당항포에 적선이 드나든 일을 묻고, 또 백성들이 굶주려서 서로 잡아먹는 참담한 상황에 앞으로 어떻게 살 것인지를 물었다.(갑오일기 1594년 2월 9일)

이순신의 백성 사랑은 이렇게 베푸는 것만이 아니었다. 백성들에게 피해를 주지 않는 것 또한 못지않게 중요했다. 정유일기를 보면 이순신의 백의종군을 안타깝게 여긴 백성들이 아침밥을 지어 바치는데 이를 단호히 거절하는 장면이 나온다. 공직자는 국록으로 백성을 지켜주는 파수꾼이지 백성들에게 피해를 주는 기생충 같은 존재가 되어서는 안 된다는 무서운 가르침이었다.

정유일기(1597) 6월 2일

고을 사람들이 밥을 지어 갖고 와서 먹으라고 하나 종들에게 절대로 받아먹지 말라고 타일렀다.

정유일기(1597) 6월 3일

아침에 고을 사람들의 밥을 얻어먹었다는 말을 들었기에 종들을 매질하고 밥한 쌀을 돌려주었다.

이렇듯 이순신이 가슴으로 베풀었던 사랑에 백성들은 과연 어떻게 화답했을까? 정유년 이순신이 한성으로 압송당할 때 함거에 매달리며 울부짖던 백성들, 백의종군하는 장군을 따라 전쟁터로 나가겠다고 뒤따르던 백성들, 찢어지게 가난한 형편에도 술과 음식을 대접하겠다고 들고 오던 백성들, 남녀노소 전사소식을 듣고 운구행렬 곳곳마다 통곡하며 뒤따르던 백성들,

고금도에서 아산까지 영구가 지나는 연로마다 선비들은 제문을 짓고 제물을 차려 제사(祭祀)하던 백성들이었다.

비록 임금은 시기하고 대신들은 모함했지만, 이 땅의 백성들만은 위대한 우러름으로 그 사랑 되돌려주었으니 참으로 백성들이 군주보다 나았다 할 것이다. 이런 백성 사랑과 관련하여 임진왜란 중 두 이 씨(李氏)가 있었으니 한 사람은 백성을 버리고 야반도주(夜半逃走)했던 군주 이연(李昖)이었고, 또 한 분은 백성을 받들어 목숨처럼 사랑했던 성웅 이순신(李舜臣)이었다. 권위나 리더십은 지위가 아닌 헌신의 문제다. 리더가 헌신을 보여주지 못하면 구성원들의 신뢰는 헌신을 보여주는 또 다른 리더에게로 옮겨가기 마련이다.

23
이순신의 인문학 : 이순신의 인문학적 감성이 창조경영을 만들다

요즈음 문·사·철(文·史·哲)로 일컫는 인문학이 대세다. 세상을 바꾸는 힘의 중심에 인문학이 있다고 믿기 때문이다. 굳이 스티브 잡스의 인문학 경영이나 메디치가의 인문학 마케팅을 말하지 않더라도 요즈음 경영자들 사이에선 인간의 감성을 지향하는 인문학 경영이 대세를 이루고 있다. 그것은 세상을 바꿔 놓은 힘의 중심에 언제나 인문학이 있었기 때문이다. 왜 16세기 이순신을 말하는 도중에 21세기의 인문학이 나올까? 그 대답은 간단하다. 우리는 지금 16세기 역사의 인물 이순신이 아니라, 21세기 현재에도 살아 숨 쉬는 이순신을 생각하고 있기 때문이다.

우리가 이순신의 『난중일기』를 읽고 진중시를 암송하는 것이, 지금도 지구촌 곳곳에서 셰익스피어의 『햄릿』을 공연하고 세르반테스의 『돈키호테』를 읽는 것과 무엇이 다르겠는가. 16세기 서구의 고전문학이 지금도 가장 많이 읽혀지는 인문학이라면 이순신의 『난중일기』와 진중시가 먼지 쌓인 창고에 묻혀 있을 이유가 없다. 이순신(1545~1598)도 세르반테스(1547~1616)도 셰익스피어(1564~1616)도 모두 16세기 같은 시대를 살았던 인물이고, 유네스코에 세계기록유산으로 등록된 『난중일기』의 진중시 같은 위대한 문학작품이 세계인의 독서리스트에 오른 것은 어쩌면 당연한 일이다.

이순신은 조선조 시조문학의 대표적 인물이다. 글을 짓는 문인이 아니라 활을 쏘는 무인 출신이었지만, 그는 본시 시를 읊고 쓰지 않고는 못 배기는 천부적 문인이었다. 물론 조부 이백록 이전부터 문관 출신 집안이었던 내력도 있겠고, 또 어린 시절 형들과 함께 유학을 공부했던 탓이기도 할 것이다. 국문학자 조윤제는 1937년에 간행된 『조선시가사강(朝鮮詩歌史綱)』에서 조선중기 시조문학 발휘시대에 대표적 인물 중의 한 사람으로 이순신을 꼽고 있다.

조경남의 『난중잡록(亂中雜錄)』에서도 이순신이 한산도에서 지은 시가 20수나 된다고 했다. 모두 전해지지 않는 것으로 보아 많이 유실된 것으로 보이지만 이순신의 인문학 즉 『난중일기』, 장계, 서간, 한시 등에는 문학과 역사와 철학이 함께 녹아 숨 쉬고 있다. 예컨대 『난중일기』는 짧지만 흥미롭고 감동적이며, 장계는 마치 전쟁장면을 묘사하는 한 편의 시나리오 같고, 그의 시를 읽으면 가슴을 파고드는 인간 이순신의 휴머니즘을 발견하게 된다. 그래서 시인 이병기도 『충무공의 문학』(1950)을 통해서 "이순신의 시와 서간문, 그리고 『난중일기』는 그 간곡한 충정이 주옥같이 그려져 있으며 무문농묵(舞文弄墨)이나 하는 여간의 문필가 따위로는 도저히 흉내도 낼 수 없는 고고한 문학"이라며 이순신의 인품과 더불어 그의 문학성에 깊이 탄복하고 있다.

이렇듯 이순신은 당대의 문인들이 인정했고, 후세의 역사가도 인정하는 시인이다. 이순신의 시조를 연구하는 많은 학자들은 이순신의 시가 고시조 연구의 중요자료인 『청구영언』, 『해동가요』, 『고금가곡』, 『가곡원류』 등에까지 기록되어 있다고 말한다. 이순신은 시심(詩心)을 통해서, 시작(詩作)을 통해서 끊임없이 자기 자신과의 소통을 시도했다. 고군분투하는 전쟁에 대해서, 원망스러운 조정에 대해서, 안타까운 자신에 대해서 그 답답한 마음 속내를 시를 통해서 표출했던 것이다. 예컨대 개전초기에 왜군이 파죽지세로 북상하자 급기야 임금은 의주로 피난하고 한성과 평양이 함락당하는 사태가 벌어졌을 때 이순신은 진중에서 비장한 각오를 했다.

> 바다에 서약하니 물고기와 용들이 감동하고 산에다 맹세하니 초목이 아는구나.
> 이 원수들을 모조리 무찌른다면 이 한 몸 죽을지라도 마다하지 않으리.
> 誓海魚龍動 盟山草木知 讐夷如盡滅 雖死不爲辭

진중음(陣中吟)의 구절인 이 시에서 조정과 장졸과 백성까지도 이순신의 결연한 의지와 승리에 대한 자신감을 읽었을 것이다. 내친김에 지금까지 알려진 이순신의 시 27수 중 몇 수의 시를 소개한다.

> 대장부 세상에 태어나 쓰임을 받으면 죽을힘을 다해 충성할 것이요.
> 쓰임을 받지 못하면 농사짓고 살면 그 또한 족하리라.
> 권세 있는 자에 아첨하여 뜬 영화를 탐하는 것은 내가 부끄러워하는 바이라.
> 丈夫生世 用則效死以忠
> 不用則 耕野足矣
> 若媚要人竊浮榮 吾恥也

이순신은 자기 자신을 관리하는 원칙에 대해서도 시를 통해서 그 의지를 다짐하고 있다. 타인을 관리하는 인사원칙뿐 아니라 자신을 관리하는 인사원칙 즉 자기 자신을 쓰는 원칙이다. 이순신은 절대로 개인적 인연에 얽

매이지 않고 철저하게 자기를 관리했고 자신을 경영했다. 그 분명한 의지가 위의 시에 고스란히 배어 있는 것이다. 그러니 부당한 청탁은 하지도 않고 받지도 않겠다던 이순신이었다.

> 을미일기(1595) 9월 14일, 맑음
>
> 우수사(이억기), 경상우수사(배설)가 와서 이별주를 같이 나누고 밤이 깊어서야 헤어졌다. 선 수사(宣居怡)와 이별할 때 짧은 시 한 수를 지어주었다.
>
> 북쪽에 갔을 때도 고락을 같이 했고 남쪽에 왔을 때도 생사를 함께했네.
> 오늘 밤 달빛 아래 한 잔 술 나누며는 내일은 정만 남기고 헤어져 가겠구려.
> 北去同勤苦 南來共死生
> 一杯今夜月 明日別離情

이 시는 「증별선수사거이(贈別宣水使居怡, 五言絶句)」로 충청수사 선거이가 황해병사로 전출되자 이순신이 이별의 술잔을 나누며 즉석에서 지어준 시다. 선거이는 이순신이 조산보만호 시절 녹둔도전투에서 북병사 이일의 무고로 첫 번째 백의종군을 당할 때 이일의 군관으로서 이순신을 옹호해주던 사람이다. 의리와 우정을 안타까워하는 자신의 마음을 한 편의 시로써 표현하고 있다.

> 북쪽 소식 아득히 들을 길 없어 외로운 신하 시절을 한탄하네.
> 소매 속엔 굳센 적 꺾을 병법이 있건마는 가슴 속엔 백성 구할 방책이 없네.
> 천지는 캄캄한데 갑옷엔 서리 엉키고 산하에 비린 피가 티끌 적시네.
> 전쟁에 승리하면 말 풀어 목장으로 돌려보낸 후 두건 쓴 처사되어 살아가리라.

北來消息杳無因 白髮孤臣恨不辰
袖裡有韜摧勁敵 胸中無策濟生民
乾坤黯黲霜凝甲 關海腥膻血浥塵
待得華陽歸馬後 幅巾還作枕溪人

무제(無題, 七言律詩)의 시다. 자신의 전략으로 전투에는 이길 자신이 있지만 고통당하는 백성들을 구제하는 일은 권한 밖에 있음을 안타까워하고 있다. 자신의 이상은 영웅이 아니라 차라리 모든 것을 내려놓고 향리에 은거하는 처사가 되고 싶다는 이순신의 허심탄회한 고백이 가슴깊이 절절하다.

이순신이 아무리 어린 시절 유학을 공부했다 해도 그는 무과에 급제한 전쟁터의 장수였다. 조정의 지원도 변변찮은 허울뿐인 삼도수군통제사, 이미 조선반도가 일본군들에게 짓밟히며 목숨을 부지할 수 없는 장수였다. 하지만 때때로 가슴을 여미게 하는 시를 짓고, 그 시가 소통의 통로가 되어 전쟁의 상처를 감싸주는 치유제가 되었고, 상처받은 영혼들을 달래주는 힐링(healing)이 되었다. 따라서 이순신의 인문학은 자신 속의 감성표출, 세상과의 소통추구 그리고 인문의 힘으로 파고드는 치유욕구의 분출이었다.

인문학, 인간의 본성을 탐구하는 인문학적 감성이 지식과 기술을 융합하고 창조적 아이디어와 경영마인드를 접목시킨다. 이순신의 감성 인문학이 전술전략과 수군경영에 접목되어 백전백승의 승리를 불러왔다는 데 의심의 여지가 없다. 그래서 이순신과 같은 해 문과에 급제하며 교류했던 태촌 고상안은 그의 정연한 논리와 화술과 지혜는 능히 일본군을 제압할 재주가 있다고 했으며, 멘토였던 서애 유성룡은 웃음과 말수가 적고 용모가 단아하고 수려하여 마치 근엄한 선비 같았다고 했다.

24

운주당 : 소통의 달인 이순신이 보여준 '진해루'와 '운주당'

이순신은 소통의 달인, 위대한 소통자였다. 이순신은 일기, 장계, 공문, 편지 등 개인미디어를 통해서 자신과 임금, 전장과 조정 그리고 당시의 사회와 미래의 역사를 넘나들며 소통능력을 발휘했다. 오늘날로 치면 SNS(Social Network Service)를 활용한 것이다. 이순신은 자신이 소통자(疏通者)임을 기록으로도 보여주고 있다. 예컨대 이순신은 친지 현건(玄健)에게 보내는 서간 말미에 '乙酉(1585) 正月十三日 李舜臣 疏'라고 쓰고 있다. 통상적인 배(拜)나 배상(拜上)이 아닌 소통(疏通)할 소(疏)를 쓰고 있음은 이순신의 일상이 모두 소통의 한 부분임을 보여주는 단적인 예라 할 것이다.

이순신은 백척간두에 선 조선을 구하기 위해 그 누구와도 가슴을 열고 유·무언의 소통을 했다. 예컨대 최고 의사결정자인 임금과 왕세자에게는 장계와 장달로 소통했고, 당쟁과 모함을 일삼던 조정 대신들과는 공문과 편지로 소통했다. 도체찰사 도원수 등 상관들과는 전략과 전술로 소통했고, 휘하의 지휘관과 병졸들과는 신상과 필벌로 소통했다. 진린 등 명나라의 지원군과는 실사구시 실용외교로 소통했고, 침략군들과는 전투력과 작전술로 소통했다. 조선의 백성이란 이유만으로 일본군들과 관아의 희생양이 되었던 민초들과는 지극한 백성 사랑으로 소통했다.

임진일기(1592) 5월 1일

수군들이 모두 앞바다에 모였다. 이날은 흐렸지만 비는 오지 않고 남풍이 세게 불었다. 진해루(鎭海樓)에 앉아서 방답첨사 이순신(李純信), 흥양현감 배흥립(裵興立), 녹도만호 정운(鄭運) 등을 불러들였다. 모두 격분하여 제 한 몸을 생각하지 않으니 실로 의사들이라 할 만하다.

적의 기세가 마구 뻗쳐서 국가가 위급하게 된 이때 어찌 다른 도의 장수라고 핑계하고서 물러나 제 경계만 지키고 있을 것이냐? 내가 시험 삼아 물어본 것은 우선 여러 장수들의 의견을 들어보자는 것이었다. 오늘 우리 할 일은 다만 나가서 싸우다가 죽는 것밖에 없다. 감히 반대하는 자가 있다면 목을 베리라.(『이충무공전서』 권9)

이상은 임진년(1592) 5월 초 전라좌수영 진해루(鎭海樓)의 모습이다. 이순신은 경상수역으로 출동하는 문제에 대해 휘하장수들과 갑론을박을 벌이고 있었다. 관할론(管轄論)과 부원론(赴援論)이다. 관할론은 전라좌수군에게 경상수역은 물길도 어두운데 자칫 출동했다가 오히려 우리가 당할 수도 있으니 우리 관할 지역만이라도 잘 지켜야 한다는 것이다. 부원론은 경상도가 무너지면 전라도가 무너지고 전라도가 무너지면 조선도 무너진다. 지금 나라가 망하는 판에 경상도가 어디 있고 전라도가 어디 있느냐. 조속히 출동해야 한다는 것이었다. 이순신은 몇날며칠 격론을 통해 지혜를 모으고 의지를 모아 끝내 출전을 결행할 수 있었다.

이순신이 한산도에 운주당(運籌堂)이란 집을 짓고, 밤낮을 그 안에서 지내면서 여러 장수들과 함께 전쟁에 대한 일을 의논하였는데, 비록 졸병이라 하더라도 군사에 관한 일을 말하고자 하는 사람이면 와서 말하게 하여 군사적인 사정에 통하게 하였으며, 늘 싸움을 하려 할 때 장수들을 모두 불러서 계교를 묻고 전략이 결정된 뒤에야 싸운 까닭으로 싸움에 패한 일이 없었다.(『징비록』)

이상은 계사년(1593) 7월 전라좌수영의 행영인 한산도의 모습이다. 이순신은 한산도에 전라좌수영의 전진기지를 구축했다. 그리고 '운주당(運籌堂, 운주유악 運籌帷幄: 장막 안에서 꾀를 내다.)'이라는 집을 짓고 비록 졸병이라 하더라도 군사에 관하여 말하고자 하는 이가 있으면 누구에게나 문턱을 낮추고 언로를 개방했다. 전투에 앞서서는 반드시 부하들과 충분히 토론하고 결론을 도출해서 싸웠기 때문에 백전백승 승리할 수 있었다.

그런데 원균은 좋아하는 첩을 데려다가 그 집(運籌堂)에서 살며, 이중으로 울타리를 하여 안팎을 막아 놓아서 여러 장수들도 그의 얼굴을 보는 일이 드물었다. 그는 술 마시기를 좋아하여 날마다 술주정과 성내는 것을 일삼았고, 형벌에 법도가 없었으므로 군중에서 수군거리기를, "만일 왜적을 만난다면 오직 도망가는 수가 있을 뿐이다."라며 여러 장수들은 몰래 그를 비웃었고, 또한 다시 품의하거나 두려워하지도 않았으므로 호령이 행해지지 않았다.(『징비록』)

"통제사 원(元, 원균)이 전진하려 하지 않고, 우선 안골포의 적을 먼저 쳐야 한다고 하지만, 수군의 여러 장수들은 이와는 다른 생각을 많이 갖고 있고, 원균은 (운주당) 안으로 들어가 나오지 않으니, 절대로 여러 장수들과 합의하여 꾀하지 못할 것이므로 일을 그르칠 것이 뻔합니다(僨事可知)."라고 하였다.(권율의 장계, 『난중일기』

1597년 6월 17일 일기 중)

이상은 정유년(1597) 2월 이순신이 삼도수군통제사에서 파직된 후 제2대 삼도수군통제사가 된 원균이 운주당에서 복무하는 모습을 도체찰사 유성룡과 도원수 권율이 기록한 내용이다. 문턱을 낮추고 언로를 개방했던 이순신은 승장이 되었고 언로를 차단하고 울타리를 쳐버렸던 원균은 패장이 되고 말았다. 소통하는 장수는 승리하고 불통하는 장수는 패배한다는 교훈을 보여주고 있는 것이다.

한산도 운주당(運籌堂)은 오늘날의 제승당(制勝堂)이다. 이 운주당은 짓고 헐리고 짓고 헐리기를 몇 번이나 반복하며 작은 규모의 집이 되었지만 이순신 당시의 제승당 즉 운주당은 어마어마한 규모였다. 이순신의 한산도 생활은 바로 이 운주당에서의 생활이었다. 언제나 이 집에 기거하고 토론하고 회의했던 곳이기 때문이다. 이 집을 운주당이라고 불렀던 것은 여기서 모든 작전계획을 세우고 전략을 의논했기 때문이다. 운주당이란 이름은 여기서뿐만 아니라 이순신이 진을 친 곳마다 그가 거하는 곳을 편의상 그렇게 부르기도 했다.(이은상, 『태양이 비치는 길로』)

물론 운주당의 첫 번째 건축은 임진왜란 이듬해인 계사년(1593) 7월 15일 한산도에 전진기지를 구축한 그때였겠지만 이순신의 일기를 보면 그곳이 온통 불탔다가 다시 지은 일이 있었음을 알 수 있다.

을미일기(1595) 9월 25일

미시(未時 오후 1~3시)에 녹도(鹿島)의 하인이 불을 내어 대청과 다락방까지 불이 번져 모두 타버렸다. 군량과 화약, 군기 등의 창고에는 불길이 미치지 않았으나 다락 아래에 있던 장전(長箭), 편전(片箭) 200여 개가 모두 타버렸으니 한탄스럽다.

한산도가 삼도수군통제영의 행영이 된 것은 이순신이 전라좌수영의 전진기지를 구축한 다음의 일이었다. 이순신은 계사년 1593년 7월 15일 한산도에 들어왔고, 이순신이 삼도수군통제사에 제수된 것은 1593년 8월 15일이고, 임명장을 수령한 날짜는 10월 1일이기 때문이다.

이순신이 삼도수군통제사가 되었지만 문제는 당시 조정의 지원이 극히 미미했다는 데 있다. 이순신은 병사를 모으고 먹이고 입히는 일부터 판옥선, 거북선, 총통, 화약 등 전선과 병기를 만드는 일까지 스스로 해결하지 않으면 안 되었다. 거의 자급자족으로 조달체계를 만들어 전투에 임해야 했으니 이 모든 일들이 이순신의 소통능력 없이는 불가능한 일이었다. 이순신이 군사전문가로서 수군통제영의 최고지휘관이 되었지만 병기, 병참 등 조달물자까지 책임져야 할 수군경영의 경영전문가 역할까지 수행한다는 것은 결코 쉬운 일이 아니었다.

이순신은 먼저 해변고을들을 수군관할지역으로 돌림으로써 자신의 의지가 집행되는 영역으로 확보한 다음, 연안에 버려진 땅들을 광범위한 둔전으로 일구어 나갔다. 군민합동의 둔전경영을 통해서 생존의 지혜를 찾아냈던 것이다. 이는 전쟁으로 떠돌던 피난민들에게 농지를 제공하고 수확의 절반은 경작자가, 나머지 절반은 군대가 거두는 방안이다. 이런 둔전책을 통해서 백성과 군사를 먹여 살린 이순신이다. 뿐만 아니라 그는 염업과 어업으로 바다농사를 본격화했고, 제지, 질그릇, 부채 등 공업경영에 생산성까지 확보했다.

이렇게 생겨난 거대한 농장과 어장 등 산업의 확충은 수군통제영에 강력한 경제력을 뒷받침했고, 가난한 조선 수군이 막강한 왜적들을 무찌를 수 있었던 전쟁비용의 원천이었다. 이순신은 이런 정책들을 실천하기 위해서 조정에 장계를 올려 임금과 대신들을 꾸준히 설득했고, 사랑과 신뢰로 백성들의 호응과 참여를 유도했으니 그야말로 위대한 소통을 통해서 수군통제영의 든든한 물적 기반을 이뤄냈던 것이다. 바로 이 운주당에서 무(無)에서 유(有)를 창조해냈던 맨주먹의 지휘관, 맨주먹의 CEO 이순신이었다.

사실 21세기 소셜네트워크(SNS)로 소통하는 시대에 무슨 진부하게 16세기 이순신의 소통을 말하는가 할 것이다. 그 이유는 간단하다. 지금 우리가 전쟁을 치르고 있기 때문이다. 경제전쟁, 무역전쟁, 정치전쟁, 문화전쟁, 자원전쟁, 환경전쟁, 사이버전쟁, 경영전쟁 심지어 노인들의 황혼전쟁까지 개념은 달라도 우리는 모든 중요한 이슈마다 전쟁이라 일컫고 있다. 그렇다면 우리나라 전쟁 역사상 아니 세계의 전쟁 역사상 위대한 승리를 인정받는 이순신의 소통방법을 오늘날 모든 생존전쟁의 역할모델로 삼는다고 해서 조금도 이상할 일은 아니다. 언제나 먼저 듣고 많이 듣는 경청을 통해서 상대와 공감을 이루고, 공감을 통해서 상호 신뢰관계를 구축했던 이순신은 16세기에 이미 21세기형 개인미디어를 활용했던 소통의 달인이었다.

25

조선 수군 : 이순신의 '대충징발'로 수군을 확보하다

임진왜란 중 이순신에게 가장 어려웠던 문제는 수군확보였다. 그럴 수밖에 없는 것이 사람들이 모두 수군을 천역(賤役)으로 여겼기 때문이다. 수군은 육군과 달리 쌀 한 톨 구할 수 없는 배 위에서 군량과 병기 등이 절대로 부족했고, 또 망망한 바다에서 험난한 파도를 헤치며 적선과 싸운다는 것은 아무리 뱃사람이라 해도 고통 그 자체였다. 하물며 한 번 수병이면 영원한 수병, 그 병역을 짊어지면 자손들에게 누대로 전해져서 그 괴로움을 면하지 못할 것이라 진중에서 근심하고 탄식하는 소리를 차마 들을 수 없을 정도였다(請量處水陸換防事狀, 1594년 1월). 그야말로 노예와 다름없는 참혹한 생활이었으니 당연히 수군은 천역시 되었고 기피대상이 될 수밖에 없었다.

이런 현장상황을 아는지 모르는지 조정은 '대충징발금지' 명령을 계속해서 내리고 있었고, 통제사 이순신은 대충징발의 불가피성을 거듭거듭 올리고 있었다. 대충징발(代充徵發)이란 도망병의 자리를 메우기 위해 그 친족과 이웃으로 대신 충원하는 것을 말한다. 조정에서는 병력부족에 대한 일선지휘관의 애로는 아랑곳하지 않고 오히려 애매모호한 명령으로 일선지휘관의 어려움을 더욱 가중시키고 있었다. 최고지휘관의 지시는 분명하고 명확해야 한다. 유능한 현장지위관의 판단을 중시하고 결정에 간섭하면 안 되는 것이다.

> 무릇 군사들의 친족에게 대충징발하는 일은 전란이 끝날 때까지 면제하도록 하라.
>
> 지금같이 위급하고 어려운 때에 수군들이 병역을 기피하고, 실제로 있는 것을 도망갔다 하고, 살아 있는 것을 죽었다고 하는 형편이니 통제감독의 책임을 소홀히 해서는 안 될 것이다.

이순신의 설득 노력은 집요했다. 이순신이 대충징발금지 명령을 취소해 달라며 무려 네 번씩이나 장계를 올려 설득하는 모습을 요약해서 살펴본다. 1592년 12월 10일 일족(一族)에게 징발하지 말라는 명령을 거두어 달라고 청하는 장계, 1593년 4월 10일 일족에게 징발하지 말라는 명령을 취소해주기를 거듭 청하는 장계, 1593년 12월 25일 일족에게 대충징발하지 말라는 명령을 받았음을 아뢰는 장달, 1594년 1월 일족에게 징발하지 말라는 명령을 다시 취소해주기를 거듭 청하는 장달 등이다.

이순신은 이 장계를 통해서 대충징발을 할 수밖에 없는 이유를 조목조목 설명하고 문제해결의 대안까지 제시하고 있다. 참으로 정연한 논리와 체계적 구성 그리고 집요한 설득은 업무적 소통의 정석이라 할 것이다. 그러나 훗날 이러한 진지한 노력들을 모두 항명(抗命)과 불충(不忠)으로 몰았던 위정자들을 생각하면 오히려 이순신의 충심에 연민을 느낀다. 당시의 이순신은 무엇이 옳고 그른가가 아니라 무엇이 현장의 고충인지를 전해 조정의 관심과 공감을 구하려고 노력했던 것이다.

이유 1. "대충징발을 하지 말라는 명령이 있은 후 백성들이 모두 면제될 계책만 꾸미고 있기 때문에 이대로 간다면 어제는 10명이던 방비군이 오늘은 2, 3명이 되고 말 것이니 이제 배를 타고 적을 토멸함에 누구를 의지해야 하겠습니까?"

이유 2. "본도에 방위군 중 도망가거나 죽은 지 오래된 채 정리되지 않은 자가 10명 중 7, 8명이고 현재 있는 자들도 태반이 늙고 쇠약한 사람들입니다. 만일 친족에게 대충징발하는 것을 전적으로 면제한다면 성을 지키는 군사나 배를 움직이는 격군을 얻을 길이 막연합니다."

이유 3. "비변사에서 보내온 공문에 '근래에 와서 적을 토멸하는 데는 해전밖에 없으니 전선(戰船)의 수를 넉넉하게 더 만들도록 하라.' 하였는바, 전선은 이미 본영과 여러 진포에 명령하여 많은 수를 더 만들도록 하였습니다. 그러나 한 척의 전선에 사부와 격군을 합쳐서 130여 명의 군사를 충당할 방법이 없어서 더욱 안타까운 일입니다."

그러나 이와 같은 이유만으로 단지 명령을 취소해 달라고만 하면 그것은 이순신의 소통방법이 아니다. 우리가 배워야 할 이순신의 차별화된 소통방식은 바로 다음과 같은 대안(代案)을 제시하고 있다는 사실이다. 상대가 수용할 만한 대안을 갖고 있으면 언제나 협상테이블에서 유리한 협상력을 확보할 수 있기 때문이다.

대안 1. 만일 대충징발을 계속하면 임금의 분부를 어기게 될 것이고, 임금의 분부를 지킨다면 적을 막아낼 대책이 없습니다. 따라서 친족 중 아무 관계가 없는 사람과 늙거나 죽어서 자손이 끊어진 호구는 일체 징발하지 않고, 다만 본인 및 친족과 이웃이 이것을 미끼삼아 숨어서 피한 자는 전례대로 징발하도록 하겠습니다.

대안 2. 대충징발하는 일은 이 전쟁이 끝날 때까지만 전과 같이 시행하겠습니다. 다만 장단점을 가려 백성의 원성을 줄일 수 있도록 노력하는 것이 현재로서는 최선의 대책이라고 생각합니다.

대안 3. 수군의 수가 이같이 매우 적은데, 군역을 기피하여 죄를 지은 무리들이 혹은 소모군(召募軍)에 붙고 혹은 의병(義兵)에 붙어 소속되는바 지금같이 봄철 방비가 매우 시급한 때에 군사들이 타군으로 옮긴다면 변방을 충실하게 지킬 수 없습니다. 일체 다른 곳으로 옮기지 못하도록 각별히 분부를 내려주시기 바랍니다.

직언 1. 수군을 육군과 비교해서는 안 될 것입니다. 군역 중에 도망친 자가 절반을 넘는데 대충징발의 폐단 때문에 이를 금지한다면 변방을 지키러 갈 군사가 없을 것이며, 분부대로 변방을 굳게 지키려면 대충징발을 하지 않을 수 없습니다. 그러나 각 고을의 아전들은 '친족에게 대충징발하지 말라'는 분부만을 시행하므로 군령이 크게 무너지고, 군사는 날로 줄어들고, 연해안 중요지역이 텅 비어지고, 대장이 있는 큰 진(鎭)조차도 장차 성문을 지킬 군졸이 없게 될 것입니다.

직언 2. 처리할 일에는 경중(輕重)이 있고 완급(緩急)이 있는 법입니다. 호남 한 쪽이라도 오늘까지 온전할 수 있었던 것은 절대적으로 수군의 대세에 힘입은 것입니다. 뿐만 아니라 나라를 회복할 시기도 또한 이때이니 '친족이나 이웃으로 대충징발하는 폐단을 중지하는 것'은 전쟁이 끝난 뒤에 해도 늦지 않을 것입니다. 신이 죽음을 무릅쓰고 망령되이 진술하오니 조정에서 전후의 장계를 참작하시어 적을 막아 백성을 보호(禦敵保民)할 수 있도록 처리해주시기 바랍니다.

왜 이순신은 거듭거듭 장계를 올렸을까? 궁즉통(窮則通)이라, 궁하면 다 통한다고 했는데 말이다. 그러나 『주역(周易)』은 이렇게 설명한다. 궁즉통이란 궁즉변(궁하면 변하게 되고) 변즉통(변하면 통하게 되고) 통즉구(통하면 오래간다). 결국 궁즉통이란 궁(窮)－변(變)－통(通)－구(久)의 과정을 통해서 지속적으로 끈질기게 설득해야 통할 수 있다는 믿음이다. 충심 어린 직언(直言)은 나라의 명운을 가르고 진정 어린 소통은 상대의 공감을 얻어내는 법이다. 감히 왕명을 거역하는 것이 아니라 무엇이 더 중요하고 무엇이 더 우선인지, 먼저 적의 침략을 막아야 백성을 구제할 수 있으니 수군도 백성이요 민초도 백성이라, 수군이 없으면 백성도 지킬 수 없다는 논리를 앞세운 것이다.

임금과 왕세자를 향해 훈계에 가까울 정도의 직언은 스스로도 망령되이 진술한다는 표현을 쓴 것처럼 죽음을 무릅쓰고 써 올렸던 이순신의 용심(勇心)이었다. 일방적 지시나 보고가 아닌 쌍방향 공감과 동의를 통해서 최대공약수를 산출해내는 지속적인 설득의 과정이었다.

경영학의 아버지라 했던 피터 드러커(Peter Ferdinand Drucker)는 "기업을 포함해서 모든 조직에서 발생하는 문제의 60%는 잘못된 커뮤니케이션에서 비롯된다."라고 했으며, 종교 지도자 조셉 뉴턴(Joseph F. Newton)은 "사람들이 외로운 것은 서로 건널 수 있는 다리를 놓기보다는 넘을 수 없는 벽을 쌓고 있기 때문이다.(People are lonely because they build walls instead of bridges.)"라고 했다.

26
금토패문 : '왜군을 치지 말라'는 명나라의 명령과 이순신의 거부

전쟁은 이순신이 원하지 않는 방향으로 흘러가고 있었다. 임진왜란이 발발한 지 2년째, 강화협상으로 전쟁은 소강상태에 머물렀고, 일본군들은 남해안 곳곳에 성곽을 구축하고 호시탐탐 북상을 노리고 있었다. 게다가 도처마다 역병이 돌아 죽어 널린 시체가 넘쳐나고 있었다. 『난중일기』를 보면 1594년 1월 21일과 22일, 병들어 죽은 시체 214구, 217구를 연일 거두어 묻었다고 했고, 조정에 장계를 올려 역병환자를 구하기 위해 의원을 보내 달라고 요청하기도 했었다(請送醫救癘狀).

조선군은 물론 일본군들도 많은 장졸들이 염병(染病, 장티푸스)에 걸려 죽었다. 유성룡도 『징비록』에서 전쟁 통에 피폐해진 장안에는 염병이 돌아 죽는 자가 넘쳐나자 장례도 치르지 못하고 시구문 밖에 내어 버리니 쌓여진 시체가 성문보다도 높았다고 했다. 『이충무공전서』에 의하면 이때 이순신도 염병에 걸려 12일간 병세가 위중(强病十二日)했다고 기록하고 있다. 이 역병은 이순신조차 그대로 놔두지 않았던 것이다.

그런데 이때가 언제인가? 1594년 3월 6일 이순신함대가 제2차 당항포해전을 마치고 흉도(胸島)에 이르렀을 때다. 당시 강화협상을 하기 위해 명나라에서 파견되어 웅천 일본군들의 진지에 머물렀던 선유도사 담종인(宣諭都使譚宗仁)으로부터 일본군을 공격하지 말라는 금토패문(禁討牌文)을 받았다. 3월 6일 『난중일기』의 요약이다.

갑오일기(1594) 3월 6일

늦게 거제로 향했다. 역풍으로 간신히 흉도에 이르자, 명나라 병사 두 명과 왜놈 8명이 패문을 가지고 왔다. 살펴보니 명나라 담도사가 적을 치지 말라는 금토패문이었다. 나는 몸이 몹시 괴로워 앉아 있기도 누워 있기도 불편했다.

금토패문의 내용은 이러했다.

왜군의 여러 장수들이 마음을 돌려 모두들 무기를 집어넣고 군사들을 휴식시키며 그들 본국으로 돌아가려고 하니, 너희들도 모든 병선들은 각각 제 고장으로 돌아가고, 왜의 진영에 가까이하여 트집을 일으키지 말도록 하라. 병선을 각각 제 고장으로 돌려보내라.

이 패문을 받고 참을 수 없는 분노와 비애를 느낀 이순신은 그날 밤으로 아픈 몸을 이끌고 답서를 썼다. 내용은 결연히 NO!였다. 담종인에게 보냈던 답서의 내용이다.

조선국 신하 삼도수군통제사 이순신은 삼가 명나라 선유도사 대인 앞에 답서를 올리나이다. 왜적이 스스로 트집을 잡아 군사를 이끌고 바다를 건너와 죄 없는 우리 백성들을 살육하고, 또 한성으로 쳐들어가 흉악한 짓들을 저지른 것이 말할 수 없으니, 온 나라 신하와 백성들의 통분함이 뼛속 깊이 박혀서 이 왜적들과는 같은 하늘 아래서 살지 않기로 맹세하였습니다. 그래서 각 도의 배들을 모두 정비하여 곳곳에 주둔하면서 동서에서 호응하고 육지에 있는 장수들과도 의논하여 수륙으로 합동공격해서 남아 있는 왜적들은 배 한 척, 노 한 개도 돌아가지 못하게 함으로써 왜적의 종자까지 없애고자 하였습니다. (중략)

그런데 패문의 말씀 가운데 "일본장수들이 마음을 돌려서 귀화하지 않는 자 없고 모두 무기를 거두어 제 나라로 돌아가려고 하니, 너희 모든 병선들은 속히 제 고장으로 돌아가고 일본 진영에 가까이하여 트집을 일으키지 말도록 하라."고 하였습니다. 그러나 왜놈들이 진을 치고 있는 거제, 웅천, 김해, 동래 등지는 모두 다 우리 땅인데 우리더러 일본 진영에 가까이 가서 적을 토벌하지 말라고 하신 것이 무슨 뜻입니까? 또 우리에게 속히 제 고장으로 돌아가라고 하셨는데, 제 고장이란 또한 어디를 가리키는 것인지 알 길이 없습니다. 또 트집을 일으킨 자는 우리가 아니고 왜적들입니다.

원래 왜놈들이란 그 속임수가 천변만화하여 헤아리기 어렵기 때문에 예로부터 신의를 지켰다는 말을 들은 적이 없습니다. 흉악하고 교활한 적도들이 아직도 그 패악한 행동을 그치지 아니하고 바닷가에 진을 치고 있으면서 해가 지나도 물러가지 않고 여러 곳을 멧돼지처럼 쳐들어와서 사람을 죽이고 재물을 약탈하기를 전일보다 곱절이나 더한데, 무기를 거두어 바다를 건너 돌아가려는 생각이 어디에 있다는 것입니까? 이제 화의를 맺고자 한다는 것은 사실은 속임수와 거짓말입니다.

그러나 대인의 뜻을 감히 어기기 어려우므로 우선은 기한을 정해 놓고 지켜보면서 우리 임금께 급히 아뢰려 합니다. 그러니 대인께서는 이런 뜻을 널리 살피시어 왜적들에게 하늘의 뜻을 거스르는 것(逆天)과 하늘의 뜻을 따르는 것(順天)의 도리가 무엇인지를 알도록 해주신다면 천만다행이겠습니다. 삼가 죽음을 무릅쓰고 답서를 드립니다.

삼도수군통제사 겸 전라좌도수군절도사 이순신(李舜臣), 경상우도수군절도사 원균(元均), 전라우도수군절도사 이억기(李億祺) 삼가 올림(答譚都司宗仁禁討牌文 1594년 3월 7일)

참으로 명문 중에 명문장이다. 속이 다 후련하다. 얼마나 논리정연한 주장인가? 이 답서를 읽노라면 이순신이 얼마나 설득의 달인인지 절로 고개가 숙여진다. 우선 왜적을 토벌하지 않을 수 없다는 분명한 의사를 밝히고 있다. 그리고 거절할 수밖에 없는 사유를 상대의 마음을 사로잡을 수 있도록 정성을 다해 고치고 또 고쳐 쓴다. 그리고 담도사의 자존심이 상하지 않도록 일정시간 동안 토벌을 유보하겠다는 대안을 제시하고 있다. 그러나 거기에는 단호한 의지가 담겨 있었다. 상대를 배려하면서도 단호하게 NO!라고 거절하는 용기, 뿐만 아니라 조정에도 알려 당신의 부당한 지시를 공론화시키겠다는 배수의 진, 삼도수군통제사 한 사람만의 생각이 아니라 전라좌·우수사, 경상우수사 등 조선 수군 전체의 의견임을 연명으로 답서하는 고도의 압박전술이다.

이 금토패문을 보낸 선유도사 담종인은 누구인가? 그는 명나라 만력제 신종이 특별히 파견했던 황제의 특사였다. 감히 조선의 일개 장수가 거역할 수 있는 상대가 아니었다. 더구나 담종인은 당시 일본군 진영에 머무르고 있었기 때문에 신변에 위험까지 느끼고 있는 상황이었다. 어디 그뿐인가? 이순신 자신도 금토패문을 받았을 때는 염병에 시달리며 신음하던 상태였다.

갑오일기(1594) 3월 7일, 맑음

몸이 극도로 불편하여 뒤척이는 것조차 어려웠다. 그래서 아랫사람을 시켜 패

> 문에 대한 답서를 작성하게 했는데 글 모양을 이루지 못했다. 원(元) 수사가 손의갑(孫義甲)을 시켜 지어 보내게 하였지만 그 역시 매우 적합하지 못하였다. 나는 병중에도 억지로 일어나 앉아 글을 짓고, 정사립(鄭思立)을 시켜 써 보내게 했다. 미시(오후 1~3시)에 배를 출발시켜 밤 이경(밤 9~11시)에 한산도 진중에 이르렀다.

거절도 소통이다. 물론 거절은 당하기도 두렵고 말하기도 불편하다. 그렇다고 거절을 두려워만 할 이유가 없다. 왜냐하면 거절은 관계의 단절이 아니라 관계의 융합을 가져올 수도 있기 때문이다. 부당한 승낙보다 정당한 거절은 오히려 책임 있는 행동일 수 있다. 그러나 거절에는 일정한 룰이 필요하다. 21세기 소통전문가가 말하는 CEO가 지켜야 할 '거절의 룰'은 다음과 같다. 첫째, 애매하지 않도록 의사표시를 분명히 'NO!'라고 밝혀라. 둘째, 거절하는 사유를 성의 있게 진심으로 설명하라. 셋째, 상대의 자존심을 상하지 않게 적합한 대안을 제시하라. 넷째, 대안이 달성될 수 있도록 강력하고 단호하게 대처하라. 어떤가? 16세기에 이순신이 이미 실천했던 거절 그대로가 아닌가?

27
필사즉생 : 이순신의 연설, 긍정의 힘으로 승리를 만들다

연설(speech)은 간결하고 핵심적이어야 한다. 스피치는 정곡을 찌르는 어휘와 공감을 이루는 콘텐츠를 제공함으로써 청중의 뜨거운 호응을 얻을 수 있다. 따라서 전달하는 메시지는 양보다 질이 더 중요하다. 쉽지만 기억에 남는, 짧지만 의미가 담긴 메시지를 전달해야 한다. 지나치게 많은 말이 필요치 않다. 오히려 집중력을 떨어트릴 뿐이다. 그래서 소통전문가 몬트리올 대학의 고셀린(Gosselin, A) 교수는 "커뮤니케이션에 많은 욕심을 가진 리더는 한 번에 너무 많은 정보를 제공하려는 경향이 있다. 이는 오히려 소통에 장애가 된다."고 말했다.

핵심만 말하기는 고금의 정석이었다. 2차대전 중 영국수상 윈스턴 처칠은 옥스퍼드대학 졸업식 축사에서 지극히 단순한 연설로 청중을 열광시켰다. "포기하지 마라! 절대로 포기하지 마라!(Don't give up, Never give up)" 그는 연설의 달인이었다. 2009년 『포춘』지가 선정했던 최고의 CEO 스티브 잡스도 스탠퍼드대학 졸업식 축사에서 핵심적 화두로 대중을 세뇌시켰다. "항상 갈망하라, 항상 우직하라.(Stay hungry, Stay foolish)" 그는 연출의 달인이었다. 1964년 노벨평화상 수상자 마틴 루서 킹(Martin Luther King Jr.) 목사의 워싱턴 평화행진 시 인권을 절규했던 명연설 "나에겐 꿈이 있습니다.(I have a Dream)"는 어떤가? 그는 웅변의 달인이었다.

마틴 루서 킹의 웅변은 말과 행동이 일치하는 그야말로 그의 삶 자체가 메시지였다. 그는 체포 구금은 물론 집까지 폭파당하면서도 6백만 마일을 이동하며 2,500여 회 연설을 했고, 흑인의 민권회복을 위해 백인조직과도 연대하며 신념을 실천했다. 그 결과 미국에 흑인 인권을 보장하는 '민권법'이 제정되었다. 연출의 귀재 스티브 잡스는 애플의 i-시리즈를 발표할 때마다 IT의 상상력을 자극하는 환상적 프레젠테이션으로 글로벌시장을 석권하며 천문학적 매출액을 달성했다.

처칠은 누군가? 그는 2차대전에 지친 영국인들에게 "제가 바칠 수 있는 것은 오직 피와 땀과 눈물뿐입니다!(I have nothing to offer but blood, toil, tears and sweat!)"라는 연설을 했다. 당시 영국을 울린 명연설이다. 그는 1953년 노벨문학상을 수상했다. 전쟁영웅이었던 그가 평화상이 아닌 문학상을 받았다는 사실에 주목해야 한다. 당시 문학상 후보였던 헤밍웨이는 "처칠은 구어(口語)의 대가이기 때문에 노벨문학상의 취지와 맞지 않다."라고 지적했다. 하지만 스웨덴 한림원은 처칠의 전시(戰時)연설도 충분히 문학적 가치가 있다고 판단했던 것이다.

그렇다면 우리에게 스피치의 달인은 과연 누구일까? 나는 2차대전의 영웅 윈스턴 처칠을 능가하는 임진왜란의 성웅 이순신을 꼽고 싶다. 그 역시 이미 420년 전 핵심과 정곡을 찌르는 전시(戰時) 소통으로 싸우는 전쟁마다 승리를 거두었을 뿐만 아니라, 조선 중기 시조문학 시대의 대표적 인물 중 한 명으로 꼽히고 있다. 이순신은 영국의 처칠보다도, 미국의 마틴 루서 킹보다도, 아니 금세기의 스티브 잡스보다도 훨씬 그 이전에 간결하고 핵심적인 메시지를 전달했던 스피치의 달인이었다. 이순신의 명언들을 살펴보자.

이때가 언제인가? 이순신의 첫 번째 전투인 임진년 5월 7일 옥포해전, 드디어 왜적들과 맞서 싸우기는 이순신도 처음이고 휘하장졸들도 마찬가지였다. 이미 경상좌·우도 수군과 육군의 패배 소식으로 잔뜩 겁에 질려 긴장하는 군사들이었다. 부하장졸들이 두려워했다면 이순신 역시 두려웠을 것이다. 그러나 이순신은 그 순간 "가볍게 움직이지 말라! 태산같이 무겁게 행동하라!(물령망동 정중여산 勿令妄動 靜重如山)" 이 한 마디로 부하들의 동요를 방지하고 심리적 공포를 해소하여 필승의 의지를 다지게 되었다. 그 결과 왜선 30척 중 26척을 분멸시킬 수 있었다.(玉浦破倭兵狀, 1592년 5월 10일)

죽고자 하면 살 것이고, 살고자 하면 죽을 것이다. 한 사람이 길목을 지키면 1,000명도 두렵게 할 수 있다. 이때는 또 언제인가? 정유년 9월 15일, 명량대첩 전날 밤이다. 칠천량에서 조선 수군이 처절하게 궤멸당하는 현장(7월 16일)을 목격했던 패잔병들이 주축이 된 수군이었다. 가진 배라고는 겨우 13척, 탐망선의 정보에 의하면 이미 왜선 200여 척이 어란포까지 접근해 있었다. 급기야 결전을 피할 수 없음을 간파한 이순신은 벽파진을 떠나 우수영 앞바다로 이진했다. 벽파정 뒤에 명량(鳴梁)이 있는데 수가 적은 수군으로써 명량을 등지고 진을 칠 수 없기 때문이었다. 이순신 역시 중과부적, 절대적으로 승산 없는 전투라는 걸 잘 알고 있었으니 하물며 부하들이야 어떠했겠는가? 하지만 싸우기도 전에 이미 패배감과 두려움에 떨고 있는 장졸들에게 할 수 있는 건 오직 이길 수 있다는 신념을 불어넣는 것뿐이었다.

정유일기II(1597) 9월 15일

여러 장수들을 불러 모아 약속하되, "병법에 이르기를 '반드시 죽고자 하면 살고, 반드시 살려고 하면 죽는다(必死則生 必生則死)'고 하였고, 또 '한 사람이 길목을 지키면 1,000명도 두렵게 할 수 있다(一夫當逕 足懼千夫)'고 했는데, 이는 오늘의 우리를 두고 이르는 말이다. 너희 여러 장수들이 조금이라도 명령을 어기는 일이 있다면 즉시 군율을 적용하여 조금도 용서치 않을 것이다." 하며 재삼 엄중히 약속했다.

절대 역부족인 싸움일지라도 이길 수 있다는 도전의 힘, 긍정의 힘, 패배감에 빠진 장졸들에게 용기와 자신감을 불어넣는 스피치의 힘이었다. 결과는 압승이었다. 불과 13척으로 133척을 깨부수는 명량대첩, 세계 해전사에 빛나는 대승이었다. 하지만 이는 선인(仙人)의 가르침도 하늘의 도움도 아니었다. 이순신의 탁월한 전술전략과 죽기를 각오하고 싸워서 이기겠다는 신념의 결과였다.

정유일기II(1597) 9월 16일

이번 일은 실로 하늘의 도움이었다(此實天幸).

이순신은 이외에도 주옥같은 명언들을 많이 남겼다. 예를 들면 적을 가볍게 여기면 반드시 패한다(輕敵必敗), 멀리 적선을 살피고 즉시 보고하라(瞭察賊船 登時馳告), 석자 칼로 하늘에 맹세하니 강산이 떨고, 한 번 휘둘러 쓸어버리니 피가 강산을 물들이도다(三尺誓天 山河動色 一揮掃蕩 血染山河), 저에게는 아직 전선 12척이 있습니다. 죽을힘을 내어 항거해 싸우면 오히려 할 수 있는 일입니다(今臣戰船 尙有十二 出死力拒戰 則猶可爲也), 이 원수를 무찌른다면 지금 죽어도 유한이 없겠습니다(此讎若除 死卽無憾), 지금 싸움이 한창 급하다. 조심하여 내가 죽었다는 말을 하지 말라(戰方急 愼勿言我死) 등이다.

이렇게 이순신이 연설의 달인이었다는 것은 그와 각별한 사이였던 삼가현감 고상안(高尙顔)의 『태촌문집(泰村文集)』에도 기록되어 있다. “이순신의 정연한 논리와 화술과 지혜는 능히 적을 제압할 재주가 있었다.” 고상안은 이순신과 같은 해(1576년) 문과에 급제한 문관으로서 갑오년(1594) 4월 이순신의 주관으로 치렀던 한산도 별시에서 참시관(參試官)으로 함께 참여했던 사람이다.

스피치는 세 치 혀의 미학이다. 그렇다면 누구나 연설의 달인이 될 수 있을까? 가능하다. 처칠도 원래 말더듬이에 조산아로 태어난 지능저하였고 학교에선 부적응 낙제생이었다. 전국학생웅변대회, 제2군사령부웅변대회에서 수상했던 나도 아산 시골의 촌무지렁이였다. 임기응변적 세 치 혀의 기술이 아니라 자료를 찾고, 원고를 쓰고, 내용을 암기하는 세 치 혀의 미학이었다. 전문가들처럼 지식을 습득하고, 핵심적인 데이터를 축적하고, 그 지식을 이야기로 바꾸어내는 이른바 스토리텔링 콘텐츠를 만드는 것이다. 처칠의 ‘피와 땀과 눈물’도 원래는 루즈벨트 대통령의 말을 인용했던 것이고, 이순신의 ‘필사즉생 필생즉사(必死則生 必生則死) 일부당경 족구천부(一夫當逕 足懼千夫)’도 『오자병법』의 ‘필사즉생 행생즉사(必死則生 幸生則死) 일인투명 족구천부(一人投命 足懼千夫)’를 변용했던 것이다. 결국 연설의 힘은 내가 가진 콘텐츠를 잘 표현하여 다른 사람을 설득하는 작업이다.

28

서간첩 : 이순신의 편지에 나타난 또 하나의 역사

사람이 그리웠다. 이순신은 마음을 털어놓을 사람이 그리웠다. 그래서 잠 못 이루는 외로움에 뒤척일 때면, 말 못하는 괴로움에 사무칠 때면 이순신은 먹을 갈아 편지를 썼다. 누군가에 대한 그리움이 몰려올 때면, 누군가의 배려에 감사할 때면, 누군가의 도움이 필요할 때면, 이순신은 서슴없이 붓을 들어 편지를 썼다. 교교한 달빛이 흐르는 밤에도, 추적추적 궂은 비 내리는 날에도, 생사를 넘나드는 전쟁터에서 오히려 살아남았다는 덧없음에 활을 잡았던 손에 먹물을 묻히며 화선지를 적셨으리라.

나는 잘 알고 있다. 전쟁터에서 지독한 외로움과 두려움으로 밤마다 쓰지 않고는 못 배기는 편지만큼 간절한 사연이 없다는 것을 말이다. 내가 맹호용사로서 베트콩(Viet Cong)의 포성을 들으며 십자성 달빛 아래 써 보냈던 그 수많은 전선편지들, 지금도 생각하면 생사를 넘나들던 절박함에 심장이 요동쳐온다. 하물며 조선의 운명을 책임진 삼도수군통제사, 조선 수군의 최고사령관 이순신이다. 피비린내 나는 전쟁터에서 사자후를 토해내는 장군의 모습 속에 차분하게 충효우제(忠孝友悌)의 교분을 나누는 범부의 모습, 편지로 자신의 감정과 속내를 전달하고, 그 쌓이고 쌓인 내공의 공력으로 침몰하는 조선을 구해낸 이순신이다. 희미한 촛불 아래 침침한 눈을 비비며 편지에 의지했을 이순신, 편지의 힘을 믿고 세상과 소통하는 역사의 다리를 놓았던 아름다운 모습이 이순신의 서간이다.

이렇게 써 내려간 이순신의 편지가 『이충무공전서』에 모두 9편이 수록되어 있다. 그중에 현건(玄健, 玄監役)에게 보낸 3통과 현덕승(玄德升, 玄持平 또는 玄正郞)에게 보낸 3통 등 모두 6통의 편지를 엮은 서간첩이 현재 현충사 유물관에 보존되어 있다. 주로 친척들에게 보낸 친필 서신으로 세로 24.5cm, 가로 39.7cm의 크기에 글씨는 한문초서로 쓰여졌고 역시 『난중일기』, 『임진장초』와 더불어 1962년 12월 20일 국보 제76호로 지정되었다.

그렇다면 현건과 현덕승, 이들은 누구인가? 『난중일기』에도 등장하지 않는 이들은 온전히 이순신의 사적 영역이었던가 보다. 현건(1572~1656)은 전남 영암 사람으로 행실이 매우 의로워 비변사에서 조정에 천거하여 군자감주부(종6품)에 제수되었었다. 집을 영암 내동에 짓고 재간(在澗)이란 현액을 걸어 놓고 산수를 즐기며 유유자적하게 살았던 사람이다.

현덕승(1564~1627)은 충남 천안 사람으로 1590년 증광문과에 을과 1위로 급제하여 선조 때 예조정랑, 지평(정5품)과 사예(정4품)를 지냈고 문장과 필법이 탁월했다. 서간첩 말미에 이순신의 10세손 이규대의 기문에는 "공께서는 현지평과 더불어 도의(道義)의 벗을 맺었고 게다가 인척간의 정의(情誼)도 가지고 있었기에 이렇게 왕래한 필적이 있었던 것이다."라고 적고 있는 것으로 보아 두 사람은 인척관계의 막역한 사이였다는 것을 알 수 있다. 이제 이순신이 가족과 친지에게 보냈던 세 통의 편지를 살펴보기로 한다. 먼저 조카에게 보내는 편지다.

편지 1. 조카에게 보낸 편지(與某姪書)

서남쪽 땅에 멀리 떨어져 있어 늘 한스런 아픔만 더해 갔는데, 오늘 조카 온(蘊)을 보고 또 너의 편지를 보니 비통함이 더욱 심해지는구나. 네 형들은 고향에 돌아오려고 하지 않더냐? 내 비록 천식기운이 좀 있기는 해도 명나라 장수들이 누차 와서 찾는 일이 많아 일일이 답장을 못 했는데 어쩔 수가 없었단다. 네가 고향에 있을 줄 어찌 생각이나 했겠느냐? 언제 속히 한 번 내려오면 좋겠구나. 타고 올 말(馬)이 없으면 회(薈)의 말을 상의해서 타고 오면 될 것이니 이 편지를 회에게도 보여주도록 해라. 더 할 말은 다 적지 못하였다.

팔월 초육일 삼촌이(八月初六日 叔)

다음의 편지 2와 3은 현건과 현덕승에게 보내는 편지다. 앞에서 보듯 현덕승은 1564년생으로 이순신보다 19년 아래, 현건은 1572년생으로 27년 아래, 이순신의 큰아들 회(薈)가 1567년생이니 마치 아들 같은 나이지만 외가쪽 친척이라고 하는데 항렬이 높은 탓인지 척하(戚下)라 자신을 낮추며 그 예의가 깍듯하다. 아랫사람이라도 가까운 사이일수록 존경과 예의를 다하는 모습 역시 인의예지신(仁義禮智信), 유학을 공부했던 인간 이순신의 사람됨을 볼 수 있다.

편지 2. 상중(喪中)에 현건(玄健)에게 보낸 편지

격식을 생략하겠습니다(省式). 복중(1583년 11월 15일, 부친의 사망)의 죄인이 되어 병으로 눈이 침침해진 탓에 인사를 돌보지 않아 예사로운 편지조차 쓰는 것도 벌써 그만두었습니다. 그래서 천 리나 떨어진 그곳에서도 더욱 소식을 받아볼 수 없었던 것입니다. 하염없는 생각에 늘 매어 있어 홀로 가슴속으로 슬픔만을 느끼고 있었는데, 뜻밖에 사령이 온 편에 별지의 위문을 엎드려 받고 거듭 펴보며 말의 뜻을 되새겨 보니 직접 뵌 것처럼 위로가 되고 근심을 씻게 해주는 것이 마땅히 어떠하겠습니까? 또한 몇 년 사이 조용히 쉬시며 체후를 보살피시어 더욱 건승하시다니 기쁜 마음이야 이루 다 말할 수 없습니다. 부의(賻儀)와 각종 물품들을 이와 같이 넉넉히 보내주셨으니 그 은혜에 감사한 마음 더욱 깊어서 어찌 보답해야 할지 모르겠습니다.

저는 어리석어 구차하게 세월만 끌면서 천지에 울부짖고 오직 스스로 피눈물을 흘릴 뿐입니다. 선산이 가까이 있어 심정은 조금 놓이지만, 이로부터 죽게 된다면 여한이 없을 것입니다. 남쪽을 바라보면 아득하기만 하여 어디에 호소할 길이 없으니, 잘 모르겠지만 이 사람을 언제 다시 만날 수 있겠습니까? 어머님을 생각하면 슬픔과 근심만이 가득하고 병이 심하여 글쓰기조차 어려워 갖추지 못했습니다. 다만 존체를 잘 보존하시어 멀리서 바라는 기대에 부응하기를 바라나이다. 삼가 바라건대 마음이 어지러워 갈피를 못 잡고 두서없이 쓴 것을 살펴주십시오.

현감역(玄監役, 玄健) 앞으로.

을유년(1585) 정월 13일 죄인 이순신 소(乙酉 正月十三日 罪人 李舜臣 疏)

편지 3. 현지평(玄持平, 玄德升) 정안(靜安, 책상)에서 받으시오.

임금님의 병이 회복되는 것이 신민(臣民)의 경사이니 손뼉 치며 축원하는 마음이 어찌 말로 다하겠습니까? 정처 없이 떠돌며 판탕(板蕩)한 나머지 우러르는 마음이 한창 간절했는데, 이제 홀연히 사령(使令)을 보내시어 월 초에 낸 편지를 받고는 손이 바쁘게 펴서 보니 위안이 되기가 예전보다 배나 간절했습니다. 하물며 편지에 가득한 말의 뜻이 정중한 것에 있어서는 어떠하겠습니까? 막 서늘한 기운이 들녘에 찾아든 이때, 삼가 조용히 쉬시는 가운데 기거를 더욱 보중하시기를 바랍니다. 용렬한 자의 마음을 위로하고 풀어주신 것을 무어라고 말할지 모르겠습니다. 이 척하(戚下)는 군대에서 많은 고생을 하고 있습니다.

국은(國恩)이 망극하여 품계를 정헌대부(正憲大夫 정2품 1592년 7월 10일)로 올려주셨으니 감동하고 칭송하기가 그지없습니다. 삼가 생각건대 호남은 국가의 보루이며 장벽(竊想湖南 國家之保障)이니 만약 호남이 없다면 곧 국가가 없는 것(若無湖南 是無國家)입니다. 이런 까닭에 어제(1593. 7. 15.) 한산도에 나아가 진을 쳐 바닷길을 막을 계획을 세웠습니다. 이러한 난리 중에도 옛 정의를 잊지 않고 멀리서 위문편지를 보내시고 또 아울러 각종 물품도 받게 되니, 진중(陣中)의 귀물이 아닌 게 없어 깊이 감격하여 마지않습니다. 잘 모르겠지만 어느 날에야 더러운 적을 소탕하여 없애고 예전에 종유(從遊)하던 회포를 실컷 풀 수 있겠습니까? 편지를 대하니 슬픈 마음만이 간절할 뿐입니다. 남은 할 말은 매우 일이 번잡하기에 초조하여 사례를 갖추지 못했습니다.

계사년(1593) 7월 16일 척하 이순신 올림(癸巳 七月十六日 戚下 李舜臣 拜手)

특히 편지 3은 계사년(1593) 4월 9일 명나라 심유경(沈惟敬)과 일본 고니시 유키나가(小西行長)의 강화협상이 본격적으로 시작되고, 그 3개월 후인 계사년(1593) 7월 16일에 쓴 것이니 한산도로 이진한 바로 다음날의 서간이다. 오늘날 호남인들이 전라도의 중요성을 얘기할 때마다 소중하게 인용하는 글귀가 바로 이 편지에 나와 있다. "절상호남 국가지보장(竊想湖南 國家之保障) 약무호남 시무국가(若無湖南 是無國家)"

이상의 편지들은 사사로운 친지간의 내용이기에 그 능란한 필체와 넘쳐흐르는 인정미로 하여금 읽는 사람의 가슴을 뜨겁게 달군다. 예나 지금이나 속마음을 전하는 편지의 내용은 크게 다를 바가 없다. 그러나 이순신이 쓴 편지가 오직 이것뿐이겠는가? 아니다. 『난중일기』를 보면 이순신은 친지와 가족뿐 아니라 조정의 신료는 물론 전쟁터의 장수들과도 수시로 편지를 주고받으며 소통의 장을 펼쳤다. 그래서 이순신은 보통의 편지 말미에 쓰는 배(拜) 대신에 소(疏)를 써서 소통의 의미를 깊이 전달하고 있음을 편지 2에서 확인할 수 있다. 『난중일기』에 기록된 서신교환 내용을 살펴보자.

갑오일기(1594) 2월 초4일, 맑았으나 바람이 세게 불었다

조카 봉과 이설, 이언량, 이상록 등이 강돌천을 데리고 왔는데, 그는 동궁의 명령서를 가지고 왔다. 찬성(贊成) 정탁(鄭琢)의 편지도 왔다.

을미일기(1595) 4월 12일, 맑음

장계의 회답 18통과 영의정(유성룡), 우의정(정탁)의 편지와 자임(子任, 李軸)의 답장이 왔다.

을미일기(1595) 9월 17일, 맑음

식후에 서울에 편지를 써 보냈다.

을미일기(1595) 9월 24일, 맑음

아침에 각처에 편지 여남은(10여) 통을 썼다.

병신일기(1596) 4월 15일, 맑음

영의정 유성룡, 영부사(領府事) 정탁, 판서 김명원, 윤자신, 조사척, 신식, 남이공에게 편지를 써 보냈다.

정유일기(1597) 6월 11일, 맑음

중복이라 쇠나 구슬이라도 녹일 것처럼 대지가 찌는 듯하였다. 이날 아침 한산도의 여러 곳에 갈 편지 열네 장을 썼다.

이순신은 이렇게 많은 편지를 썼다. 열거하는 이름들에서 보듯이 가족 친지는 물론 자신을 전라좌수사에 천거했던 유성룡, 자신을 죽음에서 건져 주었던 정탁 등 조정의 고위신료들과 각처의 친지동료에게도 편지를 썼다. 심지어 하루에 14통의 편지를 보냈다는 날도 있다. 아마도 수군사령관으로서 전쟁수행에 관한 정보와 작전 그리고 협조와 지원을 요청하는 내용이었을 것이다. 훗날 정유년 모함으로 하옥되었을 때 구명의 손길이었던 정탁의 신구차(伸救箚)가 이런 소통의 결과이며 편지의 힘이 아니었을까 감히 추정해 본다.

29

손자병법 : 조선 최고의 병법 전문가 이순신을 만나다

이순신을 조선 최고의 병법전문가라 할 수 있는 이유는 무과시험의 필수과목이었던 무경칠서(武經七書) 즉 『손자병법(孫子兵法)』, 『오자병법(吳子兵法)』, 『육도(六韜)』, 『삼략(三略)』, 『사마법(司馬法)』, 『위료자(蔚繚子)』, 『이위공문대(李衛公問對)』 등에 통달한 데 있었다. 이 병서들은 기원전 1100년대부터 서기 600년대에 걸쳐 나온 저서들로 오늘날도 고전으로 널리 읽혀지고 있다. 손자병법은 BC 6세기 춘추시대 제(齊)나라 손무(孫武)의 저서다. 손(孫)에다 자(子)를 붙여 존칭으로 『손자병법』이라 한다. 총 13편으로 시계(始計), 작전(作戰), 모공(謀攻), 군형(軍形), 병세(兵勢), 허실(虛實), 군쟁(軍爭), 구변(九變), 행군(行軍), 지형(地形), 구지(九地), 화공(火攻), 용간(用間)으로 모두 군사학의 기본 원리를 담고 있다.

"지피지기 백전백승(知彼知己 百戰百勝)"이란 말이 있다. 『손자병법』 어디에도 그런 말은 없으나 모공편에 이런 글이 나온다.

> 적을 알고 나를 알면 백 번 싸워도 위태롭지 않다.

나를 알고 적을 모르면 한 번은 이기되 한 번은 지게 된다.

적을 모르는 상황에서 나조차도 모르면 매번 싸움에서 위태롭다.

지피지기 백전불태(知彼知己 百戰不殆)

부지피이지기 일승일부(不知彼而知己 一勝一負)

부지피부지기 매전필태(不知彼不知己 每戰必殆)

나의 전력(戰力)을 알고 상대의 전략(戰略)에 맞게 작전을 구사하는 전략, 이것이 바로 이겨 놓고 싸우는 선승구전(先勝求戰)이다. 그래서 "승병선승 이후구전(勝兵先勝 而後求戰), 패병선전 이후구승(敗兵先戰 而後求勝)"이라고 했다. 저자 손무(孫武)의 심오한 뜻은 무엇이었을까? 다음의 말들을 이해하면 해답을 얻을 수 있다.

"백전백승 비선지선자야. 부전이굴인지병 선지선자야(百戰百勝 非善之善者也. 不戰而屈人之兵 善之善者也), 백 번 싸워 백 번 이기는 것이 최선의 전술은 아니다. 싸우지 않고도 적을 완전히 굴복시키는 것이 최선 중에 최선이다." 그러나 백전백승의 장수가 어디 그리 쉽겠는가? 설령 그런 장수가 있다 해도 손무는 오히려 최선의 방법이 아니라고 말한다(非善之善者也). 왜냐하면 참혹한 희생을 바탕으로 이기는 전쟁은 상처뿐인 영광일 뿐 이겼어도 진 것이나 마찬가지라는 것이다. 따라서 최선의 전략(善之善)은 아군도 적군도 희생이 없는 완전한 승리를 추구하는 전쟁이다. 오늘날 무력전쟁뿐만 아니라 경제전쟁에서도 win-win과 상생을 외치는 이유 역시 바로 이것일 것이다.

그런 의미에서 임진왜란은 이순신의 매전필승에도 불구하고 수많은 희생과 비극을 부른 최악의 전쟁이었다. 왜냐하면 싸우지 않고 이기기 위해서는 지속적인 소통을 통해 지피지기를 했어야 하는데, 조선 조정은 전혀 그런 시도를 하지 않았던 소통부재의 전쟁이었기 때문이다. 그렇다면 과연 싸우지 않고도 이길 수 있는 전략이 있었을까? 역사에 가정이 존재할 수 없지만 만일 당시의 조선 조정에 고려의 서희(徐熙) 같은 협상전문가가 있었다면, 또 이순신과 같은 병법전문가가 있었다면 임진왜란은 없었을지도 모른다.

여기서 언급하는 서희는 협상전문가편에서 자세히 언급하겠지만 고려 성종대의 인물이다. 당시 북방의 거란은 송(宋)나라를 치기 위해 송과 동맹관계에 있는 고려를 쳐서 배후기습을 차단하고 연합전선을 구축하고자 하였다. 마치 이로부터 600년 후 도요토미 히데요시가 명(明)나라를 치기 위해 명과 동맹관계에 있는 조선을 쳐서 그 발판으로 삼고자 했던 것과 같은 상황이었다. 거란의 소손녕(蕭遜寧)이 수십만 대군으로 침략해 왔을 때 고려에는 협상전문가 서희가 있었지만, 고니시 유키나가(小西行長)를 1진으로 15만 왜군이 침략해 왔을 때 조선에는 당쟁꾼들만 있었다. 서희는 청천강가에 진을 치고 있는 소손녕을 찾아가 담판(談判)으로 피 한 방울 흘리지 않고 적들을 물리쳤다. 위대한 소통의 힘이었다. 뿐만 아니라 오히려 내부 반대세력인 친송파(親宋派)를 설득하기 위한 전제조건으로 강동 6주를 얻어내어 국토를 확장하는 역사상 가장 훌륭한 소통의 성과를 거두었다.

하지만 조선의 조정에는 협상전문가도 병법전문가도 없었다. 막상 전쟁에 임해서도 육군으로 초전에 왜적을 막아야 했던 경상좌병사 이각, 경상우병사 조대곤은 진을 버리고 도망쳤고, 명장이라 했던 이일, 신립 같은 장수들은 처참하게 패배했다. 수군의 경우도 맨 처음 일본군과 부닥친 경상좌수사 박홍과 경상우수사 원균 등은 스스로 배를 침몰시키고 도망치기에 바빴다. 그 결과 일본군은 불과 20일 만에 한성까지, 60일 만에 평양까지 밀고 올라와 함경도 최북단 용성, 종성까지 짓밟았다. 임금은 종묘사직과 백성들을 내팽긴 채 의주까지 도망쳐서 심지어 명나라에 망명(內附)하겠다고 결심하기에 이른다.

왜 이렇게 조선이 맥없이 무너졌을까, 전쟁이 일어날 것을 정녕 몰랐을까? 아니다. 이미 정해년(丁亥年 1587) 즉 임진왜란 5년 전부터 전쟁은 시작되었다고 할 수 있다. 이때가 언제인가? 도요토미 히데요시가 1585년 간파쿠(関白, かんぱく)가 되고 마침내 1587년엔 반대세력을 모두 굴복시키고 왜국을 통일했던 때다. 문제는 출신이 비천했던 도요토미 히데요시는 일본을 통치할 만한 신분이 아니었기 때문에 자신의 미친 존재감을 드러내야 했다는 점이다. 그는 명나라 정복을 통해서 국민들의 존경심을 모으고, 토지몰수로 인한 다이묘와 지방 호족세력의 불만을 해외로 돌릴 생각이었다. 또한 그들을 조선에 파견시켜 권력을 약화시킬 음모도 있었으며, 명과 조선의 해외무역을 장악하려는 의도도 있었다.

이에 따라 도요토미 히데요시는 정탐꾼을 사신인양 보내서 선린외교를 표방하며 사신교환을 요구했다. 또 다른 한편으론 남해안 일대를 수시로 침략하며 조선을 넘보고 있었지만 조선 조정은 건국 후 오랫동안 지속된 평화무드에 도취해서 극단적인 문약(文弱)에 빠져 있었다. 통신사들이 보고한 대로 쥐새끼같이 생긴 도요토미 히데요시는 군선과 군량을 확보하고 병기를 정비하며 본격적인 조선침략을 서두르고 있었지만, 정작 조선의 임금은 지피지기는커녕 소통조차도 거부하는 우를 범하고 있었다.

당시 상황을 『선조실록』을 통해서 살펴본다. 정해년(1587) 2월 6일, 일본군의 배 18척이 흥양 경내에 침입해서 녹도권관 이대원이 싸우다 죽었고, 2월 7일엔 일본군이 가리포에 침입해서 조선의 전선 4척을 약탈하고 첨사 이필이 왼쪽 눈에 화살을 맞고 퇴각하였다. 3월 8일엔 일본군이 손죽도에 쳐들어왔는데 우연한 변경 침범이 아니라 전선을 많이 준비하여 대규모로 쳐들어왔다고 기록하고 있다. 뿐만 아니라 9월 6일 경상좌수사의 보고에 의하면 "왜국이 사신을 보내 새 임금을 세웠으니 근간에 사신을 교환하고자 합니다." 하니 일본이 먼저 사신교환을 청하고 있음을 알 수 있다. 그러자 10월 19일 실록을 보면 "임금은 왜국에서 국왕을 내쫓고 새 임금을 세웠다는 이유로, 임금을 죽인 나라의 사람들을 접대할 수는 없다." 하며 종2품 이상의 관리들과 비밀리에 사신교환을 논의하였다. 그러나 이때 모든 대신들이 반대하니 사신교환을 거절하고 소통의 문을 닫아버렸다. 도요토미 히데요시를 새로운 국왕으로 알고 있을 정도로 일본에 대해 너무나 무지했던 조선의 조정이었다.

이후 4년여에 걸쳐 일본은 겐소, 다치바나 야스히로, 소 요시토시, 야나가와 시게노부 등을 보내서 협박과 회유로 사신교환을 끈질기게 요구했다. 그러나 조선 조정은 일본과는 소통하지 않겠다는 속셈으로 수로가 험하다는 등의 핑계를 내세웠다. 결국 더 이상 거절할 수 없는 한계에 부딪힌 조선은 1590년 3월 5일 통신사로 정사 황윤길(서인), 부사 김성일(동인), 서장관 허성(동인)을 보내기에 이른다. 이때 떠났던 통신사들이 다음해 1591년 1월에야 돌아왔는데 이들의 보고가 또한 가관이다. 선조수정실록 3월 1일의 내용이다. 정사 황윤길은 "반드시 전란이 터질 것"이라고 했으나, 김성일은 "신은 전란이 터질 어떤 기미도 보지 못했습니다. 황윤길이 장황하게 말씀을 올려 사람들의 마음을 동요시키는 것은 일의 원칙에 심히 어긋납니다." 하였다.

더더욱 한심한 것은 선조는 통신사들과 함께 건너온 일본사신을 접대했던 홍문관 전한(종3품) 오억령이 "왜국이 내년에 조선으로부터 길을 빌려 명나라로 쳐들어갈 것"이라는 보고를 하자 오히려 크게 화를 내며 그를 해직 파면시켜 버렸다. 임진왜란을 막아야 했던 조선의 임금은 사신교환은커녕 오히려 소통의 문을 닫고 언로마저 차단해버렸다. 선조는 전쟁이 일어날 것이라는 사실을 애써 믿고 싶지 않았던 것이다.(『선조수정실록』 1591년 3월 1일)

당시 도요토미 히데요시에게는 명과 조선을 침략해야 할 여러 가지 이유가 있었다. 만일 사신교환만 있었다면 미리 알 수 있었을 것이다.

1) 유력 다이묘들의 권력을 약화시키고 자신의 공명심과 영웅심을 높이기 위해서
2) 군웅의 세력을 말살하고 국내의 불평을 해외로 돌리기 위해서
3) 심복부하들에게 땅을 나누어 주기 위해서
4) 그동안 명·조와 단절되었던 감합무역을 복구하기 위해서
5) 자신의 헛된 야망을 실현하기 위해서
6) 일본인의 해적근성을 발휘하기 위해서
7) 주군이었던 오다 노부나가의 대륙 진출계획을 실천하기 위해서
8) 노년에 얻은 아들 도요토미 쓰루마쓰가 세 살 나이에 죽은 비통함을 분출하기 위해서

결국 조선 조정도 만일의 사태에 대비하지 않을 수 없었다. 부랴부랴 호남과 영남의 읍성들을 수축한다고 야단법석을 떨었지만 이미 때는 늦었다. 이성계가 조선을 건국(1392)한 지 200년이 되는 1592년 임진년, 이 민족의 철천지원수들은 4월 13일 저녁 부산 절영도 앞바다에 도착했고, 이튿날 4월 14일 새벽 부산진에 상륙한 왜적들은 파죽지세로 조선의 강토를 유린했으니 과연 임진왜란은 막을 수 없었던 것인가. 불행 중 다행으로 조선이 제대로 준비한 일은 1591년 2월 13일 전라좌수사에 병법전문가 이순신을 기용한 것이지만 통한의 아픔은 여전히 남아 있다. 『손자병법』 모공편에서 '싸우지 않고 적을 굴복시키는 것이 최선 중에 최선(不戰而屈人之兵 善之善者也)'이라 했기 때문이다.

30

임진왜란 : 패자뿐인 국제전쟁, 유일한 승자 이순신

임진왜란은 국제전쟁이었다. 1592년 4월 13일 일본군이 절영도 앞바다에 쳐들어왔다. 조선침략 전쟁은 명나라를 쳐서 중국대륙을 정복한다는 도요토미 히데요시의 야욕에서 출발했다. 역사학자 고 정두희 서강대 교수가 단언했듯이 임진왜란은 조·일·명 3국 간에 벌어진 동북아시아 국제전쟁이었다. 하지만 임진왜란은 모두가 패자일 뿐 이 전쟁에 승자는 없었다. 왜냐하면 일본은 전쟁을 일으켰던 도요토미 히데요시가 대륙은커녕 조선의 땅 한 평 차지하지 못하고 죽음으로써 모모야마(桃山) 정권은 몰락했고, 도쿠가와 이에야스의 에도(江戶) 막부가 등장했기 때문이다. 이미 저물어가던 명나라도 조선에 지원군을 파병하고 강화를 주도했지만 결국 태정과 정치적 혼란으로 후금(後金-淸)의 누루하치에게 패멸할 수밖에 없었다. 선조의 조선 역시 전 국토가 왜적들에 짓밟히고 인구가 급감하고 농토가 피폐해져 임금이 망명을 시도할 정도로 회복 불능의 치명상을 당했으니 조선이 멸망에 이르지 않은 것이 오히려 이상할 뿐이다. 결국 3국 중 어느 나라도 차별화된 승자는 없었다.

이렇게 조선에서 일어난 임진왜란에 대해 각국의 관점은 서로가 매우 달랐다. 예컨대 조선에서는 이미 오래전부터 연안을 침범하며 약탈을 일삼던 해적 즉 왜구의 침략으로 임진왜란(壬辰倭亂)이라 명했다. 명나라는 자기들을 동아시아의 종주국으로 자처하며 제후국 간의 잘잘못을 가리는 심판자의 역할을 한다는 뜻으로 만력동정(萬曆東征), 위안차오셴(援朝鮮) 등으로 명했다. 일본은 조선침략을 위장하고 대륙진출을 정당화하는 뜻으로 분로쿠게이초노에키(文祿慶長の役) 또는 임진·정유 두 차례의 전쟁을 각각 분로쿠노에키(文禄の役), 게이초노에키(慶長の役)로 구분하여 명했다. 이 전쟁은 그 참여 규모와 피해 정도로 따졌을 때 의심의 여지없이 16세기에 일어난 최대의 국제전쟁이었다.

임진왜란 직전의 조선의 군사력을 보자. 조선왕조는 건국 후 200여 년간 이렇다 할 전란을 겪지 않아 상비군 체제인 진관체제(鎭管體制)에서 병농일치의 예비군 체제인 제승방략(制勝方略)으로 전환된 상태였다. 여진족과의 다툼이 빈번한 북부지방과 남부의 수군은 상비군이 유지되었지만 기타 지방에서는 문서상으로만 병력이 존재할 뿐 실제로는 군역을 부과하지 않거나, 대역인을 세우고 군포를 납부하도록 하는 방군수포제(放軍收布制)가 관행적으로 이루어지고 있었다. 기병의 경우에는 상비군으로서 그나마 많은 경험을 가지고 있었지만, 임진왜란에서 주력을 담당했던 보병의 경우에는 병력의 질이 매우 떨어졌다.

전쟁의 조짐이 점점 분명해지자 선조는 여러 면에서 군비를 강화하고 여러 무장을 발굴하고 성곽을 보수하고 해자를 파는 등 노력을 기울였으나, 200여 년이나 태평성대를 누렸으며 특히 경상도 등 남부지방은 그 이전 수백 년 전부터 전란을 입은 경험이 없었기에 많은 마찰이 있었다. 경상감사 김수와 전라감사 이광이 선조의 명을 받고 성곽을 수리하고 병기를 정비하는 등 전쟁 준비를 서두르자 지방에서는 부역이 너무 가혹하다는 상소가 빗발쳤고 탄핵까지 받을 지경에 이르렀다.

1591년 음력 3월 통신사 편에 보내온 도요토미의 답서에는 정명가도(征明假道)의 문자가 있어 그 침략의도가 분명했으나 사신의 보고는 일치하지 않았다. 정사 황윤길은 "반드시 병화(兵禍)가 있을 것"이라고 하고, 부사 김성일은 이에 반대하여 "그러한 정상이 없는데, 황윤길이 장황하게 아뢰어 민심을 동요시킨다."고 하였다. 조신 간에 의견이 분분하였고 서장관이었던 동인인 허성까지 나서 황윤길의 입장을 옹호했으나 당시 집권세력으로 백성들의 동요를 원하지 않았던 동인이 주도권을 잡고 있었던 조선 조정은 김성일의 의견을 좇게 되었다.

그러는 동안 일본의 침략계획은 무르익어 전쟁을 통하여 연마한 병법, 무예, 축성술, 해운술 등을 정비하고 있다는 사실을 빈번한 일본 사신을 통하여 짐작하게 되었다. 조정은 김수, 이광, 윤선각 등으로 무기를 정비하고 성지(城池)를 수축하고 신립, 이일로 하여금 변비(邊備)를 순시케 하여 요충지인 영남지방에 많은 힘을 기울였으나 별다른 성과가 없었다. 천행으로 전라좌수사 이순신만이 유비무환의 준비태세를 갖추고 있었다. 급기야 1592년 4월 13일 도요토미 히데요시는 고니시 유키나가를 앞세워 대대적으로 조선을 침략했다.

일본군은 4월 14일 부산진을 함락시킨 뒤 일사천리로 내달려 불과 20일 만에 도성을 붕괴시키고, 개성을 넘어 60일 만에 평양까지 도달하는 일방적 승리를 거두면서도 지속적으로 화의교섭을 제의해왔다. 이유는 점령지역 확대로 인한 군수물자 부족과 자신들이 동원한 병력으로는 도저히 광범위한 전선을 장악하기 어렵다는 판단 때문이었다. 당시 이런 상황을 잘 나타내주는 증거가 있다. 일본군 제7번대 모리 데루모토(毛利輝元)가 북진하며 성주(星州)에 착진했을 때 사신(私信)을 9개 조로 해서 본국에 보낸 것인데, 그 내용에서 출진 당시의 조선관(朝鮮觀) 및 전쟁현황 등을 잘 보여주고 있다. 특히 제3조에서는 조선군은 약(弱)하고 일본의 1, 2번대는 일찍이 조선왕조의 도성인 한성을 함락하고 국왕은 파천했다고 보고한 내용을 요약하면 다음과 같다.

> 예상 이상으로 조선국토가 넓은데 놀랐고, 이 군세로 이곳을 다스리기에는 곤란하다. 거기에다 언어가 통하지 않는다. 도요토미 히데요시는 조선만이 아니고 명국까지 정복하겠다고 호언하지만 이것은 있을 수 없는 노릇이다. 본인이 이곳에 와보면 일목요연하게 알 수 있을 것이다. 이 나라의 민중은 우리 일본군을 왜구(倭寇)라 생각하고, 적은 수로 지나다니면 반궁(半弓)으로 습격해온다. 재지(在地) 미곡의 저축은 많아 일본군은 병량미에 부족함이 없으나, 송두리째 강징당한 조선인은 기아에 고통받고 있다. 일본병은 구걸하는 조선인을 사정없이 베어버리고 있다. 그것은 차마 눈을 뜨고 볼 수 없는 참상이다.(新增東國輿地勝覽, 慶尙道·星州牧條)

임진왜란은 모두가 패자뿐인 전쟁이었다. 명나라는 조선의 종주국이라는 명분을 유지하면서도 자국의 전력약화를 원하지 않았기 때문에 오히려 꽁무니를 빼면서 강화회담에만 열을 올렸다. 일본 또한 해전의 연패, 의병의 공격 등으로 병력과 병참 등 보급이 차단된 상황에서 설상가상 명군의 지원으로 전세가 불리해지자 협상에 임하긴 했지만 여전히 침략야욕을 불태우며 거짓과 기만으로 조·명을 희롱했다. 이렇게 조선을 따돌린 채 일·명이 벌이는 강화협상은 졸렬한 잔꾀와 얕은 수작만이 사신을 따라 오가다가 결국 1596년 9월 2일을 끝으로 강화협상은 결렬되고 말았다. 부득이 홀로서

기가 불가했던 조선은 또다시 명나라에 지원군을 요청했지만 다시금 일본군들이 조선의 강토를 짓밟는 전쟁의 소용돌이에 빠지고 말았으니, 이것이 바로 정유재란이다.

조·일·명이 뒤엉켰던 임진왜란과 정유재란에 승자는 없고 오로지 패자만 있을 뿐이다. 무참하게 짓밟힌 조선이 제일 큰 패배자요, 정명(征明)은커녕 조선의 땅 한 쪽도 얻지 못한 채 쫓겨 간 일본도 패배자요, 조선을 도와 일본을 쫓아냈던 명나라도 그 후유증으로 후금의 누르하치에 의해 망국의 길을 걷게 되니 이 또한 패배자다.

무리하게 침략을 감행했던 일본군은 전쟁 초기 1년 만에 도해했던 15만여 군사 중 7만여 군사가 사망했다. 침략 초기에 조선반도를 집어삼킬 것 같던 기세로 함경도 회령까지 진군했던 일본군은 곧바로 평양으로 한성으로 급기야는 경상도 남해안으로 쫓겨나고 말았다. 당초 명나라를 제패하고 중원대륙을 차지하겠다고 정명가도를 외쳤지만 명나라에는 접근도 하지 못했다.

조선은 어떤가? 일본군을 몰아냈다고 승자라 할 수 있는가, 과연 일본군을 몰아낸 것이 조선의 힘이었던가, 비굴하게 읍소하여 명나라의 지원을 받았으니 조선은 사대(事大)에만 의존했을 뿐이다. 부산에 당도했던 침략군이 불과 20여 일 만에 한성에 입성하고, 명색이 임금이라는 선조는 도성과 백성 그리고 종묘사직을 버린 채 도망에 급급했다. 아니 오히려 명나라에 내부(內附)하여 빌붙어 살겠다며 망명을 허락해 달라고 빌고 있었다.

7년전쟁 동안 조선의 강토는 짓밟히고 수많은 장졸들과 힘없는 백성들까지 죽어간 결과 전후 조선의 인구가 반으로 줄었다고 한다. 70만 명이 동원된 이 전쟁은 전쟁으로 인한 사망자가 수십만 명, 기아와 질병으로 인한 사망 및 피해자가 수백만 명, 그리고 10여 만 명의 포로가 발생하였다. 그중 8,000명의 포로를 송환해 오는데 40년, 전후 복구에 50여 년이 걸렸으니 과연 일본군이 물러갔다고 해서 조선이 승리한 전쟁인가? 비록 멸망으로 치닫지는 않았지만 전 국토가 전쟁터가 되고 회복할 수 없는 만신창이가 되고만 조선이었다.

명나라는 어떤가? 만력제가 즉위한 시절부터 고질적인 병폐가 만연했던 명나라는 임진왜란에 참전하여 안 그래도 기울어가는 국력을 더욱 기울게 만들었다. 명나라는 대군을 조선에 파견하여 일본을 패퇴시켰다고는 하나 결국 이 전쟁으로 국력이 소진되어 국가재정이 문란하게 되었다. 이것은 만주의 여진족 후금에게 세력을 팽창시키는 결과를 초래하여 급기야는 명나라와 청나라가 교체되고 말았으니 말로(末路)가 비참한 승자는 결국 패자일 뿐이다.

그럼에도 불구하고 오늘날까지도 임진왜란의 3국들은 모두 자국의 역사관으로 이 전쟁을 미화 또는 왜곡하고 있다. 즉 한국은 이순신의 활약과 의병의 활동으로 왜적을 격퇴시킨 승리의 전쟁으로 해석하고 있으며, 일본은 이 전쟁을 전국시대를 평정했던 도요토미 히데요시가 중국대륙으로 영토확장을 시도했던 위대한 역사의 업적으로 추앙하고 있고, 중국은 종주국의 입장에서 조선을 도와 새로운 패권을 노리던 일본을 패퇴시킨 전쟁으로 대국주의 관점으로 미화하고 있다. 하지만 뭐라고 덮어도 조·일·명 3국에겐 모든 것을 잃기만 했을 뿐 아무것도 얻은 것이 없는 패자뿐인 전쟁이었다.

임진왜란에 과연 승자는 없었나? 오직 한 사람 이순신, 그는 오늘날 한국, 일본, 중국 등 3국에서 공히 역사에 빛나는 승자로 기록되고 있다. 오직 이순신만이 임진왜란의 유일한 승자였다. 이순신이 펼쳐낸 강력한 군사력, 예컨대 정확한 정보력과 신뢰의 단결력으로 이뤄낸 연전연승의 결과는 조선 수군의 완벽한 승리였다. 이순신이 일·명의 장수들에게 해전마다 보여줬던 병법의 전술능력, 상하조직을 일사분란하게 통솔했던 리더의 지휘능력, 조정과 지원군을 향해 거침없이 쏟아냈던 문필의 소통능력 등에서 탁월한 지휘관의 능력을 발휘했던 것이다. 이러한 강력한 위기관리 리더십으로 일본의 승전의지를 분쇄함은 물론 풍전등화 같았던 조선의 운명을 지켜냈으니 누가 뭐래도 임진왜란의 유일한 승자는 조선의 이순신이다.

4부

백의종군 — 외교 — 유성룡

31
파직과 백의종군 : 원칙을 지킨 이순신, 파란만장의 드라마

원칙주의자하면, 이순신을 따를 자가 있을까? 길이 아니면 가지 않았던 이순신, 그가 얼마나 원칙주의자였고 바른생활 사나이였는지 『이충무공전서』 권9를 통해서 연대별로 그 사례를 살펴본다.

기묘년(1579년 35세), 훈련원에 근무할 때에 병부랑(兵部郎, 정5품 병조정랑) 서익(徐益)이 자기와 친한 사람을 차례를 뛰어넘어 참군(參軍, 정7품)으로 올리려 하자 공은 담당관으로서 이를 허락하지 않으며 말하기를, "아래에 있는 자를 건너뛰어 올리면 당연히 승진할 사람이 승진하지 못하게 되니, 이는 공평하지 못할 뿐더러 또 법에도 어긋나는 것입니다."라고 하였다. 병부랑이 위력으로 강행하려 하였으나 공은 끝내 굽히지 않고 따르지 않았다. 병부랑은 크게 화를 냈지만 그러나 감히 마음대로 올리지는 못했다. 이 일로 훈련원 사람들이 말하기를 "아무개는 병부랑이면서도 훈련원의 일개 봉사(奉事, 종8품)에게 굴복하였다." 하니 서익이 공을 미워하는 마음을 심히 품게 되었다.

결국 이 사건은 3년 후 이순신이 파직당하는 후환으로 돌아왔다. 이순신이 1580년 7월 발포만호(종4품)가 되어 근무하고 있을 때, 서익이 1982년 1월 군기 경차관이 되어 발포에 내려왔다. 이순신에게 인사청탁을 했다가 망신을 당했던 서익이 군기검열을 하러 온 것이다. 앙심을 먹고 달려든 검열이니 무사할 리가 없었다. 결국 군기보수를 제대로 하지 않았다는 무고로 이순신이 파직을 당했으니 이것이 첫 번째 파직이다. 다행히 그해 5월에 훈련원봉사로 복직되었지만 직급은 종4품 만호에서 종8품 봉사로 무려 8등급이나 강등당한 것이다. 원칙을 지킨 대가치고는 너무나도 컸다.

기묘년(1579년 35세), 공이 훈련원 봉사(종8품)로 있을 때에 병조판서 김귀영(金貴榮)이 자기 서녀(庶女)를 공에게 첩으로 주려고 하였다. 그러나 공은 말하기를 "나는 이제 갓 벼슬길에 올랐는데 그런 내가 어찌 권세가의 집 대문에 발을 들여놓을 수 있겠는가?" 하고는 그 자리에서 중매를 돌려보냈다.

말단 초급장교(종8품)에게 병조판서(정2품)가 장인이라면 출셋길이 확 트인 것 아닌가? 그러나 굴러들어온 복도 차버린 이순신이다.

기묘년(1579년 35세), 또 그해 10월 겨울에 공이 충청병사(忠淸兵使)의 군관이 되었는데, 그가 거처하는 방에는 다른 아무 것도 없고 다만 옷과 이불뿐이었다. 그가 부모님을 뵈러 귀향하게 되는(覲親) 때에는 반드시 남은 양식을 양곡관리 담당자에게 돌려주니 병사(兵使)가 듣고 경의를 표하였다. 또 어느 날 저녁에는 병사가 술에 취해서 공(公)의 손을 끌고 어느 군관의 방으로 가자했는데 그 사람은 병사와 평소부터 친한 이로 군관이 되어 와있는 사람이다. 공은 대장으로서 군관을 사사로이 가 본다는 것은 마땅하지 않다고 생각하여 짐짓 취한 척 병사의 손을 붙잡고 "사또, 지금 어디를 가자하십니까?" 하고 말하자 병사가 깨닫고 주저앉으며 "내가 취했군, 취했어." 하였다.

병영에서 휴가 가고 없는 병사들까지 부대 식수인원으로 보고하여 그 양식을 빼돌렸던 지휘관들이 있었다. 하지만 400년 전 근친(覲親), 즉 부모님을 찾아뵙는 휴가를 다녀온 후 휴가비로 받았던 양곡이 남았다고 반납하는 사람이 있었으니 바로 이순신이다. 단 한 톨의 양식이라도 국가의 공물을 헛되이 쓰지 않겠다는 이순신, 상관의 언행에 어긋남이 있을 때 직언과 충언을 서슴지 않았던 이순신, 그야말로 공직자의 표상이었다.

경진년(1580년 36세), 발포만호로 있을 때였다. 그때 좌수사 성박(成鎛)이 사람을 보내어 객사 뜰에 있는 오동나무를 베다가 거문고를 만들고 싶어 했으나 공은 허락하지 않으며 말했다. "이것은 관가의 물건이다. 그리고 심은 지 여러 해된 나무를 어떻게 하루아침에 베어버릴 수 있겠느냐?" 하고 돌려보냈다. 수사가 그 말을 듣고 크게 성을 내었으나 그래도 감히 베어 가지는 못했다.

오동나무 한 그루도 함부로 벨 수 없다는 저 꼬장꼬장함이라니, 더구나 이와 같이 큰 나무가 성장하는 데 얼마나 많은 시간이 걸리겠는가 하고 훈계까지 해서 돌려보냈으니 직속상관인 전라좌수사가 느꼈을 모욕감이 어떠했겠는가?

임오년(1582년 38세), 다시 훈련원에서 일을 보게 되었다. 정승 유전(柳琠)이 공에게 좋은 화살통(箭筒)이 있다는 말을 듣고 공이 활을 쏘는 기회에 불러 그것을 자기에게 달라고 요구했다. 공이 엎드려 공손히 말하기를, "화살통을 드리는 것은 어렵지 않사오나 대감께서 받으시는 것을 보면 사람들이 무어라 할 것이며, 또 소인이 바치는 것을 보면 사람들이 무어라 하겠습니까? 화살통 하나 때문에 대감과 소인이 함께 더러운 지탄을 받게 된다면 이는 심히 미안한 일이옵니다."라고 하자, 유 정승도 "그대의 말이 옳도다." 하였다.

사실 이때는 서익의 무고로 파직당한 후 훈련원 말단으로 복직한 시점이었기 때문에 정승에게 직접 억울함을 호소할 수도 있는 절호의 기회였다. 그러나 그깟 화살통 하나조차 뇌물이라 거절하니 그 정승의 민망함이 과연 어떠했겠는가?

임오년(1582년 38세), 성품이 본래 분주히 찾아다니는 것을 좋아하지 않아 서울에서 나고 자랐지만 알아주는 이가 드물었다. 서애 류성룡(柳成龍)만이 같은 동리에 살던 어릴 적 친구여서 언제나 장수의 재목이라고 알아주었다. 율곡 이이(李珥)가 이조판서(銓相)로 있으면서 공의 이름을 듣고 또 같은 성씨(德水李氏)임을 알고서 서애를 통하여 한 번 보기를 청하였다. 서애가 한 번 찾아가보라고 권했지만 공은 "나와 율곡이 같은 성씨이니 만나볼 수도 있겠지만 그분이 이조판서로 있는 동안에 만나보는 것은 옳지 못하다." 하고 끝내 찾아가지 않았다.

이때가 언제인가? 발포만호 종4품에서 종8품 훈련원봉사로 강등되어 울분을 되새기고 있을 때다. 심리적으로 엄청난 스트레스를 받고 있을 때에 관료들의 인사를 총괄하는 이조판서가 만나보자고 한다. 얼마나 좋은 기회인가, 게다가 종씨라니 끝내주는 혈연 아닌가? 그러나 이순신은 언제나 공사를 구분할 줄 아는 원칙주의자, 절대로 배나무 밑에서는 갓끈을 고쳐 매지 않고, 오이 밭 옆에서는 짚신을 고쳐 신지 않는다(李下不整冠 瓜田不納履).

스스로 거리를 유지하는 이순신이다.

> 기축년(1589년 45세), 12월에 정읍현감(종6품)이 되었다. 그때 조대중(曺大中)이 도사(都事 종5품)로 있으면서 편지로 공에게 안부를 물어왔다. 공 역시 본도 도사의 편지인지라 답장을 하지 않을 수 없어 글을 써 보냈다. 그 뒤 조대중이 역모의 죄에 걸려 그 집 서적들을 모조리 수색당하고 압수당하게 되었다. 그때 공도 마침 차사원(差使員)으로 상경하다가 길에서 금오랑(金吾郎, 금부도사)을 만났는데, 그는 본래 공과 서로 아는 사이였다. 그가 공에게 이르기를, "조대중의 수색물 가운데 공의 편지도 들어 있었소. 공을 위해서 뽑아 버리는 게 어떻겠소?" 하고 물었다. 공이 말하기를 "아니오. 지난날 도사가 내게 편지를 보냈기에 답장을 하면서 다만 서로 안부를 물어볼 따름이었소. 또 이미 수색물 속에 들어 있는 것을 사사로이 뽑아 버리는 것은 옳은 일이 아니오." 하였다.

이른바 정여립 역모사건(1589년 기축옥사)으로 그 일족이 모두 처형당하고 그와 친분관계에 있는 1,000여 명이 죽임을 당하는 공포 상황이었다. 단지 편지왕래를 했었다는 이유만으로도 자칫 엄청난 화를 당할 수 있음이었다. 그럼에도 불구하고 자기의 편지를 빼내주겠다는 제의를 '있을 수 없는 일'이라며 일언지하에 거절하는 이순신이다. 저 당당함이라니 과연 소인배들이 할 수 있는 일은 아니다.

그러나 모난 돌이 정 맞는다고 했던가? 이순신이 이렇게 법과 원칙만 따지고 꼬장꼬장했으니 얼마나 미워하는 사람들이 많았겠는가. 공자의 『명심보감(明心寶鑑)』에도 물이 너무 맑으면 물고기가 살지 않고, 사람이 너무 따지고 살피면 친구가 없다고 했다(水至淸則無魚 人至察則無徒). 당연히 안티 이순신도 많았다. 이순신은 모함과 음해, 시기와 질투로 세 번의 파직과 두 번의 백의종군을 당했다. 모두 원칙에 맞지 않는 지시를 거절했거나 법규에 맞지 않는 명령을 거부했기 때문이다. 하지만 진실은 영원한 것, 정의는 이기는 것, 다행히 조정에는 이렇게 법과 원칙을 지키는 이순신을 높이 평가하는 대신들도 많았다.

예컨대 유성룡의 전라좌수사 천거, 정탁의 신구차 상소, 정언신의 무신 불차탁용 추천, 이원익의 정유년 구명운동, 이항복의 삼도수군통제사 재임명 천거 등 양심 있는 세력들도 많았기 때문에 오히려 이순신은 신뢰를 얻고 나라에 위기가 닥칠 때마다 등용되었다. 임진왜란 직전 종6품 정읍현감에서 7계단을 뛰어넘어 정3품 전라좌수사가 되었고, 정유재란에서는 억울하게 파직당한 삼도수군통제사에 또다시 오를 수 있었다. 이순신이 그랬던 것처럼 법과 원칙을 지키는 리더가 마음을 얻는다. 리더가 먼저 법과 원칙에 따라 사고하고 행동한다면 어떤 위기가 닥쳐와도 믿고 따르는 지도자가 될 것이다. 어떤 기회가 다가와도 믿고 부르는 지도자가 될 것이다.

32
군율 : 28번의 사형 집행, 도망병을 참수하라!

'깨진 유리창 이론(Broken Windows Theory)'으로 유명했던 제임스 윌슨(James Quinn Wilson)이 2012년 3월 2일 타계했다. 그의 이론은 한마디로 도시 건물의 깨진 유리창을 그대로 방치하면 범죄가 늘어난다는 주장이다. 깨진 유리창과 범죄가 무슨 상관이 있을까? 1980년대까지만 해도 미국 대도시 슬럼가의 빈 건물들은 유리창이 깨진 채 방치돼 있는 것이 보통이었다. 이런 환경에서는 사람들의 마음이 질서에 대해 점점 무감각해지고 거칠어져 범죄 심리를 유발한다는 것이다.

전 뉴욕시장 루돌프 줄리아니(Rudolph W.L.Giuliani III)는 그의 이론을 받아들여 대대적인 도시 쇄신운동을 벌였다. 그 덕분에 뉴욕은 범죄 없는 도시로 변모해갔다. 사람의 마음이란 그런 것이다. 깨끗한 곳에 가면 휴지 한 장 떨어뜨리는 것도 조심스럽지만 지저분한 곳에 가면 나도 똑같이 무심하게 되는 것이다. 사소한 무질서를 방치하면 큰 문제로 이어질 가능성이 높다는 의미를 담고 있다. 깨진 유리창이 있다면 즉시 바꿔 끼워야 한다. 그러나 이미 조선시대에 깨진 유리창을 바꿔 끼우는 전문가가 있었으니 바로 이순신이다. 깨진 유리창 이론을 몰랐어도 장졸들의 심리를 꿰뚫었던 이순신은 범죄의 단초가 보이는 즉시 애초에 싹을 잘라버리는 범죄예방전문가였다.

『난중일기』를 읽다 보면 이분이 과연 우리가 알고 있는 이순신이 맞는지, 사랑과 포용으로 부하들을 감싸주던 그분이 맞는지 의아스러울 때가 있다. 소름끼치도록 무섭게 죄를 다스리는 모습 때문이다. 이순신은 군졸은 물론 장수 즉 첨사(종3품) 만호(종4품)까지 불러다 곤장을 쳤다. 종4품 이상이면 무관의 품계로 이미 장군(將軍)의 반열이다. 현재의 계급으로도 대대장(중령), 연대장(대령), 여단장(준장) 정도의 장수들에게 시쳇말로 '빠따'를 치는 이순신이다. 이렇게 엄격하게 다스리는 이순신의 군형법 집행통계는 『난중일기』의 기록으로 모두 96회, 123건이다. 사형 28건, 징역형 36건, 곤장 44건, 구속, 감금, 심문이 15건이다. 그중에서도 특히 도망병만큼은 끝까지 추적하여 붙잡아 그대로 효시(梟示)! 목을 잘라 장대에 높이 매달아 뭇사람에게 보였다. 탈영병의 참수(斬首)는 다음과 같이 출전하기 전날부터 전쟁 내내 계속되었다. 효시를 통해서 철저히 탈영을 경계시킨 것이다.

임진일기(1592) 5월 3일, 아침 내내 가랑비가 내렸다

이날 여도수군 황옥천(黃玉千)이 왜적의 소식을 듣고 집으로 도망갔는데, 잡아다가 목을 베어 군중 앞에 내다 걸었다.

계사일기(1593) 2월 3일, 맑음

이날 영남(嶺南)에서 옮겨온 귀화인 김호걸(金浩乞)과 나장 김수남(金水男) 등이 명부에 오른 격군 80여 명이 도망갔다고 보고하면서도 뇌물을 많이 받고 붙잡아 오지 않았다. 군관 이봉수, 정사립 등을 몰래 파견하여 70여 명을 찾아서 잡아다가 각 배에 나누어 주고 김호걸, 김수남 등은 그날로 처형했다.

계사일기(1593) 6월 8일, 잠깐 맑더니 바람이 순하지 못했다

각 고을의 담당서리 11명을 처벌했다. 옥과의 향소(鄕所)는 전년부터 군사를 다스리는 일을 신중히 하지 않은 탓에 결원을 많이 내어 100여 명에 이르렀는데도 매양 거짓으로 대답했다. 그래서 오늘 사형에 처하여 효시(梟示)하였다.

계사일기(1593) 7월 13일, 맑음

순천의 거북선 격군으로서 경상도 사람인 종 태수(太守)가 도망치니 붙잡아다 처형시켰다.

갑오일기(1594) 7월 26일, 맑음

늦게 녹도만호(宋汝悰)가 도망간 군사 8명을 잡아왔기에 그중 주모자 3명은 처형하고 나머지는 곤장을 쳤다.

갑오일기(1594) 8월 26일, 맑음

흥양의 포작 막동(莫同)이란 자가 장흥의 군사 30명을 몰래 배에 싣고 도망간 죄로 목을 베어 효수(梟首)하였다.

병신일기(1596) 7월 16일, 새벽에 비가 오다가 늦게 갰다

이날 충청도 홍주의 격군으로서 신평에 사는 노비 엇복(㪚卜)이 도망하다가 붙잡혀 수금되었기에 처형하여 효수하였다.

실로 끔찍하다. 탈영을 했다 하면 무조건 목을 잘라 장대에 높이 매달았다. 왜 이렇게 소름끼치게 매서웠을까? 무엇이 이토록 잔인한 처형을 불러왔을까? 이순신은 저승사자일까? 아니다. 전쟁이라는 특수상황 때문이었

다. 현재의 군법으로도 적전(敵前)시 탈영(군무이탈죄)은 사형, 무기 또는 10년 이하의 징역형이다. 임진왜란, 가뜩이나 공포, 기아, 역질, 부역 등으로 도망병이 늘고 있으니 단 한 사람의 탈영병이라도 묵과한다면 탈영은 봇물 터지듯 이어질 것이다.

내가 월남전쟁에 참전했을 때다. 나는 강원도 오음리에서 파월교육을 받을 때부터 주월 한국군사령부로 발령을 받았다. 그러나 부산항 제3부두를 출항해 캄란 야전사령부에 도착했을 때 나의 운명은 뒤바뀌고 말았다. 맹호사단 기갑연대로 발령이 난 것이다. 앙케패스 작전으로 병력수요가 급증한 데 따른 긴급충원이었다. 사이공은커녕 사단사령부도 아니고 최전방 기갑연대라니, 아! 과연 살아서 돌아갈 수 있을까? 보충대에서 낙심천만하고 있던 어느 날, 다른 전우들과 함께 이동을 하던 중 혼자서 대열을 이탈하게 되었다. 전투병으로 야전에 투입된다는 상심에 빠져 넋을 놓고 걷다가 잠시 대열을 벗어나 길을 잃었던 것이다. 얼마 되지 않아 없어진 나를 찾아 보충대가 발칵 뒤집혔다. 그날 인솔대장에게 그 자리에서 맞아 죽는 줄 알았다. 얼마나 단물나게 맞았던지 혼절할 정도였다. 내가 탈영한줄 알았다는 것이다. 인솔대장 왈, "여기는 전쟁터다. 너 혼자 돌아다니다 어느 순간에 죽을지 모른다. 절대 개인행동을 하지 마라! 무조건 먼저 온 선임병의 지시에 따라야만 살아서 돌아갈 수 있다."

이것이 전쟁터다. 조그만 규율이라도 흐트러지면 일사불란한 리더십을 발휘할 수 없다. 이순신이 일벌백계를 하지 않으면 안 되는 이유였다. 이순신이 군영을 이탈한 죄 다음으로 엄격히 다스린 죄가 근무를 태만한 죄다. 예컨대 군기 검열에서 훼손이 많고 보수를 제대로 하지 않은 죄(1592년 3월 6일), 탐후선이 늦장을 부려 5일 만에야 돌아온 죄(1593년 6월 18일), 경상수사의 군관(고경운)과 색리가 지휘에 응하지도 않고 적의 변고도 보고하지 않은 죄

(1594년 4월 16일), 하동현감(성천유)과 해남현감(최위지)이 두 번이나 약속기일을 어긴 죄(곤장 각 90대와 10대, 1595년 4월 29일), 광양의 김두검이 복병으로 나갔을 때 순천, 광양 두 수령에게서 이중으로 월급을 받고도 오만한 죄(곤장 70대, 1595년 5월 15일) 전라우수사(이억기)가 작전상 중요한 때에 본도로 돌아가려고 작심한 죄(군관 및 도훈도에게 곤장 70대, 1596년 2월 30일), 장수들이 약속한 기일을 지키지 않은 죄(해남현감 유형, 임치첨사 홍견, 목포만호 방수경에게 곤장, 1596년 3월 1일) 등이다.

또한 이순신은 백성을 해치는 군인도, 군인을 해치는 백성도 용서하지 않았다. 전쟁은 나라를 지키는 것이며 곧 백성을 지키는 것인데 도리어 백성들에게 피해를 끼치는 것이나 백성들이 군의 작전에 훼방을 하는 것은 모두 왜적들이 하는 짓과 무엇이 다르겠는가? 이는 절대로 용서할 수 없는 일로 중죄를 물어 경계했다. 예컨대 토병 박몽세가 쇠사슬 박을 돌 뜨는 곳에 갔다가 이웃집 개에게까지 피해를 끼친 죄(곤장 80대, 1592년 1월 16일), 경상수사 군관이 명나라 장수 장홍유를 접대할 때 여자들에게 떡과 음식물을 이고 오게 한 죄(1594년 8월 4일) 등을 엄히 다스리고 있다. 역으로 백성들이 함부로 작전구역에 들어서거나 작전수행을 방해하는 일 역시 무섭게 다스렸다. 예컨대 견내량에서 24명의 어부가 고기를 잡으러 경계선을 넘어선 죄(곤장, 1594년 11월 12일), 당포의 어부가 피난민의 소 두 마리를 훔쳐 끌고 가면서 "왜적이 왔다. 왜적이 왔다."라고 거짓말을 하면서 헛소문을 퍼뜨린 죄로 두 사람을 잡아다가 곧 목을 베어 효시(梟示)하니 군중의 인심이 크게 안정되었다(1597년 8월 25일).

이순신은 참 무섭게 다루었다. 참수(斬首), 목을 잘라 효시(梟示)하거나 죽을 만큼 곤장을 쳤다. 일기에는 곤장을 70대, 80대, 90대를 쳤다고 했는데 이는 곧 죽음을 의미한다. 이순신을 구명하기 위한 정탁의 신구차(伸救箚)에서도 곤장의 위력을 언급하는데 "얼추 죄인들이 한 번 심문을 거치고는 그대로 상하여 쓰러지고 말아, 설사 좀 더 밝혀줄 마음이 있어도 이미 목숨이 끊어진 뒤였다."라고 할 정도로 치명적이었다. 이렇게 이순신의 '필벌의 원칙'은 '깨진 유리창'의 교체였다. 도망병들은 끝까지 추적해서 참수해버린다는 발본색원의 메시지, 태만하고 오만하여 명령을 듣지 않는 장졸들은 가차없이 곤장으로 처벌한다는 일벌백계의 메시지는 천금의 무게로 다가오는 무언의 리더십, 행동으로 보여주는 통섭의 리더십, 바로 행동의 협상력이다. 단 한 장의 유리창이라도 깨져서는 안 되고 그러나 깨진다면 즉시 바꿔 끼우는 행동의 힘이 발휘되어야 하는 이유였다.

33

첩보 : 이순신의 전쟁은 첩보전의 승리다

임진왜란은 정보전쟁이었다. 이순신이 공부했던 『손자병법』도 용간편(用間篇)에서 정보전에 승리하는 자가 마지막 승자가 된다고 했다. 그래서 총명한 군주, 유능한 장수라면 지략이 뛰어난 사람을 간첩으로 활용할 수 있어야 한다며 다섯 가지 용간술(用間有五)을 기록하고 있다. 즉 적지의 일반인을 간첩으로 활약시키는 인간(因間 또는 鄕間), 적국의 벼슬아치를 간첩으로 포섭하는 내간(內間), 적의 간첩을 이중간첩으로 역이용하는 반간(反間), 죽음을 무릅쓰고 허위정보를 전달하는 사간(死間), 생사를 걸고 적지를 넘나들며 활동하는 생간(生間) 등이다.

이는 곧 어떤 사람으로 간첩을 선발해야 하는지, 어떤 방법으로 간첩을 운용해야 하는지, 어떤 방식으로 간첩을 관리해야 하는지를 가르치는 것이다. 통신매체나 정보기술(IT)이 없었던 당시로서는 모든 정보를 간첩에게 의존할 수밖에 없었고, 실제로 임진왜란에서 펼쳐졌던 정보전도 대부분이 용간에 해당되는데 대표적인 예가 조·일·명 3국을 넘나들며 암약했던 명의 생간(生間) 사세용, 거짓정보를 흘려 이순신을 죽음으로 내몰았던 일본의 반간(反間) 요시라 등이다. 그렇다면 이순신이 실천했던 정보전쟁, 용간의 사례를 살펴보기로 한다.

다음은 망산(望山)에서 망군(望軍)을 활용한 사례들이다. 이외에도 이순신이 망산(望山)에서 탐망군(探望軍)을 활용하여 사전정보를 입수했던 곳은 한산도에서 제일 높은 산 망산, 통영의 제승당 입구 왼쪽에 고동을 불어 알렸다는 고동산, 전라좌수영이 있었던 여수시 시전동 뒷산인 망마산, 진도 벽파진에서 감보도 앞바다를 탐망하던 망산 등이다. 또한 이순신은 탐망선(探望船)을 적극 활용했는데 계사년(1593) 장계에 의하면 "신이 거느린 함선은 전투함이 42척이고 정탐용 작은 배가 52척입니다."라고 했다. 전투함보다 정탐용이 더 많았다는 사실을 보면 이순신이 일본군의 정보파악에 올인했다는 것을 알 수 있다.

갑오일기(1594) 3월 3일, 맑음

벽방의 망장(望將)이 보고한 내용에 '왜선 6척이 오리량, 당항포 등지에 들어와 흩어져 정박해 있다'고 한다. 바로 우조방장 어영담이 거느리고 적을 무찌르도록 했다.

갑오일기(1594) 3월 6일, 맑음

새벽에 망군(望軍)이 보니 적선 40여 척이 청슬로 건너온다고 했다. 당항포의 왜선 21척을 모두 불태웠다는 긴급보고가 왔다.

정유일기II(1597) 8월 26일, 맑음

어란 바다에 머물렀다. 늦게 임준영(任俊英)이 말을 타고 달려와서 보고하기를 '적선이 이미 이진(梨津)에 이르렀다'고 했다.

정유일기II(1597) 9월 7일, 맑음

탐망군관 임중형(林仲亨)이 와서 보고하기를 '적선 55척 가운데 13척이 이미 어란 앞바다에 도착했는데, 그 목적이 필시 우리 수군에 있는 것 같다'고 하였다.

피난민 등 일반 백성들로부터도 정보를 입수했다. 이 정보를 바탕으로 임진년 6월 5일 당항포해전에서 적선 28척을 분멸시켰으며, 73척 중 59척을 분멸했으니 임진년 7월 8일 역사에 빛나는 견내량, 한산도대첩이다.

4일 이른 아침에는 당포 앞바다로 옮겨 진을 치고 소선으로 하여금 적선을 탐망하게 하였는데 사시쯤 당포에 사는 토병(土兵) 강탁(姜卓)이라는 사람이 산으로 피난 갔다가 멀리서 신들을 바라보고 매우 기쁜 모양으로 달려와서 보고하기를, "그날 당포 바깥바다에서 쫓겨 간 왜선은 오늘 거제로 향했습니다." 했다.(唐浦破倭兵狀, 1592년 6월 14일)

7일 고성땅 당포에 이르자 피난하여 산으로 올랐던 그 섬의 목동(牧童) 김천손(金千孫)이 신 등의 함대를 바라보고 급히 달려와서 보고하는 내용에, "적의 대·중·소선을 합하여 70여 척이 오늘 하오 2시쯤 영등포 앞바다로부터 거제와 고성의 경계인 견내량에 이르러 머무르고 있습니다." 하였으므로 8일 이른 아침에 적선이 머무르고 있는 곳으로 배를 띄웠습니다.(見乃梁破倭兵狀, 1592년 7월 15일)

일본군의 포로가 되었던 자들로부터도 정보를 수집했으나 이중간첩일 가능성에 대해서도 신중했다. 경상우수사의 군관 제만춘이 임진년 9월 정찰명령을 수행하다 일본군에게 사로잡혀 일본으로 들어갔다. 그가 도망쳐 와서 8월 15일 진중에 이르자 이순신이 그를 심문하여 얻어낸 일본군의 정세를 장계로 보고하는 내용이다. 이순신은 제만춘이 수집해온 정보를 공유하는 한편, 그가 이중간첩일 가능성이 크다고 판단하고 자신이 의심하는 바를 소상히 전하고 있다.

> 제만춘은 무과 출신 장수로서 반항도 없이 사로잡혀가 도리어 왜인의 심부름꾼이 되었고, 또 왜국까지 가서 도요토미 히데요시의 서사 반개(半介)와 같이 기거하며 문서 맡는 소임을 하였으니 신하된 의리와 절개는 땅에 떨어졌다 할 것입니다. 더구나 글을 잘하고 사리를 아는 사람으로서 도요토미 히데요시가 있는 곳에서 반년이나 머물면서 간사한 적들의 정세와 모책을 상세히 정탐하지 않은 것이 없으니, 마치 간첩으로 보낸 사람 같기도 합니다. 격군 12명을 데리고 도망쳐온 것을 보면 가련하기도 하나 정확한 조정의 판단을 위해 장계와 함께 제만춘을 올려 보내고자 경상우수사 원균과 의논하였습니다.(登聞被擄人所告倭情狀, 1593년 8월)

조선군의 포로가 된 자로부터 정보를 수집하는 등 항왜(降倭)를 백분 활용했다. 세계해전사에 빛나는 13척 대 133척의 명량대첩의 사례를 보자.

> 투항한 왜인 준사(俊沙)는 안골에 있는 적진에서 투항해온 자인데, 내 배 위에 있다가 바다를 굽어보며 말하기를, "무늬 놓은 붉은 비단옷 입은 자가 바로 안골진에 있던 적장 마다시(馬多時)입니다."라고 말했다. 내가 김돌손(金乭孫)을 시켜 갈고리로 낚아 뱃머리에 올리게 하니 준사가 날뛰면서 "이 자가 마다시입니다."라고 하였다. 바로 "시체를 토막 내라!" 명령하니 이를 본 적의 사기가 크게 꺾였다. 전세는 역전되고 왜군들은 오합지졸 순식간에 31척이 분멸하고 나머지 100여 척이 파괴된 채 도망하니 다시는 가까이 오지 못했다.(정유일기II 1597년 9월 16일)

포로를 잡은 백성들은 특별히 포상하며 더욱 권장했다. 이순신은 일본군으로부터 지휘관이 누구인지, 병력과 전선의 규모가 얼마인지 그리고 주둔지와 이동경로가 어디인지를 파악하고 있었다. 또한 이 장계에서 주목할 것은 포상의 목적이 포로를 잡은 것은 물론 앞으로도 포로 잡기를 권장하는 데 있다 할 것이다.

> 견내량의 중요한 곳에 장소를 정하여 매복시켰는데, 이달 윤11월 3일 복병장(伏兵將) 나대용(羅大用)이 정찰 나온 왜인 1명을 사로잡았기에 심문한 내용입니다. 왜인의 이름은 망고지(亡古之, 마고시치 孫七), 나이는 35세입니다. 이 포로를 잡는 데 공을 세운 가난한 백성, 세금(世今), 금대(今代), 덕지(德只) 등 3명의 여인들이 다른 사람들과 달리 피신하지 않고 오히려 협력하여 포로를 잡았으니 양식을 지급하여 포상함으로써 다른 사람들에게도 권장해야 할 것입니다.(登聞擒倭 所告倭狀, 1597년 윤11월 17일)

이순신은 정보를 혼자 독점하지 않았다. 정보의 공유로 정보의 가치를 재생산했다. 자신이 운영하는 탐망군, 탐망선, 현지백성, 조선에 투항한 일본군, 일본군의 포로가 되었던 조선군 등으로부터 수집한 정보를 지속적으로 조정에 보고했다(陳倭情狀 1593년 8월 10일, 1594년 1월 5일, 1594년 3월 10일, 1594년 4월 20일). 이는 장수와 군주가 정보공유를 통해서 전술전략 판단에 가치 있는 정보로 재생산하기 위한 노력이었다. 이순신에게 있어 정보는 싸워야 할 경우와 싸워서는 안 될 경우를 판단하는 기준이었고(知可以戰與不可以戰者勝), 먼저 승리의 여건을 만들어 놓고 전쟁을 하는 선승구전(勝兵先勝而後求戰)의 원천이었다.

34 강화 : 명과 일본, 7년전쟁 중 4년 동안 강화협상을 하다

임진왜란은 협상전쟁이었다. 임진왜란은 동북아시아의 질서를 재편하는 조·일·명 3국 간 국제전쟁이었지만 약 7년에 이르는 기간 중 치열했던 전쟁은 초기 임진·계사(1592년 4월~1593년 4월) 약 1년과, 후기 정유·무술(1597년 1월~1598년 11월) 약 2년을 제외한 4년이란 세월을 강화회담에 소비했던 협상전쟁이었다. 조선을 침략한 일본과 조선을 지원한 명나라는 서로 간에 아무것도 빼앗을 수 없다는 현실적 난관에 부딪히면서 바야흐로 강화협상이 시작되었다. 물론 조선은 일방적 피해자의 입장에서 당연히 강화협상을 반대했지만 그러나 이미 주도권을 상실한 채, 일·명 간에 진행되는 양자협상을 식물인간처럼 지켜볼 수밖에 없었다. 결국 이 협상은 무려 4년 넘게 지속되면서 오히려 전쟁을 교착상태로 몰고 가는 결과를 초래하고 말았으니 그것은 이 전쟁을 바라보는 3국의 입장 차이가 확연히 달랐기 때문이다.

1592년 4월 13일, 평화로웠던 조선반도에 비명이 울려 퍼졌다. 조선건국 후 200년 동안 누려왔던 태평성대의 세월에 피눈물을 뿌리고 있었다. 4월 14일 아침 일본군들이 순식간에 부산진성을 함락시켰다. 다음날 4월 15일 동래성마저 무너트렸다. 그리고 고니시 유키나가는 포로로 잡은 울산군수 이언성을 통해 조선 조정에 강화제의를 전달했다. 조선을 침략한 원수들이 먼저 강화협상을 요구한 것이다. 그러나 그가 어디론가 잠적함으로써 1차 협상요구는 무산되고 말았다. 2차 요구는 4월 25일 상주성에서 사로잡은 왜학통사 경응순을 통해 전달했으나 이덕형이 약속장소인 용인에 이르렀을 때는 이미 일본군이 재를 넘은 까닭에 가지도 못하고 되돌아오니 이 협상도 무산되었다.(德馨之龍仁賊已踰嶺故不至而還, 『선조실록』 1592년 4월 17일)

3차 요구는 5월 3일 한성을 점령한 뒤 임진강을 사이에 두고 대치할 때 덴께이(天荊)로 하여금 도원수 김명원에게 전달했으나 조선은 "설사 우리가 이 강변에서 모두 죽는 한이 있더라도 그대들과는 절대로 강화하지 않겠다." 하여 역시 무산되었다. 이렇듯 일본군은 부산진성, 동래성, 상주성, 한성을 차례로 함락시킬 때마다 조선에 협상을 요구했다. 그러나 지금까지 세 차례의 협상시도는 모두 향후 예상되는 전투에서 조선군의 저항을 저지시키고 한성에 무혈입성하기 위한 고니시 유키나가의 일방적 요구일 뿐 양국의 공식적인 협상이라 할 수는 없었다.

드디어 임진년 6월 9일 조·일 간 첫 번째 회담이 대동강 선상에서 열렸다. 이 협상은 전쟁 초기 조선과 일본이 가졌던 유일한 만남이었다. 이때 일본의 대표인 야나가와 시게노부와 겐소 등이 조선의 대표인 이덕형에게 요구하기를 "원컨대 판서는 국왕을 모시고 이 지방을 피하여 우리가 요동으로 가는 길을 열어 주시오(假道入明)." 하였고, 이에 이덕형이 답하기를 "귀국이 만약 중원(明)만을 침범하려 했다면 어찌 절강(浙江)으로 가지 않고 이곳으로 왔습니까? 이는 실로 우리나라를 멸망시키려는 계책입니다. 명조는 우리나라에게 부모와 같은 나라이니 죽어도 요구를 들어줄 수 없습니다." 하니, 적이 말하기를 "그렇다면 강화를 할 수는 없소이다." 하였다.(『선조실록』

1592년 6월 9일) 결국 이 협상은 성과는커녕 소통 채널마저 차단시키는 결과를 가져온 채 결렬되고 이덕형은 구원병을 청하러 명나라로 떠나게 된다.

그렇다면 왜 조선은 강화협상에 빠져들고 말았는가? 조선은 이렇게 대동강회담이 결렬되자 이후 일본과의 협상자체를 단념하게 되었다. 뿐만 아니라 선조는 강화에 대한 논의조차 금기하고 있었으니, 예컨대 "만세에도 기필코 갚아야 할 원수(有萬世必報之讐, 『선조실록』 1593년 3월 7일)"와 "무릇 강화를 말하는 자는 바로 간인(奸人)의 행위이니 반드시 먼저 목을 베어 효수한 다음 계문하라.(凡以和爲說者 此乃奸人之所爲 必先斬梟首啓聞, 『선조실록』 1593년 3월 16일)"고 하였다.

이렇듯 조선은 강화협상을 원치 않았다. 다행히 이순신의 활약과 의병의 활동으로 전세는 호전되었지만 그렇다고 결정적으로 일본군을 무찌를 만한 전투력은 아니었다. 더 심각한 문제는 군량부족과 역병창궐 그리고 병력이탈에 있었다. 예컨대 도원수 진영에 다녀온 선전관 조안방은 "각처에 군량이 공급되지 않아 군사들이 모두 굶고 있어 심한 곳은 6, 7일씩 굶었으며 도망병이 매일 100여 명에 이른다.(『선조실록』 1593년 6월 24일)"고 하였다. 그래서 이순신도 장계에서 "진중의 군사들이 태반이나 전염되어 사망자가 속출하고, 더구나 군량이 부족하여 계속 굶게 되고, 굶던 끝에 병이 나면 반드시 죽게 됩니다.(登聞被擄人所告倭情狀 1593년 8월)"라고 하였다.

이 기간에 전염병으로 경상좌도순찰사 김성일이 1593년 4월 29일에 죽었고, 이순신의 조방장 어영담도 1594년 4월 9일에 죽었다. 뿐만 아니라 백성들은 굶주림을 참다못해 사람이 사람을 잡아먹는 참담한 상황이 도처에서 벌어지고 있었다. 오죽하면 이순신이 1594년 4월 3일 여제(癘祭)를 지내고, 역질 구호를 위해 의원을 보내 달라고 장계(請送醫救癘狀 1594년 4월 24일)를 올렸겠는가? 이렇듯 군량의 절대부족, 전염병의 치성, 병사들의 도망 등으로 전쟁을 하고 싶어도 할 수 없는 조선이었다. 스스로 싸워서 이길 힘이 없었던 조선은 명의 힘을 빌려서라도 일본군을 쫓아내고 싶었다. 하지만 명은 전쟁을 회피하면서 조선의 의사와는 무관하게 단독으로 강화협상을 벌이고 있었으니 조선은 원하지 않는 강화의 늪으로 시나브로 빠져들 수밖에 없었다.

일본은 왜 강화협상을 원했는가? 일본은 1592년 4월 13일 부산 절영도 앞바다에 당도한 후 불과 두 달 만인 6월 14일 평양성까지 함락시켰다. 그야말로 한 걸음에 내달린 일본군이었지만 명(明)의 지원군과 벌였던 1593년 1월 6일부터 9일까지 평양성전투의 참패와, 권율의 조선군과 벌였던 1593년 2월 12일 행주산성전투의 패배로 승승장구하던 기세가 꺾이고 말았다. 게다가 계획했던 해상보급로는 이미 이순신의 조선 수군에게 완전히 봉쇄당했고, 육상보급로조차 예상치 못한 조선 의병들의 공격으로 난관에 부딪히니 결국 심각한 군량부족으로 아사자가 속출했고, 때마침 역병까지 돌아 일본군들을 죽음으로 내몰고 있었다.

> 왜군진영에 역질이 치성하여 사망자가 잇따르고 있으며 매서운 혹한으로 오래 머물 의사가 없을 뿐 아니라 이제 흉악한 예봉도 조금 꺾였습니다.

> 15만 중에서 1/3인 5만 명이 죽었으며 대부분 전투로 인한 사망보다는 과로, 기아, 추위, 질병 때문이었다.

이는 『선조실록』과 포르투갈 선교사 루이스 프로이스(Luis Frois 1532~1597)가 '임진란의 기록'에서 밝힌 내용이다. 또한 1593년 3월 한성에 집결한 일본군의 산부교(三奉行)가 부대별 병력현황을 조사한 결과 전체 7개 부대 정원 55,700명 중 29,965명으로 46%가 손실되었다고 '일본전사(日本戰史, 朝鮮役)'에 기록되고 있다.

이렇게 개전 일 년이 채 안 되어 일본군병력의 절반 정도가 사망한 상태였고, 전선도 1593년 4월 19일 한성에서 철수하여 경상도 남부 연안으로 고착되고 있었으니 이미 그들이 원하는 조선정복과 중원진출의 꿈은 이룰 수 없다는 게 명약관화해진 것이다. 급기야 진퇴양난에 빠진 일본이 선택한 숨고르기 전략은 바로 강화의 추진이었으니, 결국 개전 초기부터 강화를 주도했던 고니시 유키나가를 중심으로 본격적으로 강화협상에 나서게 되었다.

명나라는 왜 강화협상을 원했던가? 명의 참전은 결코 조선을 구하기 위해서만은 아니었다. 조선의 구원요청을 수용하는 형식으로 이루어졌지만 조선을 구한다기보다는 조선을 보호하는 것이 중국의 앞마당을 굳게 지키는 방법이었기 때문이다(明神宗實錄 萬曆 20년, 1592년 6월 27일). 명이 조선에 전쟁이 일어났다는 소식을 접했을 때는 이미 일본군이 명의 턱밑까지 북상한 상태였고, 조선은 전쟁이 발발한 지 채 한 달도 안 되어 순식간에 한성을 빼앗기고 임금 선조가 의주로 피신하여 망명(內附)을 요청하고 있었다.

그러나 선조의 망명이 자칫 일본군에게 침공 구실을 줄 수도 있을 뿐 아니라, 짐짓 조선이 일본에게 길을 빌려주고 앞잡이가 되는 이른바 정명향도(征明嚮導)의 수순이 아닌가 하며 의심의 눈초리를 보내고 있었다. 당시 명은 임진왜란 한 달 전에 닝샤(寧夏)에서 일어난 푸베이(哱拜)의 반란세력을 진압하느라 사실상 군사력에 여유가 없었다. 다행히 명나라는 6월 초순에 조·일의 결탁여부에 대한 의혹을 풀고 출병하기에 이르렀다. 그러나 조승훈이 이끈 3,500명의 1차 지원군이 1592년 7월 17일 평양성전투에서 참패하자 대국의 위신을 크게 손상당했고, 이여송(李如松)이 이끈 4,300명의 2차 지원군마저 1593년 1월 9일 평양성 탈환의 기쁨도 잠깐, 1월 27일 벽제관 전투에서 대패하자 더 이상 일본군과의 싸움은 군사력만 약화시킬 뿐이라는 전의상실에 빠져버렸다.

결국 명의 이여송 역시 심각한 군량부족, 마역(馬疫)으로 인한 전마손실, 긴 장마 등을 구실로 더 이상 전선확대가 불가능하다며(『선조실록』 1593년 2월 6일) 일본군과의 전투를 기피하고 강화의 필요성을 역설하기에 이르렀다. 뿐만 아니라 주전파였던 경략 송응창마저 선조에게 강화협상을 방해하면 명군을 본국으로 철수시키겠다고 위협하면서 실제로 단계적 철수를 진행시키고 있었다. 명은 조선과의 의리보다는 국익차원의 실리를 선택한 것이다. 결국 임진년 초기부터 강화를 도모했던 심유경을 다시 한성으로 보내 일본군과의 강화협상을 진행시키기에 이르렀다.

강화협상을 실패할 수밖에 없었던 이유가 있다.

첫째, 조선이 배제된 채 기만적 술책만 난무했다. 임진왜란 최대의 피해 당사자는 조선이었다. 그럼에도 불구하고 정작 강화협상에는 조선을 배제한 채 일·명 간에 진행되었다. 협상의 주역도 명나라의 심유경과 일본의 고니시 유키나가 두 사람이었다. 이들의 강화목적은 진정으로 조선의 평화를 위한 강화가 아니라 오직 그들의 전술전략을 위한 강화의 성립이었다. 이때 일본이 제시한 7가지 조건은 다음과 같다.

1. 명나라 황녀를 일본 천황의 후궁으로 삼는다.
2. 감합무역 즉 무역증서제를 부활한다.
3. 일본과 명나라 양국 대신이 통교를 서약한다.
4. 조선 8도 가운데 4도를 일본에 이양한다.
5. 조선의 왕자와 신하를 볼모로 일본에 보낸다.
6. 포로로 잡고 있는 조선의 두 왕자를 석방한다.

7. 조선의 권신이 일본을 배반하지 않겠다는 서약을 한다.

6번째 조항을 빼고는 모두 터무니없는 요구였다. 이에 대해 명나라가 제시한 조건은 다음과 같았다. 1. 일본은 조선에서 완전히 물러갈 것, 2. 조선의 두 왕자를 송환할 것, 3. 도요토미 히데요시가 이번 전쟁을 공식적으로 사죄할 것 등이다. 한 치의 접점도 찾을 수 없는 해법이었다.

결국 이들은 협상과정에서 항표(降表)를 위조하고, 강화조항을 변조하는 등 가짜로 위장한 주청사(奏請使), 강화사(講和使), 책봉사(冊封使) 등을 파견하며 온갖 거짓과 위계 등 기만적 술책을 동원했다. 급기야 도요토미 히데요시는 1596년 9월 2일 오사카성에서 명의 책봉사를 접견하면서 자신이 고니시 유키나가와 심유경 등에게 완전히 기만당했다는 사실을 확인하게 되었다. 대노한 그가 책봉거부는 물론 참수해야 할 책봉사들을 강제퇴거시켜 버렸으니 이로써 4년여 계속되었던 강화협상은 무위로 돌아가고 말았다.

둘째, 협상배제 세력의 반발이 심했다. 1594년 11월 22일, 고니시 유키나가와 경상우병사 김응서 간의 함안회담이 있었다. 그러나 이는 진주성 도륙사건과 왕릉파굴사건으로 유발된 조선의 강력한 반발을 무마하기 위한 시도에 불과했다. 즉 1594년 6월 19일에서 29일, 2차 진주성전투에서 60,000여 명의 조선인을 학살한 일본군의 무자비한 도륙사건과, 1592년 12월 16일 선왕의 능묘를 파헤친 일본군의 만행, 즉 태릉·강릉과 1593년 4월 9일 선릉·정릉을 파굴함으로써 조선은 패륜을 일삼는 불구대천의 원수들과는 절대로 강화할 수 없다는 강경기류가 형성된 상태였기 때문이다.

한편 고니시 유키나가 주도의 강화협상에 불만을 품었던 라이벌 가토 기요마사가 유정 사명당(四溟堂)에게 협상을 제의함으로써 또 다른 협상채널인 서생포회담이 열렸다. 그러나 1594년 4월, 7월, 12월 3차례에 걸쳐 열렸던 이 협상도 기존의 7개 조항과 대동소이한 5개 조항을 되풀이하다 결렬되고 말았다. 그동안 조선을 배제한 채 진행되었던 일·명 간 강화협상을 저지하고 조선이 주도권을 찾으려 했던 나름대로의 노력이라는 점에 의미를 둘 수 있을 뿐, 오히려 가토 기요마사에 의해 고니시 유키나가와 심유경 간에 있었던 협상내막이 도요토미 히데요시에게 폭로되는 결과를 초래하게 되었다.

셋째, 강화회담을 통섭할 탁월한 협상가 없었다. 사실 이 협상의 결과에 따라서 전쟁은 조기에 끝날 수도 있었다. 비록 조선이 배제된 협상이었지만 일·명 양국 모두 전쟁종결의 수단으로 강화를 추진했기 때문이다. 그러나 조·일·명 어디에도 역사적 강화협상을 제대로 통섭할 수 있는 지혜로운 협상가가 없었다. 결국 실패하는 협상의 전형대로 무리한 조건을 내걸고 편견과 오만으로 자기주장만 고집했고, 준비된 협상전략이 없었으니 그 누구도 대안제시가 없었으며, 서로가 거짓과 기만의 위계로 오류의 벽에 갇혔었기 때문이다. 더욱 안타까운 사실은 제집에 불이 나서 홀라당 타버리고 있는데도 불구경만 하고 있는 집주인이 있었으니 바로 조선이었다.

35
외교 : 이순신협상 vs 서희협상

2015년 3월 우리 외교사에 영원히 기록될 두 거목의 동상이 외교관들을 키워내는 외교원에 나란히 세워졌다. 2009년 '우리 외교를 빛낸 인물'로 선정된 고려시대의 서희(徐熙 942~998)와 2010년 '우리 외교를 빛낸 인물'로 선정된 조선 초기의 이예(李藝 1373~1445)를 기리기 위함이다. 10세기 고려의 문신이자 장수로 거란침략(993)을 막아내고 옛 영토 강동6주를 돌려받은 서희, 15세기 조선 초기 계해약조(1443)를 체결하고 피랍조선인 667명을 귀환시킨 충숙공 이예였다. 북방외교의 선구자 서희와 대일외교 개척자 이예를 실리와 명분을 동시에 추구하고 탁월한 협상력과 리더십을 발휘한 실용외교의 롤 모델로 평가한 것이다.

그래서일까, 임진왜란을 생각할 때마다 떠오르는 인물이 바로 서희다. 거란이 고려를 침략했을 때 서희가 활약했던 상황과, 일본이 조선을 침략했을 때 이순신이 싸웠던 상황이 너무나 유사하기 때문이다. 즉 거란의 성종은 송을 치기 위해 소손녕(蕭遜寧)을 앞세워 송과 동맹관계에 있는 고려를 침공(993)했고, 600년 후 일본의 도요토미 히데요시는 명을 치기 위해 고니시 유키나가(小西行長)를 앞세워 동맹관계에 있는 조선을 침략(1592)했다.

또한 거란이 고려를 침략했을 때도 평양 이북을 거란에게 주자는 할지론(割地論)이 무성했고, 일본이 조선을 침략했을 때도 하사도(下四道)를 일본이 차지하려는 분할론(分割論)의 음모가 극에 달했다. 그러나 결과는 극명하게 달랐다. 고려에는 구국의 협상가 서희가 있었다. 그는 수십만 대군으로 쳐들어온 거란의 소손녕을 담판협상으로 피 한 방울 흘리지 않고 물리쳤다. 뿐만 아니라 오히려 강동6주(흥화진, 용주, 철주, 통주, 곽주, 귀주)를 얻어내어 국토를 확장시켰다. 하지만 조선은 불과 15만 일본군에게 전 국토를 짓밟히고 수많은 백성들이 죽어갔다. 서희 같은 협상가는커녕 임금부터 대부분의 장수들까지 도망치기에 급급했다.

임진왜란은 조·일·명 3국이 뒤엉켰던 외교전쟁이었다. 7년전쟁 중 무려 4년을 강화에 매달렸던 협상전쟁이었다. 조선은 강화회담을 적극적으로 반대했지만 종주국인 명의 강요에 떠밀려 회담에 참여하지도 못하는 방관자가 되었다. 명은 자국의 전력 약화를 바라지 않았으므로 조선을 배제한 가운데 강화회담에 열을 올렸고, 일본 또한 전력이 약화되어 강화회담에 임할 수밖에 없었다. 그러나 명과 일본이 강화조건으로 원하는 바가 판이하게 달랐으므로 졸렬한 잔꾀와 얕은 수작만이 오가다가 1596년 9월 2일 강화회담은 결렬되고 말았다. 바로 1597년 1월 일본군이 다시 쳐들어오니 이른바 정유재란(丁酉再亂)이다. 옳지 않은 방법으로 강화를 추진했던 명의 심유경은 일본으로 망명을 기도했지만 경상도 의령 부근에서 명나라 장수 양원(楊元)에게 붙잡혀 '나라와 황제를 속인 죄'로 처형되고 말았다. 잘못된 강화협상이었다. 참전국으로서 협상의 주도권을 장악했던 명나라, 침략을 당한 당사국이면서도 협상의 들러리로 전락했던 조선, 침략국으로서 협상파트너를 잘못 짚었던 일본, 협상의 실패는 예정된 수순이었다. 그 결과 2년전쟁이 7

년전쟁이 되고 말았다.

서희협상이란 무엇인가? 서기 993년(고려 성종12년) 거란이 동경유수(東京留守) 소손녕을 앞세워 고려를 침략해왔다. 당시 거란은 후진(後秦)을 멸망시킬 정도로 송(宋)을 압도하는 강대국이었다. 소손녕은 고려 조정에 다음과 같은 문서를 보내 고려를 협박했다.

> 80만의 군사가 도착했다. 만일 강변까지 나와서 항복하지 않으면 섬멸할 것이니, 고려의 군신들은 우리 군영 앞에 와서 항복하라.

거란의 항복 요구를 받은 고려는 혼비백산하여 대신들이 갑론을박을 벌였다. 거란에 항복해야 한다는 투항론과 서경(西京, 평양) 이북의 땅을 거란에 주자는 할지론이 대두되었다. 거란을 이길 방법이 없었던 상황에서 거의 할지론으로 국론이 기울어갈 때 서희가 반론을 제기하고 나섰다. 우선 거란이 침략한 의도를 정확히 파악한 뒤에 대응해도 늦지 않다는 것이었다. 이에 성종도 찬성하며 누가 그 일을 맡을 것인가 물으니 아무도 나서지 못할 때에 서희가 나섰다.

> "누가 거란 진영으로 가서 언변으로 적병을 물리치고 만세에 남을 공을 세우겠는가?"
>
> "제가 비록 부족하오나 어찌 왕명을 받들지 않겠나이까?"

거란이 주장하는 침공이유는 두 가지였다. 첫째, 거란 땅인 고구려 옛 땅을 고려가 침식하였다. 즉 고려는 옛 신라 땅에서 일어났고, 고구려의 옛 땅은 우리 거란의 땅인데 왜 고려가 거란의 영토를 점(占)하는가? 둘째, 고려가

송나라를 섬기고 있다. 즉 고려는 거란과 접하고 있으면서 어찌하여 바다 건너 송나라를 섬기는가? 하는 이유였다. 이 주장을 받아든 서희는 난감했다. 그러나 논리 정연한 서희의 반론을 보라. "그렇지 않다. 왜 우리나라 이름이 고려이겠는가? 바로 고구려의 후계이기 때문이고, 평양을 서경(西京)으로 정한 것도 바로 이 때문이다. 고로 경계를 가지고 말한다면 귀국의 동경(東京, 遼陽)이 우리 국토 안에 들어와야 할 것이다." 오히려 거란에게 역공을 펴고 있는 서희였다.

또한 거란의 진짜 목적을 꿰뚫고 있는 서희의 두 번째 답변이 이어진다. "따라서 압록강 안팎도 모두 고려의 땅인데 지금 여진(女眞)이 그 중간을 점거하고 있다. 그들은 매우 완악하고 간사스러워 육로를 통해 거란으로 가는 길이 매우 어렵기 때문에 거란과 국교를 통하지 못하는 것이다. 오히려 바다를 건너 송과 통하는 것이 훨씬 수월하니 고려가 거란과 통하지 못하는 것은 모두 여진의 탓이다. 만일 여진을 몰아내고 우리의 옛 땅을 돌려준다면 어찌 거란과 국교를 맺지 않겠는가?" 하니 그 강개한 말을 듣고 소손녕도 강요하지 못할 것을 알고 드디어 담판한 내용을 자기의 임금에게 보고하였다. 거란 임금은 "고려가 화의를 요청하였으니 군사를 철수시켜라." 하였다.(『고려사』 21권 열전7)

서희협상의 결과물은 과연 역사적이었다. 협상합의문의 주요내용은 단 두 가지다. "첫째, 고려와 거란이 교통한다. 즉 고려가 조근(朝覲), 거란의 왕을 배알하고 정삭(正朔), 거란의 달력을 사용한다. 둘째, 거란은 압록강 동편에 있는 여진의 옛 땅 280리를 고려가 영유하는데 동의한다." 이로써 거란군은 물러가고 강동 6주를 얻었으니 그야말로 협상의 결과는 대단했다. 싸우지 않고도 적군들을 퇴각시켰을 뿐만 아니라 오히려 여진족이 점하고 있던 고구려의 옛 땅을 되찾았으니 영토를 넓힌 결과다. 사실 고려로서는 실사구시의 입장에서 보면 송과의 국교나 거란과의 국교나 결과적으로는 마찬가지다. 단지 그동안 송과의 동맹관계를 중시하는 친송파들의 내부반발이 문제였으나 강동6주라는 선물보따리로 정치적 혼란까지 잠재워버렸다.

이제 이순신협상이란 무엇인가를 보자. 이순신은 전선에서 싸우는 조선수군의 최고사령관으로서 외교적 강화협상에 직접 참여할 수는 없었다. 그러나 이순신은 강력한 군사력으로 제해권을 장악하고 보급로를 차단함으로써 일본군은 더 이상 북상하지 못하고 남해안으로 퇴각할 수밖에 없었다. 이순신의 연전연승이 있었기에 명나라가 일본에게 큰소리를 칠 수 있었고, 조선 조정이 절대로 강화를 하지 않겠다고 주장할 수 있었던 협상력의 근원이 되었다. 외교적 협상능력을 뒷받침하는 내부적 협상역량의 지렛대로 작용했던 이순신이다. 뿐만 아니라 이순신은 자신이 타고난 협상가였음을 『난중일기』, 『임진장초』를 통해서 확인시켜주고 있다.

예를 들면 명나라 선유도사 담종인의 일본군을 치지 말라는 금토패문을 거부하며 '대인의 뜻을 감히 어기기 어려워 일정기간 두고 보려 한다'고 하던 냉철한 판단력, 명나라 수군도독 진린에게 수급(首級)을 바치는 회유, 철진(撤陳)을 명하는 위협으로 처벌권과 지휘권을 위임받는 탁월한 협상력, 임금의 대충징발금지 명령을 거부하며 '전시의 상황에 수군이 절대적으로 부족하니 전쟁이 끝날 때까지만이라도 시행할 수밖에 없다'며 3차례나 취소를 주청하는 설득력, 수군을 폐하라는 임금의 명령에 '그렇게 되면 왜적들이 바로 한성으로 올라가게 될 것'이라며 '금신전선 상유십이' 직언으로 충언하는 공감력, 전라우수사 이억기, 경상수사 배설을 직접 곤장치지 않고 부하들을 처벌함으로써 지휘관의 체면을 유지시켜주며 자신의 분노를 조절하던 분별력, 부산외양에 출동하여 가토 기요마사를 잡으라는 임금의 명령을 거부하며 '수륙합공작전만이 가능하다'는 다른 방법론을 제시하는 대안력 등이다. 이렇게 이순신은 언제나 상대의 주장을 경청한 후 설득력 있는 자신의 논리로 공감을 얻어냈다. 상대와 공감을 바탕으로 상생의 대안을 제시하니 신뢰를 얻은 자신의 주장을 관철할 수 있었다. 이순신이야말로 협상의 대가였다.

과연 이순신에게 외교협상의 지혜를 물었다면, 서희처럼 전쟁을 미리 막을 수 있는 다음과 같은 대안이 있지 않았을까, 감히 헛된 상상의 나래를 펼쳐본다.

첫째, 명을 이용해서 일본의 조선침략을 저지시키는 것이다. 조공(朝貢)과 책봉(冊封)의 사대관계를 유지했던 명에게 일본이 가도입명을 원한다는 사실을 전하는 것이다. 일본의 조선침략은 곧 명을 침략하기 위한 전초전이므로 막강한 조명동맹(朝明同盟)을 과시하여 도요토미 히데요시의 침략의도를 꺾어야 한다. 만일 명이 협조하지 않는다면 조선은 일본과 해결방안을 모색할 수밖에 없다는 압박전략을 구사하는 것이다. 이미 명의 신종(神宗)도 일본이 명을 침략하려 한다는 정보를 여러 경로를 통해서 알고 있었기 때문에 이를 명에 알리느냐 마느냐를 놓고 갑론을박하고 있었던 조선 조정은 주변국 국제정세에 어두워도 너무나 어두웠다.

둘째, 일본과 우호적 협상을 시도하는 것이다. 사실 일본의 정명(征明)은 엄밀하게 말해서 조선과는 상관없는 일이다. 따라서 명나라 침략루트를 조선반도를 통해서 가는 제2안이 아니라 당초 도요토미 히데요시의 제1안대로 류구열도(琉球, 오키나와)를 통해서 가도록 유도하는 것이다. 사실 이 해로는 이미 14세기부터 일본의 해적들이 제집같이 드나들며 노략질을 해왔던 산둥성(山東省), 장쑤성(江蘇省), 저장성(浙江省), 푸젠성(福建省)에 이르는 명나라 동해 연안지역이다. 해적들도 항해했던 이 루트를 일본의 전함들이 가지 못할 이유가 없다. 임진년 6월 대동강 강화회담에서 조선대표 이덕형이 일본대표 야나가와 시게노부 등에게 주장했던 내용과 일치하는 것이다.

> 귀국이 만약 명(明)만을 침범하려 하였다면 어찌 저장성(浙江省)으로 가지 않고 이곳으로 왔습니까? 이것은 실로 우리나라를 멸망시키려는 계책입니다.

다만 이 전략은 지금까지의 조·명 동맹관계로 봐서 친명파들의 내부반발이 거셀 것이 분명하다. 하지만 조선의 운명이 경각에 달린 상황에서 냉철한 실사구시가 필요한 때였다. 이럴 때 만일 서희의 지혜를 빌린다면 친명파를 설득하는 선물보따리로 쓰시마섬(對馬島)을 조선의 영토로 편입할 수도 있지 않았을까.

세 번째 대안은 강공책으로 일본과 한판 승부도 불사하겠다는 벼랑끝전술이다. 조선군은 니탕개전투(1583), 녹둔도전투(1587), 시전부락전투(1588) 등 북방의 오랑캐(女眞)들도 물리친 막강한 군대라는 것, 조선에는 전란이 닥쳤을 때 언제라도 전투에 임할 수 있는 의병·승병 등 지원군이 수십만 존재한다는 것, 조선에는 해로를 지키는 전통의 막강수군과 해상의병이 있다는 것 등이다. 또한 지형적으로 조선의 백두대간이 매우 험준하다는 것, 한여름 폭염에 역병이 창궐할 수 있다는 것, 한겨울 혹한에 병사들이 얼어 죽을 수 있다는 것, 가뭄과 장마로 군량조달이 어렵다는 것 등이다. 따라서 함부로 조선을 침략했다간 명을 치기는커녕 조선에서 패전을 면치 못할 것이다. 협박에 생명을 불어넣으면 상대는 최면에 걸릴 수도 있는 것이다.

물론 이런 대안들은 당시의 상황인식 부족에서 오는 결과론적 연역법적 비약일 수 있음을 부인하지 않는다. 그러나 분명한 것은 명과 일본이 국제적이고 실리적인 측면에서 당시의 상황을 외교정책으로 삼았던 데 반해 조선은 국제정세에 미흡한 채 실사구시의 주변외교를 무시하고 사대외교에만 매달린 측면이 강했다. 만일 조선 조정에 고려의 서희와 같이 실용외교를 추구하는 외교관이 있었다면, 이미 저물어가는 명나라에만 매달리는 외눈박이 외교의 우를 범하지는 않았을 것이다. 천만다행이었던 것은 나라가 망할지도 모르는 최악의 위기상황에서 장졸을 아우르고, 군신을 설득하고, 백성을 사랑하고, 명군을 다독이고, 일본군을 무찔렀던 이순신, 유·무언의 소통으로 강화를 지탱하는 지렛대의 힘으로 내부적 외교능력을 발휘했던 이순신이 있었다는 점이다. 오늘날 한·중·일 모두가 존경하는 인물 이순신이야말로 진정한 '우리 외교를 빛낸 인물'이다.

36

정언신 : 이순신의 후원자

2014년은 참으로 우울한 날들이었다. 4월 16일 세월호 침몰사고로 국가 시스템의 위기가 적나라하게 드러났기 때문이다. 더구나 잇따른 군영사고, 장기간의 경제침체, 첨예한 외교갈등 등 국민들의 가슴은 새카맣게 타들어 갔다. 그나마 다행인 것은 영화 〈명량〉에서 위기극복의 주인공 이순신을 만난 것이다. 절대로 헤어날 수 없을 것 같은 위기상황에서도 기적 같은 승리를 거둘 수 있다는 도전의 용기와 긍정의 자신감을 발견했다.

많은 사람들이 이 영화를 통해서 충무공 이순신을 재발견했다면, 차라리 영화였다면 아프지 않았을 세월호 침몰사고에서 영화배우 김보성이 주목을 받았다. 오랫동안 '으이리(義理)'를 장난처럼 외쳐대던 코믹한 액션배우 김보성, 그러나 말로만 외쳤던 의리가 아니라 은행 빚을 내어 희생자들을 위로하는 기부천사 의리의 사나이였기 때문이다. 의리란 사람으로서 마땅히 지켜야 할 도리를 말하지만 현실은 마치 불법집단의 자기합리화적 단어쯤으로 전락하고 말았으니 우리 사회가 진정한 의리에 매우 목말라 있는 것이다. 여기 진짜 의리의 원조가 있다.

이순신이 차사원으로 한성에 들어오자 우상 정언신(鄭彦信)이 방금 옥중에 있으므로 공이 옥문 밖에서 문안하였다. 그때 금오랑이 당상에 모여 앉아 술을 마시며 노래를 부르고 있는 것을 보고 공은 금오랑들에게, "죄가 있고 없는 것은 막론하고 일국의 대신이 옥중에 있는데 이렇게 당상에서 풍류를 잡히고 논다는 것은 미안한 일이 아니오!" 하니 금오랑들도 얼굴빛을 고치고 사과하였다.(『이충무공전서』 권9)

기축옥사가 한창이던 1589년 12월, 이순신이 의리를 실천하는 장면이다. 지금이 과연 어느 때인가? 대역죄의 혐의로 갇혀 있는 정언신을 면회하다니 그야말로 정신 나간 짓이다. 더구나 의금부도사인 금오랑에게 호통을 치다니 한갓 차사원 지방관리(정읍현감, 종6품)가 중앙관리(금오랑, 종5·6품)를 꾸짖는 장면은 자칫 대역죄인을 두호하는 반역의 의심을 스스로 재촉하는 일이 아닐 수 없다. 『선조실록』을 봐도 역적을 두호한 자 역적을 면할 수 없고, 그 두호하는 자를 두호하는 자 역시 역적이라 아니할 수 없다.

이 뿐만이 아니다. 이미 상경 중에 금오랑의 제안을 거절했던 사건이 있었다. 정여립 역모사건에 연루되었다는 전라도사 조대중(曺大中)의 집을 수색하고 그 압수물 중에서 발견된 이순신의 편지를 빼주겠다는 제안이었다. 그러나 이순신은 그 편지가 단지 안부편지의 답장에 불과하며, 더구나 수색품은 이미 공물이니 사사로이 빼내는 일은 온당치 않다고 말했다. 하지만 정언신도 정여립의 집에서 발견된 편지 한 통 때문에 피혐의 단초가 되었다는 사실을 생각하면 참으로 위험천만한 행동이었다. 사실 조대중도 억울한 희생양이었는데 관내 순찰 중 사랑하던 기생과 안타까운 이별을 하면서 흘렸던 눈물이 정여립의 죽음을 슬퍼해서 우는 눈물이라는 음모를 받았었다. 작별의 눈물이 그만 반역의 눈물이 되고 말았으니 이순신의 편지 한 장도 얼마든지 역모의 편지로 둔갑할 수 있었던 일이다. 결국 조대중은 곤장을 맞다 장살당했고 정언신은 유배지에서 죽음을 맞았다.

정언신이 누구인가? 경기관찰사였던 정언신(1527~1591)은 1583년 함경도에 니탕개(尼湯介)의 난이 일어나자 도순찰사로 파견되었다. 이때 정언신은 이순신, 신립, 김시민, 이억기 등 쟁쟁한 무관들을 막하로 거느리고 여진족을 격퇴하였다. 변방의 일이 끝날 무렵 관찰사로 임명되니 북변을 방비하고 이후 병조판서에 승진하였다. 1589년 우의정이 되어 정여립의 모반사건을 다스리는 위관이 되었다. 그러나 서인 정철의 사주를 받은 대간으로부터 정여립과는 9촌 간이므로 공정한 처리를 기대할 수 없다는 탄핵을 받아 사직했다. 이후 계속 정여립의 일파로 모함을 받아 남해에 유배되었고, 사약을 내리는 왕명까지 받았으나 감형되었다가 다시 갑산으로 이배되어 그곳 유배지에서 죽고 말았다. 당시 정언신이 정여립 역모에 관련되었다며 탄핵받은 내용이다.

> 급제 정언신은 변이 일어난 처음 탑전 면대할 때 이미 역적을 두호하는 뜻을 두었고, 참국할 적에도 사실을 시종 현란시키려는 흔적이 있어, 심지어 원고를 족치자고까지 하여 옥사를 지연시키려 하였으니 원찬하소서. 급제 임국로는 참국할 때 정언신에게 부회하여 역적을 두호하는 뜻이 농후하였으니 옥상의 소루함이 또한 이들 때문입니다. 어찌 삭탈관작에 그칠 수 있겠습니까. 문외 출송하소서." 하니, 모두 아뢴 대로 하라고 답하였다. 정언신은 남해에 유배되었다.(『선조실록』 1589년 12월 4일) 결국 정언신은 임진왜란이 일어나기 바로 전해에 귀양지에서 죽고 말았다.(『선조수정실록』 1591년 10월 1일)

물론 여기서 기축옥사(己丑獄死)의 전모를 말하지는 않는다. 논점에서 벗어난 일이기도 하려니와 사학자들조차 역모와 조작 등 학설과 시비가 분분한 사안이기 때문이다. 다만 분명한 것은 당시 정여립은 대역죄인의 혐의를 받았고 그를 두호한 자, 관련된 자 등 무려 1,000여 명이 장장 3년여에 걸쳐 죽임을 당했다는 사실이다. 기축년 『선조실록』 12월의 기사에도 온통 어전회의 내용이 피혐(被嫌), 투옥(投獄), 탄핵(彈劾), 장형(杖刑), 출송(黜送)을 당하는 것으로 채워진 위험한 시기였다. 동서당쟁의 갈등으로 수많은 목숨이 죽어가는 옥사의 참극이 벌어지고 있었던 것이다.

이순신에게 정언신은 누구였는가? 도대체 정언신은 이순신에게 어떤 존재였기에 목숨을 걸고 의리를 지키려 했던가? 그 인연은 1583년으로 거슬러 올라간다. 이순신은 함경도 도순찰사였던 정언신의 막하에서 니탕개의 난을 제압하게 된다. 그리고 1586년 1월 이순신이 조산보만호로 부임했을 때 역시 함경도 관찰사였던 정언신은 다음해 8월에 이순신을 녹둔도 둔전관을 겸하도록 조정에 천거했다. 『선조실록』에 의하면 녹둔도 둔전을 개설한 이가 바로 정언신이었다. 이순신의 비범함을 눈여겨보았던 정언신은 자신이 심혈을 기울여 조성한 녹둔도 둔전경영을 신뢰 깊은 이순신에게 위임했던 것이다.

그리고 기축옥사가 발생하던 1589년 1월 21일, 비변사에 무신불차채용(備邊司武臣不次採用)이 있었다. 일본군의 침입에 대비하여 직위고하를 따지지 말고 능력 있는 무신을 추천하라는 어명이었다. 이때 병조판서 정언신이 이순신을 적극 추천했다. 당시 10명의 대신이 37명의 무관을 추천했는데 정언신은 우의정 이산해와 함께 이순신을 세 번째로 이름을 올려 천거했으니 그야말로 돈독한 신뢰였다. 이순신은 이러한 후원에 힘입어 정읍현감을 거쳐 부임도 하지 않은 고사리진첨사, 만포진첨사, 진도군수, 가리포첨사 등을 임명받은 끝에 결국 전라좌수사에 제수되었으니 유성룡의 전라좌수사 추천

이전에 이미 정언신의 불차채용 천거가 커다란 영향을 미쳤음은 의심할 나위가 없다.

조선시대 가장 큰 범죄는 대역죄와 강상죄였다. 대역죄(大逆罪)는 반란 등 국가사회의 질서를 어지럽히는 범죄이고, 강상죄(綱常罪)는 유교시대 조선에서 삼강오륜을 저버린 반인륜적 범죄로서 대역죄에 준하는 범죄였다. 그 누구라도 의리를 지키는 사람은 인륜의 도리를 아는 사람이다. 자신을 지켜봐주고 미래를 열어주었던 정언신, 그가 갇혀 있는 옥문을 찾아가 면회하고 금오랑을 호통 치는 당당한 이순신, 그 의리의 실천에 고개를 숙일 뿐이다.

정여립과 정언신 그리고 조대중이 대역죄의 혐의를 받았다면, 이순신은 대선배이자 상관이었던 정언신에게 의리로서 강상죄를 비켜가고 있었다. 암흑집단의 언어로 인식되기도 하는 의리, 그러나 가치 있는 의리의 실천이야말로 이 시대에 꼭 필요한 화두이다. 이순신이 실천한 삼강오륜 강상의 의리, 과연 충무공 이순신을 빼고 누가 의리를 논한단 말인가?

37

곽재우와 김덕령 : 의병과 수군이 만난 역사적인 만남, 장문포해전

임진왜란 7년 역사를 통해서 관의병(官義兵) 중 가장 특이한 인물을 꼽는다면 단연 영남의 곽재우(郭再祐) 장군과 호남의 김덕령(金德齡) 장군이다. 수군의 명장 이순신이 의병의 명장 곽재우, 김덕령 등과 만나게 되는 역사적 사건이 이루어졌다. 장문포, 영등포해전 직전인 갑오년 9월 26일이었다. 『난중일기』에 의하면 수륙합공작전을 위해 도원수 권율의 지시로 수군통제사 이순신을 찾아와 지시를 받게 되는데 그야말로 명장 영웅들의 역사적 만남이었다.

갑오일기(1594) 9월 26일

새벽에 곽재우, 김덕령 등이 견내량에 도착하였다. 박춘양을 보내어 건너온 까닭을 물었더니 수군과 합세할 일로 원수(권율)가 전령하였다고 한다.

갑오일기(1594) 9월 27일

늦은 아침에 출항하여 포구에 나가자 여러 배들도 일제히 출발하여 적도 앞바다에 머물렀다. 곽첨지(郭再祐), 김충용(金德齡), 한 별장(別將, 韓明璉), 주몽룡(朱夢龍) 등이 함께 와서 약속한 뒤에 각각 원하는 곳으로 나누어 보냈다.

『난중일기』에 의하면 8월 17일 사천에서 이순신과 도원수 권율의 비밀회동이 있었다. 이순신이 몇 번이나 요청했던 수륙합공작전에 대한 의견교환을 위한 것이었다. 그 후 한 달 뒤인 9월 22일에 도원수로부터 27일에 군사를 이동시키라는 밀서가 왔다. 그래서 24일 삼도 지휘장들에게 호의(號衣)를 나눠 주고 준비시켰다. 호의란 속어로 '더그레'라는 것인데 옷 빛깔로 소속을 구분할 수 있게 한 것이다. 그 이틀째 되는 26일 새벽에 육군 의병장 곽재우 장군과 김덕령 장군이 견내량에 이르니 수륙이 합세하는 일로 도원수 권율의 지령을 받고 온 것이다. 이튿날 27일 이순신이 적도(赤島, 거제시 둔덕면) 앞바다에 도착하여 곽재우, 김덕령, 한명련, 주몽룡 등과 함께 역사적 회합을 가졌고 거기서 이순신은 그들이 원하는 곳으로 갈라 보냈다.

이들은 참으로 두드러진 인물들이었다. 곽재우(1552~1617)는 이순신보다 7살 아래다. 곽재우는 임진왜란 때 경상도 의령에서 가장 먼저 의병을 일으켜 가는 곳마다에서 혁혁한 전승을 거두었고, 일본군들은 그의 별칭인 '천강홍의장군(天降紅衣將軍)'이란 이름만 들어도 무서워 벌벌 떨었다. 전쟁이 터지자 자기 재산 전부를 팔고 또 부인 옷까지 끌어내어 의병들의 처자에게 입혔으며, 자기 매부에게 청했을 때 매부가 재물과 종들을 내놓지 않자 "나라가 망하는데 재물을 아끼는 것은 역적이다. 우리 의병은 역적의 자식부터 죽여야 한다."며 매부의 아들(자기의 조카)을 죽이려고 했던 인물이었다.

이순신보다 22세 아래인 김덕령(1567~1596)은 전라도 광주 사람으로 체구는 단소했으나 그의 용력은 천하에 따를 자가 없었다. 임진왜란 초기 의병대장 고경명의 참모로 금산전투에서 같이 순국한 형 덕홍의 뒤를 이어 담양에서 의병을 일으켰으며, 계사년에 당시 동궁이었던 광해군이 전주에서 그에게 '익호 장군'이라는 호를 주었다. 뒷날 모함을 입어 이몽학의 내란에 가담했다는 억울한 죄명을 쓰고 혹독한 악형을 받아 불과 27세의 나이에 옥사하면서 남긴 통한의 시를 전한다.

> 춘산(春山)에 불이 나니 못다 핀 꽃 다 붙는다.
> 저 뫼, 저 불은 끌 물이나 있거니와
> 이 몸에 내 없는 불 일어나니 끌 물 없어 하노라.

이와 같이 수륙이 합공하여 벌인 전투 장문포해전의 결과는 어땠는가. 1594년 9월 29일 이순신은 군사를 이끌고 장문포(거제시 장목면 장목리) 앞바다로 돌진해 들어갔다. 적들은 겁을 내어 바다 밖으로 나오지 아니하고 모두 육지로 도망을 가버렸기에 빈 배 2척만 불태웠다.

> 갑오일기(1594) 9월 29일
>
> 배를 출발하여 장문포 앞바다로 돌진해 들어가니 적의 무리는 험준한 곳에 자리 잡고서 나오지 않았다. 누각을 높이 세우고 양쪽 봉우리에 보루를 쌓고는 조금도 나와서 항전하려 하지 않았다. 선봉의 적선 2척을 무찔렀더니 육지로 내려가 도망쳤다. 빈 배만 쳐부수고 불태웠다. 칠천량에서 밤을 지냈다.

> 갑오일기(1594) 10월 1일
>
> 새벽에 출발하여 장문포에 이르니 경상우수사와 전라우수사가 장문포 앞바다에 머물고 있었다. 나는 충청수사 및 선봉의 여러 장수들과 함께 곧장 영등포로 들어갔다. 흉악한 적들은 바닷가에 배를 매어 두고 한 명도 나와서 항전하려 하

지 않았다. 해질 무렵에 장문포 앞바다로 돌아와서 사도(蛇島)의 2호선이 육지에 배를 대려할 때 적의 작은 배가 곧장 들어와 불을 던졌다. 비록 불이 일어나지 않고 꺼졌지만 매우 분통하였다. 우수사의 군관 및 경상우수사의 군관은 그 실수를 조금 꾸짖었지만 사도의 군관에게는 그 죄를 무겁게 다스렸다. 이경에 칠천량에 돌아와서 밤을 지냈다.

갑오일기(1594) 10월 4일

곽재우, 김덕령 등과 약속한 뒤 군사 수백 명을 뽑아 육지에 내려 산으로 오르게 하고, 선봉은 먼저 장문포로 보내어 들락날락하면서 싸움을 걸게 하였다. 늦게 중군을 거느리고 진격하였다. 바다와 육지에서 서로 호응하니 적의 무리들은 갈팡질팡하여 기세를 잃고 이리저리 급히 달아났다. 육병은 왜적 한 놈이 칼을 휘두르는 것을 보고는 곧바로 배로 내려오는 것이었다. 해질 무렵 칠천량에 돌아와 진을 쳤다. 선전관 이계명(李繼命)이 표신과 선유교서를 가지고 왔는데 임금님이 담비의 털가죽도 내려주셨다.

갑오일기(1594) 10월 7일

선병사(거이), 곽재우, 김덕령 등이 돌아갔다. 나는 그대로 머문 채 출발하지 않았다.

이때의 상황을 분석해 보면 이순신의 수군은 사명을 다했지만 기대했던 육군은 아무런 효과도 내지 못했음을 알 수 있다. 이순신이 7년전쟁 동안 약 45회의 해전에서 적선 700여 척을 분멸시켰지만 아군의 전선이 피해를 입은 것은 바로 이 장문포해전에서 전선 1척과 사후선 3척을 잃은 것이 손실의 전부였다. 이순신의 입장에서는 완벽하게 승리하지 못한 통한을 남긴 전투였다. 그렇게도 염원했던 수륙합공작전에 대한 기대는 회의만 남았다. 장문포해전에 대한 도원수 권율의 장계는 다음과 같다.

> 도원수 권율이 치계하기를, 별초군 1,000여 명은 박종남과 김경로를 장수로 정하고, 의령의 여러 진영에서 뽑아온 800여 명은 김덕령으로 선봉장을 삼고, 곽재우로 도별장을 삼아 전군을 지휘하도록 하여 신칙해서 들여보낸 뒤에, 윤두수의 140여 명과 이일이 거느린 군사 210여 명은 육전을 지원하도록 장수를 정하여 들여보냈는데, 덕령이 때마침 각기증을 앓고 있어 말을 타기도 하고 걷기도 하는 모습이 쓰러질 것만 같자 여러 장수들은 지팡이를 잃은 맹인처럼 모두 겁을 먹은 데다가 거제의 적병이 산야에 깔려 있다는 소식을 듣고는 더욱 의구심을 가졌습니다. 장수의 마음이 이미 동요되었으므로 군정을 알 만한데 억지로 명령을 내린다면 패할 것이 분명하기에 부득이 곽재우를 주사와 합세하여 기회를 보아 육지에 내려서 곧바로 격파하도록 지시하였고, 이일은 견내량의 북쪽 해안에 주둔하여 예기치 못한 일에 대비하도록 하였습니다. 그러나 여러 장수들은 주격이 고르지 못하다 하여 마음대로 출전 기일을 연기하고 또 바다에 비가 내려 어두워서 나가지 못하고 며칠씩 늦어져 기회를 잡지 못하였고, 저들 적병은 성문을 굳게 닫고 움직이지 않아 조금도 바다로 나올 뜻이 없으므로 접전은 하지도 못하고 군사의 위엄만 손상하였으니 매우 통분합니다.(『선조실록』 1594년 10월 13일)

장문포해전의 승패에 대한 평가가 분분하다. 일본은 자기들이 승리한 전투로 기록했고, 조선의 선조 역시 우리가 패배한 전투라고 규정했다. 그러나 비변사의 장계를 보면 패하지는 않은 전투라고 언급한 것으로 보아 선조의 자의적 해석으로 간주된다. 장문포해전의 또 하나의 비극은 이순신과 원균의 갈등이 더욱 불거져 더 이상 같은 바다에서 일하기 어려웠다는 점이다. 비변사는 도원수 권율과 통제사 이순신에 대한 대대적인 추고를 요청했고, 『선조실록』 1594년 11월 12일 기사에 의하면 이순신도 체직을 자청했으나 결과적으로는 원균이 12월 1일 충청병사로 체직되는 결과를 낳게 되었다.

비록 승첩을 얻지는 못하였지만 패배에는 이르지 않은 것이니, 이는 불행 중 다행이었습니다.(『선조실록』 1594년 10월 13일)

비록 전군이 패하지는 않았으나 많은 사상자를 냈다 하였습니다.(『선조실록』 1594년 11월 19일)

어제 경상감사의 서장을 보니 거제의 싸움에서 군사를 상실하고 모욕을 당한 것은 앞서 전교한 바와 같다. 내가 직접 들은 일이 하나하나 다 맞도다. 그처럼 패배했는데도 통제사, 도원수, 체찰사는 서로 숨기어 알리지 않고 도리어 장황한 말만 멋대로 늘어놓았으니, 군상(君上)을 안중에 두는 것인지, 조정을 안중에 두는 것인지, 대간을 안중에 두는 것인지, 매우 가슴이 아프다. 그러니 무겁게 다스려서 신하로서 속이는 버릇을 바로잡지 않을 수 없다.(『선조실록』 1594년 11월 21일)

최초의 수륙연합작전임에도 불구 육지에서 육군이 맞싸워주지 못한 것에 대한 이순신의 통분함이 있었고, 또 끝내 그 통분을 풀길이 없어 매양 한산도 진중에서 탄식했던 이순신이다. 엄밀히 말하면 적선 2척을 분멸하고 우리 전선 1척과 사후선 3척을 잃은 것은 패배에 준하는 무승부라고나 할까, 조정의 논란조차 분분했다. 그러나 장문포해전에서 반드시 기억할 것은 이순신과 역사적 만남을 했던 곽재우와 김덕령, 모두 구국의 의병장들이라는 점이다.

38
명량해전 : 조선의 운명을 바꾼 울돌목해전

2014년 한국을 뒤흔들었던 영화 〈명량〉의 신드롬이 아직도 생생하다. 영화진흥위원회의 통합전산망 티켓 발매기준 관객은 1,760만 명으로 역대 최고 기록이다. 가히 이순신 신드롬이라 할 만큼 온 국민이 이순신에 푹 빠졌던 한 해였다. 그러나 백전백승, 백절불굴의 인간 이순신을 이해하기엔 영화만으로는 너무나 부족했다. 많은 사람들이 이순신을 잘 알고 있다고 생각하지만 실상은 너무나 모르고 있기 때문이다. 더구나 영화라는 장르는 작가의 상상력이 가미된 문화예술의 역사이기 때문에 영화 그 자체를 역사로 인식하는 우려도 많다.

예컨대 참전한 전선의 수 13척 대 133척을 12척 대 330척으로 홍보하는 포스터, 참전하지도 않았던 거북선을 불태우고, 이미 도망쳐버린 경상우수사 배설이 이순신 암살을 시도하고 화살에 맞아 죽는 장면, 이순신이 백병전을 명령하고 회오리 속으로 왜선을 유인하여 배 위에서 싸우는 장면, 민초들이 이순신의 대장선을 구해내는 장면, 이순신이 사용한 화선(火船)을 일본군이 사용하는 장면, 배끼리 부딪히는 충파전술로 함께 부숴지는 장면,

오직 대장선 혼자서만 전투를 하는 장면, 도성인 한성을 처음부터 끝까지 한양이라 칭하는 내용 등 역사적 사실과는 거리가 멀다.

명량해전의 개요를 정확히 보자. 전투가 벌어진 날짜는 1597년 9월 16일이다. 그러나 실제로는 9월 17일이 옳을 것이다. 왜냐하면 이순신의 『난중일기』 기록에 착오가 있었기 때문이다. 태음력(太陰曆)에 따르면 정유년 8월은 작은 달로 29일까지이고, 9월은 큰 달로 30일까지다. 그런데 이순신은 당시의 혼란 상황에서 8월을 큰 달로, 9월을 작은 달로 기록하고 있다. 일기상의 날짜와 간지가 맞지 않는 이유이다. 따라서 8월 30일은 9월 1일, 9월 16일은 9월 17일이 되어야 한다. 향후 명확히 규정되기를 기대하며 일단은 보편화된 9월 16일을 해전일자로 한다.

전투를 지휘했던 장수로는 조선 수군은 삼도수군통제사 이순신, 전라우수사 김억추, 미조항첨사 김응함, 녹도만호 송여종, 영등포만호 조계종, 강진현감 이극신, 거제현령 안위, 평산포대장 정응두, 순천감목관 김탁 등이고, 일본 수군은 토도 다카도라, 가토 요시아키, 와키자카 야스하루, 쿠루시마 미치후사, 간 다츠나가, 마다시, 모리 다카마사 등이다. 참전 함선으로는 조선 수군은 전투선인 판옥선 13척, 비전투선인 초탐선 32척이었고, 일본 수군은 전투선인 관선(세끼부네) 133척이 명량으로 진입했으며 70여 척은 해협 입구에서 대기하고 있었다.

전투 결과로 조선 수군은 13척 중 단 한 척도 피해를 당하지 않았으며 1,000여 명의 수군 및 의병 중 극히 일부만 죽거나 다쳤다. 사망 2명은 순천감목관 김탁, 우수영 노비 계생이었고, 부상자 3명은 강진현감 이극신, 박영남, 봉학이었다. 일본 수군은 133척 중 31척이 분멸당했고, 100여 척이 파괴된 채 퇴각했다. 약 14,000여 명 중에 쿠루시마 미치후사와 마다시가 전사했고, 토도 다카도라는 중상 등 총 8,000여 명이 사상당했으며 그중 최소

3,500명이 사망한 것으로 추산한다.

명량해전 직전의 상황은 이랬다. 이순신은 1597년 8월 3일 선전관 양호로부터 임금이 보내는 기복수삼도통제사(起復授三道統制使) 재임명교서를 받음으로써 120일간의 백의종군에 종지부를 찍는다. 이순신은 당일로 머무르던 진주 손경례의 집을 출발하여 전라도 쪽으로 서진했다. 순천, 보성에 이르러 군사 120명을 확보하고 경상우수사 배설이 가지고 도망쳤던 판옥선 12척을 찾아내어 수군 재건에 박차를 가한다. 8월 15일 이순신이 보성에 이르렀을 때 임금이 보낸 선전관 박천봉에 의해 수전을 포기하고 도원수 권율을 도와 육전에서 싸우라는 유지를 받는다.

이순신은 즉시 장계를 올려 "신에게는 아직도 열두 척의 배가 있나이다(今臣戰船尙有十二), 죽기로 싸우면 오히려 할 수 있는 일입니다(出死力拒戰則猶可爲也)." 하면서 일본군과의 일전을 대비한다. 8월 26일 전라우수사 이억기의 후임으로 김억추가 부임해 오면서 판옥선 한 척을 끌고와 이순신의 전선은 13척이 되었다. 8월 28일 어란포에 이르렀을 때 왜선 8척이 침입해온 것을 이순신의 대장선이 선두에서 물리쳤고, 8월 29일 진도 벽파진으로 진을 옮겼다. 이때 경상우수사 배설이 아프다는 핑계로 8월 30일 전라우수영에 상륙한 후 9월 2일 도주했다. 배설은 결국 종전 후 고향인 선산에서 체포되어 도원수 권율에 의해 참형당했다.

벽파진으로 진을 옮긴 이후 9월 7일 적선 13척이 다시 침입해 왔으나 역시 이순신의 대장선이 선두에서 일본군들을 무찔렀다. 9월 14일 탐망군관 임준영이 왜적선 200여 척이 어란포까지 추격해 오고 있으며 이 중 55척이 이미 당도했다는 정보와 함께, 적의 포로가 되었다 도망친 김중걸로부터 9월 7일 접전에서 피해를 본 일본군들이 복수를 위해 조선 수군을 섬멸한 뒤 한강으로 쳐들어갈 것이라는 보고를 받는다. 명량해전 하루 전날 9월 15

일 이순신은 벽파진을 떠나 전라우수영으로 진을 옮긴다. 명량의 좁은 물목을 등지고 싸우는 것이 절대적으로 불리하며, 오히려 명량(鳴梁, 울돌목)이라는 천험의 요새를 활용하면 충분히 승산이 있다고 생각했기 때문이다. 그래야 일본군이 서해를 통과해서 한성으로 올라가지 못하도록 막을 수 있다는 판단이었다. 이날 밤 이순신은 장수들을 불러 모아 약속하기를 "반드시 죽기를 각오하고 싸우면 살 것이고, 살고자 하면 죽을 것이다(必死則生 必生則死)."라며 하면 된다는 도전의 용기를 불어넣고, "한 사람이라도 길목을 지키면 1,000명의 군사도 두렵게 할 수 있다(一夫當逕 足懼千夫)."라며 할 수 있다는 긍정의 사기를 북돋았다.

드디어 명량해전의 전투가 시작되었다. 9월 16일 오전 7시쯤 일본군들이 울돌목 명량수로를 넘어와 조선 수군을 에워싸기 시작했다. 이순신은 이미 적선의 규모가 조선 수군의 10배 이상 되는 중과부적 상황을 파악하고 피난선 100여 척을 후방에 포진시키고 있었다. 아울러 휘하 13척의 전선 중 12척을 명량해협을 가로질러 일자진을 형성한 후 닻을 내리도록 하였다. 오전 8시 전후하여 접전이 벌어졌으나 적의 막강한 세력에 질린 휘하장수들이 조수를 따라 자꾸만 뒤로 물러나고 있었다. 오직 대장선 이순신만이 선봉에서 홀로 버티며 화포를 쏘면서 교전할 뿐 전라우수사 김억추는 두 마장, 약 800m나 멀리 떨어져 있었고, 다른 여러 장수들도 먼바다로 물러가 회피할 꾀만 내고 있었다. 급히 호각을 불고 영하기와 초요기를 세웠더니 중군장 미조항첨사 김응함의 배가 가까이 왔는데 거제현령 안위의 배가 먼저 이르렀다.

이순신은 배 위에서 직접 안위를 불러 이르기를 "안위야, 군법에 죽고 싶으냐? 네가 군법에 죽고 싶으냐. 도망간다고 어디 가서 살 것이냐?" 하고 호령하자 안위가 황급히 적선 속으로 돌진했다. 또 김응함을 불러서 말하기를 "너는 중군장이 되어서 멀리 피하고 대장을 구하지 않으니 그 죄를 어찌 면할 것이냐? 당장 처형하고 싶지만 적의 형세가 또한 급하므로 우선 공을 세우게 해주마." 하며 불호령을 내렸다. 급기야 이들의 두 배가 먼저 적진 속으로 돌입하여 교전할 때 적장이 탄 배가 휘하 2척과 함께 안위의 배에 개미떼처럼 달라붙었다.

안위의 군사들이 등선하려는 일본군들을 몽둥이, 장창, 수마석 등을 이용하여 필사적으로 막고 있었다. 이들이 중과부적으로 기운을 다할 무렵 이순신이 배를 돌려 바로 안위의 배에 접근한 적선 3척을 맹렬히 공격했다. 이에 적선들이 거의 뒤집히게 되었을 때 녹도만호 송여종, 평산포대장 정응두의 전선이 잇달아 협력하여 적을 섬멸하였다. 이때 바다에 빠진 일본군 장수 마다시를 건져 올려 효수하여 적에게 내보이니 일본군의 기세가 크게 꺾이고 말았다.

오후 1시경 조류가 남동류로 바뀌자 조선 수군에게 유리한 형세가 되었다. 사기가 충천한 조선 수군은 계속 대포를 쏘아 적선들을 격침시켰다. 오후 3시가 넘어서자 조류가 최강류(약 9.7노트, 초속 5m, 시속 18km)로 흐르고 북풍도 강하게 불어와 바람을 이용한 화공전을 전개했다. 일본 군선들은 조류를 따라 수로 입구로 완전히 퇴각하면서 해전은 종료되었다. 전투결과 왜적선 31척이 완전히 분멸되었으며 다수의 전선이 파괴된 채 일본군은 남해상으로 후퇴했다. 이 해전에서 조선 수군은 단 한 척도 분멸되지 않았다. 다만 근접전으로 수군과 의병 등에 다소의 인명피해가 발생했다. 이순신 자신도 이 불가사의한 승리를 천행천행(天幸天幸, 정유일기), 차실천행(此實天幸, 정유일기Ⅱ)이라며 하늘에 그 공을 돌렸다.

명량해전, 조선 수군의 승리 요인은 무엇이었을까?

첫째, 이순신의 탁월한 리더십, 전술전략의 승리였다. 이순신은 자신이 탄 대장선을 맨 앞에 포진시키고, 그 뒤에 부하들의 전선 12척을 일자진으로 포진시켜 일본군을 막았다. 솔선수범의 리더십으로 부하들을 독려하고 후퇴를 막았던 것이다. 명량(울돌목)이라는 좁은 물목, 물때를 이용한 빠른 조류, 강한 바람을 이용한 화공전을 적절히 구사함으로써 13척이라는 수적 열세에도 불구하고 우세한 공격을 감행할 수 있었다. 적의 대장선과 선봉선을 집중 공격하고 적장 중의 한 명인 마다시를 토막 내어 효시함으로써 적군의 사기를 저하시키고 아군의 전의를 고양시켰다.

둘째, 조선 수군의 전선과 무기의 위력이 월등했다. 판옥선은 당시 명량수로에 침입한 일본의 세키부네보다 훨씬 많은 장점을 보유하고 있었다. 예컨대 상갑판의 전투원과 판옥안의 비전투원을 갈라놓아 노군을 안전하게 보호할 수 있었고, 선체의 판옥구조가 높아 전투원들이 높은 위치에서 적을 내려다보며 전투할 수 있는 반면 적들은 쉽게 기어오를 수 없어 일본군의 장기인 등선백병전이 불가능했다. 또 대형화포를 장착할 수 있는 튼튼한 소나무 구조의 전선이었다. 화포들은 천자, 지자, 현자, 황자총통 등 최대 사정거리 1천 미터 이상으로 근접해서 발사할수록 명중률이 높았다. 1백 내지 2백 발을 동시에 발사하는 조란환의 살상효과 또한 매우 컸다. 반면 일본의 전선은 V자형 첨저선으로 속도는 빨랐지만 삼나무 재질로 두께가 약해 대구경의 화포를 장착하지 못했고, 등선육박전을 펼칠 수 없는 상태에서 주력 무기였던 조총의 사정거리는 불과 100미터, 유효사거리 50미터 내외의 위력에 불과했다는 단점이 있었다.

셋째, 의병들의 참전과 활약이 눈부셨다. 조선 수군의 승리요인에서 의병들의 역할을 빼놓을 수 없다. 마하수, 오익창, 김안방, 백송호, 정운희 등 많은 해상의병들이 명량수로 북서단에 100여 척의 향선을 동원하여 후방 지원을 펼쳤다. 젖은 솜이불로 탄환을 방어하고 동과로 수군의 갈증을 풀어

주는 등 군수물자 지원으로 조선 수군 승리에 기여했다. 전라도 해안지방의 많은 의병들이 직접 전투에 참여하거나 의곡, 의복 등 병참지원을 하는 등 이순신의 요청에 자발적으로 부응했던 기록이다.

> 그때 백진남, 김성원, 문영개, 변홍원, 백선명, 임영개, 김택남 등 10여 명이 각각 피난선을 가지고 와서, "듣자하니 공(이순신)이 방금 피난선으로 하여금 먼바다에 열을 지어 군대같이 가장하라 하시니 이 기회에 같이 나아간다면 파죽의 승세가 오직 이 한 번에 있을 것이오.(『호남절의록』)

영화 〈명량〉에서 배워야 할 것은 이순신의 정신이다. 참으로 오랜만에 등장한 이순신에 관한 영화였다. 다만 영화에서 역사를 공부하려 들지는 말자. 영화는 영화로서 즐겨야 한다. 강력한 리더십을 필요로 하는 이때에 이순신이 살아 돌아왔다는 데 큰 의미를 두고 싶다. 백의종군 이후 맨손으로 군사, 군량, 군선, 군기를 긁어모으는 홀로서기 자립정신, 죽기를 각오하고 싸우면 이길 수 있다는 도전정신, 단 한 사람이라도 1,000명의 군사가 두렵지 않다는 긍정정신, 쫓기는 가운데도 전투를 대비하는 준비정신 등 오늘을 사는 우리가 이순신에게 배워야 할 것이 너무나 많다. 바라건대 이 영화를 관람한 많은 국민들이 명량해전을 이해하고, 이순신을 이해하고, 위기 극복의 지혜를 배울 수 있었기를 염원한다.

39
정조 : 이순신을 역사의 전면에 부각시키다

이순신을 닮으려 했던 국왕이 있었다. 어제 본 영화를 통해서 알았다. 톱스타 현빈 주연으로 관객몰이에 돌풍을 일으켰다는 영화 〈역린(逆鱗)〉이다. 현빈의 복귀보다 그의 탄탄한 등근육이 더더욱 화제인 영화였다. 배우로서 연민을 느꼈다는 역할의 주인공은 바로 이순신 홀릭에 빠졌던 조선의 22대 국왕 정조(正祖)다. 이순신보다 약 200년 뒤의 삶을 살았던 정조의 모습에서 이순신의 모습을 보았다. 일본군으로부터 나라를 방어하고 조선을 지키려다 54세에 전사했던 이순신, 붕당으로부터 나라를 개혁하고 조선을 재조하려다 49세에 짧은 생을 마감했던 정조였다.

이순신이 22년의 관직생활 동안 멸사봉공 우국충정에도 불구하고 파직과 백의종군을 거듭하는 지난한 삶이었다면, 정조는 11살 어린 나이에 비명에 죽어가는 아버지 사도세자의 죽음을 목격해야 했던 비운의 삶이었다. 정조가 암살의 공포에서 벗어나기 위해 존현각 구석에서 팔굽혀펴기로 등근육을 키웠다면, 이순신은 일본군을 무찌르기 위해 활터와 전장에서 끊임없이 활시위를 잡아당기며 등근육을 키웠다. 내가 본 정조의 등근육은 바로 이순신의 등근육이었다. 정조와 이순신, 시대는 달랐지만 사모하다 보니 서로 닮았나 보다. 정조가 이순신을 롤 모델로 삼았다고 보이는 여러 정황이 그러하다. 예컨대 두 분은 지독한 일기쟁이, 편지쟁이, 꼼꼼쟁이였다. '쟁이'는 '그러한 속성을 많이 가진 사람'을 뜻하는 접미사로 낮추어 쓰려는 의도가 아니다.

두 위인은 지독한 일기쟁이였다.

이순신에게 『난중일기(亂中日記)』가 있다면 정조에게는 『일성록(日省錄)』이 있다. 정조는 이미 세손시절부터 『존현각일기(尊賢閣日記)』를 쓰기 시작했고, 즉위 후에는 자신이 써오던 일기를 규장각에서 편찬하게 했다. 『난중일기』가 사적인 일기였다면 『일성록』은 사적인 일기로 시작하여 정부의 공식기록이 되었으니 공적인 것이 되었다. 그럼에도 『난중일기』는 1962년 제76호로, 『일성록』은 1973년 제153호로 국보에 지정되며 조선의 역사가 되었다. 또 『일성록』은 2011년, 『난중일기』는 2013년에 각각 세계기록유산으로 유네스코에 등재되어 세계의 유산이 되었다.

이순신의 『난중일기』가 하루하루 자신을 돌아보며 후회 없는 내일의 지혜를 가다듬는 기록이었다면, 정조의 『일성록』 역시 군주로서의 하루하루를 반성하고 심력을 보살피는 일일삼성(日三省吾身)의 기록이었다.

정조는 세손시절부터 이순신의 『난중일기』를 읽고 따라 배운 것이 아닐까, 자신의 일기가 소중했던 것처럼 『난중일기』의 역사적 가치를 인식하고 이순신의 일기와 자료들을 집대성하여 『이충무공전서』(1795, 정조 19년)를 간행하지 않았을까, 그렇게 본다면 4년 뒤 출간한 자신의 『홍재전서(弘齋全書』(1799, 정조 23년)가 조선시대 27명의 국왕 가운데 유일한 국왕의 문집이라는 점에서 역시 일기쟁이의 집착이 불러온 이순신 따라 하기는 아니었을까.

두 위인은 못 말리는 편지쟁이였다.

이순신에게 서간첩(국보 76호)이 있다면 정조에게는 편지첩(보물 1632호)이 있다. 이순신은 급제 이전에도 조카와 친지들에게 편지를 썼고 전장에서조차 조정대신들과 일선지휘관들에게 편지를 썼다. 활쏘기를 훈련하고 전략을 논의하면서도 장계와 장달을 직접 썼고 매일같이 일기를 썼고 작정하고 편지도 썼을 터이니 그의 일상이 온통 기록으로 채워지는 하루였을 것이다.

정조 역시 세손으로 있을 때부터 외조부, 외숙부 등에게 편지를 썼고 즉위 후에는 여러 대신들에게 국정을 논의하는 편지를 썼다. 신하인 심환지에게 보내는 편지와 외삼촌 홍낙임에게 보냈던 편지들은 '정조어필(正祖御筆)', '정조신한(正祖宸翰)'이란 편지첩으로 소장되어 있다. 특히 비밀편지가 알려지지 않도록 읽고 나면 반드시 찢어 없애기를 당부했건만 이를 어기는 재상 심환지에게 거친 언사로 질책하는 모습이 인상적이다. 당시 46세의 정조가 67세의 재상에게 독설과 해학이 곁들인 사적인 편지로 정국을 운용했던 모습을 보니 개인의 편지로 인맥을 구축했던 이순신의 모습이 들여다보인다.

> 이 편지는 보는 즉시 찢어버리든지 세초하든지 하라. 늘 한 가지 생각이 떠나지 않는데, 비록 집안에서라도 혹시 조심하지 않을까 하는 걱정이다. 경이 만약 각별히 치밀하게 행동한다면 이런 생각이 어디서 나오겠는가. 나는 이처럼 경을 격의 없이 여기는데 경은 갈수록 입을 조심하지 않는다. 이후로 경을 대할 때 나 역시 입을 다무는 것 말고 다른 방법이 없으니 우스운 일이다. 참으로 이른바 '이 떡이나 먹고 말을 전하지 말라'는 속담을 다시금 명심하는 것이 어떠한가? 경은 이제 늙어서 머리가 세었다. 게다가 처지와 신임이 어떠한가? 그런데 매번 입조심한 일에 대해서만은 탈이 생기는 일을 면하지 못하니 경은 생각 없는 늙은이라 하겠다. 너무나도 답답하다.('정조어찰첩', 1796년 8월 20일, 심환지에게 보낸 어찰 297통 중)

두 위인은 디테일한 꼼꼼쟁이였다.

이순신의 셈법에는 대충이나 대략이란 것이 없다. 쌀 한 섬 한 말, 청어 한 두름, 참기름 한 되, 꿀 한 되, 소수점 이하까지 헤아리는 좁쌀대감이었다. 삼도수군통제사가 아니라 말단 회계원의 계산법으로 재고를 관리하고 회계를 파악하는 이순신에게 그 누가 정확성을 시비할 수 있으며 공정성을 의심할 수 있겠는가. 정조 역시 이순신에 버금가는 꼼꼼쟁이였다. 다음은 규장각 제학 김종수(金鍾秀)가 정조의 태도를 지적하는 상소문이다.

> "작은 일에 너무 신경 쓰시면 큰일에 소홀하기 쉽습니다. 크고 실한 것에 전력을 기울이지 않고 눈앞의 일만 신경 쓰면 겉치레의 말단입니다."
>
> 그러자 정조는 이렇게 일축했다.
>
> "작은 것을 통해서 큰 것으로 나갈 수 있고, 겉치레를 통해야만 실상으로 도달할 수 있는 것"

이는 감히 신하가 임금의 단점을 지적하며 지도자라는 사람이 너무 세세한 것까지 챙기는 바람에 큰일에 소홀하고 있다는 지적질이었다. 하지만 정조는 사사건건 디테일에 신경 쓰는 일이야말로 눈앞에 닥친 일부터 하나하나 처리하는 만기친람(萬機親覽)이며 국왕의 책무라고 일갈했다.(『홍재전서』, 『정조실록』) 과연 시대는 달랐어도 디테일을 챙기는 정조의 모습은 이순신과 너무나 닮은꼴이다.

두 분은 조선을 재건한 성인이었다.

이제야 돌고 돌아 알게 되는 정조의 모습에서 이순신을 닮아 있는 모습을 발견한 것이다. 그러다 보니 앞에 열거한 일기나 편지의 디테일 외에도 닮은 모습이 의외로 많다. 임진왜란 중에 둔전을 경작하여 백성과 군사들의 식량을 자급했던 이순신의 홀로서기 모습과, 화성 일대에 둔전을 설치하여 자족의 도시로 육성하려 했던 정조의 자립경영의 모습이 그러하다. 이순신이 나대용, 정사준, 이봉수 같은 핵심인재들을 등용해서 거북선, 조총, 화약을 창제개발 했던 것처럼, 정조는 성균관 시절부터 눈여겨보았던 핵심인재 정약용을 통해 배다리 설계, 축성 설계, 기중가(起重架) 설계 등 창조적 업적을 남겼던 창조경영 역시 닮아 있다. 이순신이 『사서오경』, 『무경칠서』, 『중국사(宋史)』, 『고려사(東國史)』를 읽었던 독서광이었던 것처럼 정조 역시 '독서가 가슴의 막힘과 답답함을 사라지고 흩어지게 해준다'고 할 정도로 그의 유일한 위안이었다.

새삼 두 분의 공통점이 이순신을 롤 모델로 삼았을 정조의 벤치마킹이었음을 깨닫게 된다. 왜 정조가 발간비용을 지원하며 『이충무공전서』 편찬을 지시했던가(1792), 왜 정조가 이순신에게 신하로 오를 수 있는 최고의 관직인 영의정을 추증했던가(1793), 왜 정조가 대신들의 만류에도 불구하고 직접 지은 어제신도비를 세웠던가(1794), 왜 정조는 치제문을 친히 지어 통영의 충렬사에 제사를 올리게 하였는가(1795), 왜 정조가 3년간에 걸쳐 이순신의 유고와 문건을 망라해 『이충무공전서』를 완성했던가(1795), 왜 정조는 유례가 없었던 국왕의 문집인 자신의 『홍재전서』를 재임 중에 편찬했던가(1799) 등을 곰곰이 생각해 본 결론이다.

물론 정조가 당시에 천주교로 인한 사상 위기가 야기되자 무(武)의 상징인 이순신의 진충보국을 내세워 정치적 상황을 극복하려 했다는 논리도 있다. 지엽적인 부분일 수는 있겠지만 근본적으로 이순신을 배우고 익히고 존중하지 않고는 불가능한 일이다. 이순신을 벤치마킹하여 롤 모델로 삼기에 부족함이 없었기에 가능한 일이다. 신도비명에 표현된 정조의 속마음이 이를 말해주고 있다.

우리 열조들로 하여금 중흥을 이룰 수 있게 된 것은 오직 이 충무공 한 분의 큰 힘에 의한 것이다. 이제 내가 충무공에게 특별히 비명을 짓지 아니하고 누구의 비명을 쓴다 하랴.

우리는 왜 이순신을 배우는가? 에베레스트에만 정상이 있는 것은 아니다. 지리산 천황봉에도 정상은 있고 우리 동네 뒷동산에도 정상은 있다. 어디 설산고봉(雪山高峯)에 올라야만 환희가 있겠는가? 야트막한 뒷동산에만 올라도 희열은 있다. 이순신과 똑같아질 수는 없다는 얘기다. 그러나 장군이 아니면 어떤가, CEO가 아니면 어떤가, 지도자가 아니면 어떤가, 자기가 오른 만큼의 자리에서 자기가 이룬 만큼의 보람과 성취를 가지면 되는 것이다. 다만 가치 있는 정상에 오르기 위해서, 보람 있는 정상에 오르기 위해서 배우고 익히면 되는 것이다.

정조가 이순신을 닮으려 했듯이 닮고 싶은 인물, 따르고 싶은 롤 모델을 설정하고 벤치마킹하면 되는 것이다. 결코 영화를 추천하는 것이 아니다. 이상의 이야기들을 〈역린〉 속에서는 결코 만나볼 수 없기 때문이다. 정조가 그랬던 것처럼 금 숟가락을 입에 물고 태어난 국왕조차도 배우려 했던 이순신이다. 하물며 우리 뭇 백성들은 왜 이순신을 배우려 하지 않는가?

40

유성룡 : '서애' 유성룡과 '여해' 이순신의 위대한 만남

2015년 2월부터 방영하는 KBS 대하드라마 〈징비록(懲毖錄)〉이 많은 관심을 끌고 있다. 임진왜란 7년전쟁을 온몸으로 겪어낸 서애 유성룡(柳成龍)이 남긴 불후의 기록이다. 전란 중 의정부 영의정, 총사령관격인 도체찰사 등 국정의 요직에 있었던 유성룡이기에 그 누구보다 전쟁의 참혹상과 국정의 난맥상을 속속들이 잘 알고 있었다. 그래서 역사의 과오를 꾸짖어 반성하고(懲) 미래의 위기를 삼가 대비(毖)해야 굴욕의 역사를 반복하지 않는다는 경계의 메시지를 전해주는 기록이 바로 국보 132호 『징비록』이다. 몇 년 전에 읽었던 송복 교수의 『서애 류성용 위대한 만남』을 다시 꺼내 보고 써놓았던 독후감을 다시 정리하는 이유다.

'위대한 만남'이란 유성룡과 이순신의 만남을 일컫는다. 송 교수는 서두부터 다소 시니컬하게 시작한다. 율곡 이이의 십만양병론은 허구였다는 것, 율곡 제자들의 『율곡연보』와 비문 외에는 그 어디에도 기록이 없는 정치적 조작이라는 것이다. 다만 율곡이 말했던 조선은 '기국비기국(其國非其國), 나라가 나라도 아니었다(陳時弊疏)(1582년)'라는 것은 결국 임금이 임금도 아니었다는 것이니 과연 내가 판단했던 임금 선조에 대한 부정적 인식은 옳은 것인가. 다른 연구가의 견해를 통해서 궁금증을 풀어보고 싶다.

> 200년 역사의 나라가 2년 먹을 양식이 없습니다. 그러니 조선은 나라가 나라도 아닙니다. 이 어찌 한심하지 않습니까. 오늘 나라의 형세는 마치 오랫동안 고치지 않고 방치해둔 큰집(萬間大廈)에 비유할 수 있습니다. 크게는 대들보에서 작게는 서까래까지 썩지 않은 것이 없어 근근이 날만 넘기며 지탱하고 있는 형국입니다. 동쪽을 수리하면 서쪽이 따라 기울고, 남쪽을 뜯어 고치면 북쪽이 휘어 넘어져서 어떤 장인(匠人)도 손을 댈 수가 없습니다. 오직 날로 더 썩어 붕괴될 날만 기다리는 그런 집과 오늘의 나라꼴이 무엇이 다르다 하겠습니까.(『율곡전서』 중 「만언봉사」)

조선, 썩어 내린 집에 불까지 일어났다는 율곡의 경고대로 조선은 이미 무너져 내린 썩은 집이었으니 임진왜란의 발발은 큰 불까지 난 셈이었다. 영의정 유성룡에겐 일본군과의 무력전쟁 이전에 군사들을 먹일 군량을 확보하는 일이 우선이었다. 배고픈 군사는 싸울 수 없는 군량전쟁에서 조선의 상황은 너무나 비참했다. 명군 이여송의 군대 43,000명의 일 년치 군량이 무려 48만 6천 석이다. 당시 조선의 평상시 일 년 세입이 60만 석이었으니 전쟁으로 농사도 짓지 못한 상황에서 얼마나 부족했겠는가. 근근이 마련한 군량마저 천군(天軍)이었던 명군의 식량으로 공급하는 것이 우선이었고, 조선군의 식량은 그 다음, 굶어죽는 백성들의 식량은 마지막이었다. 뿐만 아니라 이여송 군대의 군마 사료인 콩, 수수, 조, 기장 등 역시 턱없이 부족했다. 온 힘을 쏟아도 말(馬) 일만 필의 일 개월 분 사료가 전부였다고 유성룡은 토로하고 있다.

마초가 완전히 없어져 공급할 수 없고, 길옆 들판에는 왜병들이 모두 불을 질러 사방의 산이 깡그리 불타 한 치의 풀도 남기지 않았습니다. 파주 경내가 더욱 심각하여 백 리 안에는 촌락이 없습니다. 그 참혹함은 차마 눈을 뜨고 볼 수가 없습니다. 명나라 대군이 행군 중인데도 군량과 마초는 모두 떨어졌습니다. 말은 죽어 길에 널려 있고 살아남은 말들도 너무 야위어서 전쟁터로 나갈 수 없습니다. 신은 가슴을 치고 답답해 울부짖어도 어찌 달리 해볼 수가 없습니다.(『진사록』 料理軍糧狀)

그렇다면 임진왜란은 과연 누가 치른 전쟁인가? 육지에는 유성룡의 외로운 싸움이 있었고, 바다에는 이순신의 의로운 싸움이 있었다. 이순신이 전선에서 일본군과 싸웠다면 유성룡은 조정에서 명군과 싸웠다. 이순신에게 백성이 하늘이었던 이민위천(以民爲天)이 있었다면 유성룡에겐 백성이 근본이었던 민유방본(民惟邦本)이 있었다. 근본이 튼튼해야 나라도 튼튼해진다는 유교적 통치이념을 절실히 깨닫고 있었던 것이다. 그러나 국권보다 왕권을 더 중시했던 임금, 조선의 군대보다 명의 지원군에 더 의지했던 임금, 조선을 지키려는 임금이 아니라 명나라로 망명(內附)하려던 임금, 망명이 자신의 뜻이라는 임금과 절대로 그래서는 안 된다는 유성룡이다.

성룡이 아뢰기를 "안 됩니다. 대가(大駕)가 우리 국토 밖으로 한 걸음만 떠나면 조선(朝鮮)은 우리 땅이 되지 않습니다.(不可, 大駕離東土一步, 則朝鮮非我有也)" 하였다. 상이 이르기를 "내부(內附)하는 것이 본래 나의 뜻이다.(內附本予意也)" 하니, 성룡이 안 된다고 하였다(成龍曰 不可).(『선조수정실록』 5월 1일)

내부(內附)란 글자 그대로 중국 내에 들어가서 붙어산다는 뜻이다. 선조는 이렇게 명나라를 의지하고 어버이의 나라(天朝)로 여겼지만 명에서는 무능한 조선의 임금을 바꿔야 한다며(分割易置) 불신했다. 특히 정유재란 이후 명나라는 국운이 기울어 엄청난 전비를 부담하기 힘든 상황에서 총독 형개, 경리 양호를 보내어 실질적 직할통치에 나섰다. 조선의 국왕은 지위만 보전할 뿐 실권이 거의 없는 상태였고, 신료들은 이름만 신하일 뿐 명군 지휘부의 눈치를 살피고 명령을 기다려야 했다. 지휘권도 통치권도 없는 조선은 빈껍데기 직할통치 그 자체였다. 예컨대 무소불위했던 양호(楊鎬)의 지휘권을 들 수 있다. 양호의 전횡은 병권의 범위를 넘어 국정에까지 미쳤다. 국왕을 제치고 왕세자 광해군에게 명령하여 남으로 내려가 백성을 독려하고 명군을 도우라 지시했다. 국왕 선조라고 예외가 아니었다. 세자가 남으로 내려가는 비슷한 시점에 양호는 선조에게도 감히 일갈했다.

> 내가 군사를 거느리고 적을 토벌하려고 하니(직산전투) 국왕도 마땅히 함께 가셔야 하겠소(國王宜與同往).(『연려실기술』 권17)

명령이었다. 같은 기록에 의하면 선조가 하는 수 없이 직접 말에 올라 양호와 같이 성 밖으로 나가 부교를 건너려 하는데 갑자기 명나라 병사가 선조가 탄 말에 채찍을 가했다. 별안간 채찍을 맞은 말이 위로 뛰어오르면서 선조는 하마터면 말에서 떨어질 뻔했다. 다행스럽게도 말고삐를 휘어잡아 위태로운 상태를 모면했지만 놀라운 것은 그것을 본 양호가 국왕의 말에 채찍을 가한 병졸을 벌하기는커녕 웃고만 있었다(鎬顧笑)고 한다. 조선의 국왕조차 자기 발밑에 있는 존재였다.

이런 양호가 자중지란으로 감찰어사 정응태(丁應泰)의 탄핵을 받았다. 울산전투에 대패하고도 승리한 것처럼 허위보고한 것을 명 조정에 탄핵한 것이다. 급기야 양호가 파면되어 귀국하게 되자 선조는 홍제원까지 전송하며 눈물을 뿌렸고 그것도 모자라 "양호는 정응태의 무고로 모함당한 것이니 양호를 다시 보내 달라."며 이원익을 진주사로 명에 파견했다.

선조는 이때 외교력과 설득력이 뛰어난 유성룡이 자청해서 진주사로 가 주기를 바랬다. 사헌부 등 조정의 대신들도 그랬다. 하지만 유성룡은 『징비록』에서 보듯 팔순노모를 간호한다는 이유로 거부하니 선조는 물론 대신들이 노골적으로 유성룡을 압박하고 나섰다. 유성룡의 실질적 이유는 다른 데 있었다. 선조와는 달리 양호의 직할통치나 다름없는 오만방자함에 비판적이었고, 더구나 양호를 변호하기 위해 명 황제에게 진주사를 보내는 것은 오히려 명에 대한 내정간섭으로 해서는 안 될 일이라 판단했기 때문이다.

아니나 다를까, 유성룡의 우려대로 이번에는 조선을 탄핵하는 정응태의 역공으로 오히려 선조가 궁지에 몰리게 되었다. 탄핵 사유는 너무 참담하고 혹독하고 무자비했다. 첫째, 조선이 양호와 부화뇌동하여 명나라를 속이고 있다. 둘째, 조선이 일본군을 끌어들여 요동을 침범하고 조선의 옛 강토를 찾으려 한다. 셋째, 조선의 임금들이 감히 조(祖)나 종(宗)의 칭호를 씀으로서 큰 죄를 짓고 있다는 것이었다. 정응태의 탄핵으로 명의 황제가 진노할 것을 생각한 선조는 눈앞이 캄캄했다. 선조는 거적을 깔고 황제의 처분을 기다리는 신세가 되었다. 양호를 변호하는 진주사를 보낸 것은 패착이었고 유성룡의 판단은 옳았다.

조선이 무슨 죄로 거적자리에 엎드려 비는가? 사태가 이 지경에 이르자 유성룡은 정사를 처리하고 군문 형개에 대응해서 전황을 챙기고 있었다. 그러자 이 틈새를 파고든 조정의 무리들이 있었으니 바로 지평 이이첨이 선조가 거적자리로 나가던 다음날인 1598년 9월 24일 유성룡을 탄핵하는 투소를 올렸다. 유성룡이 자청해서 정응태의 탄핵을 변명하러 가지 않았으니 파면되어야 마땅하다는 것이었다. 유성룡은 스스로 물러나겠다며 차사를 올렸지만 마땅한 대안이 없었던 선조는 윤허하지 않았다. 뒤이어 병조정랑 윤홍과 승문정자 유숙이 유생들을 동원하여 집단으로 독설이 가득 찬 투소를 올렸다.

유성룡은 조정에 나선 지 30년이 넘었지만 젊은 유생들까지 나서서 자신의 파직을 원한다면 이는 마땅히 물러나야 할 때이니 자신의 직책을 거두어 달라며 거듭 상소를 올렸다. 이미 마음이 떠난 유성룡이었고 막을 수 없는 선조였다. 그러나 전란극복에 진력해온 유성룡을 내칠 수는 없는 일이었다. 궁여지책의 선택은 체임(遞任), 일종의 직위해제였다. 진주사로 북경을 다녀온 이원익이 유성룡의 체임을 알고 자신도 물러나겠다며 간곡히 요청했지만 결국 유성룡은 파직당하고 말았다.

> 오늘날 정승을 택하는데 누구를 택해도 유성룡을 대신할 수 없습니다. 유성룡이야말로 오로지 청개자수혈성(淸介自守血誠) 즉 청렴과 개결, 근신과 지성으로 나라를 근심하고 나라를 위해 일해 왔습니다. 그가 퇴임한 마당에 신(臣)도 이제 물러가겠습니다.(『연려실기술』 권17)

> 사헌부가 유성룡을 삭탈관작시키는 일에 대해 잇따라 아뢰니, 유성룡을 파직시키라고 답하였다.(『선조실록』 1598년 11월 19일)

서애 유성룡과 여해 이순신의 만남은 언제였을까? 조정에는 유성룡이 있었고 전선에는 이순신이 있었다. 이미 십대 초반 한성의 같은 마을, 마른내(乾川洞, 서울시 중구 인현동 1가)에서 세 살 터울의 만남을 이어온 두 사람, 비록 가는 길이 달라 유성룡은 문과에 급제한 명재상으로, 이순신은 무과에 급제한 명장수로 임란을 극복하고 조선을 지켜냈으니 우리 역사에서 가장 위대한 만남, 유성룡과 이순신의 만남이었다. 유성룡은 나라에 위기가 닥칠 때마다 이순신을 최전선에 천거했다. 북방 여진에 대비해서는 조산보만호로, 남방 일본에 대비해서는 전라좌수사로 천거했던 유성룡이었다. 이순신은 제해권을 장악하며 조선을 지킬 수 있었고, 선조는 명나라에 요청하여 지원군으로 끌어올 수 있었고, 유성룡도 조정을 총괄하며 『징비록』이라는 대기록을 남길 수 있었다. 그것이 이순신의 표현처럼 천행(天幸)이었든 유성룡의 표현처럼 천찬(天贊)이었든 그것은 위대한 만남이었다.

생각하기도 끔찍하지만 유성룡과 이순신이 없었다면 조선의 북쪽은 중국의 일부로, 조선의 남쪽은 일본의 일부로 흔적도 없이 사라졌을 것이다. 임진왜란 이후 중국은 명조(明朝)에서 청조(淸朝)로, 일본은 모모야마(桃山)시대에서 에도(江戶)시대로 바뀌었던 것처럼 더 이상 조선왕조는 존속할 수 없었을 것이다. 임진왜란은 바로 그런 전쟁이었고 얼마든지 그럴 수 있었던 전쟁이었다. 조선과 두 위인의 만남, 유성룡과 이순신의 만남은 대한민국이 오늘의 정체성을 존속할 수 있었던 위대한 만남이었다. 그러나 안타깝게도 두 분의 만남이 끝을 맞았으니 무술년 1598년 11월 19일 유성룡이 영의정에서 파직되던 날, 이순신은 노량해전에서 눈을 감고 말았다. 오호 통재라, 위대한 만남은 여기까지였다.

5부

징비록 — 한산도 별시 — 전라좌수영

41
징비록 : 또 하나의 난중일기

시경(詩經)에 "내가 앞의 잘못을 징계하여(懲) 후의 환란을 조심한다(毖)."라고 하였으니, 이것이 내가 징비록(懲毖錄)을 적은 이유이다.(『징비록』 서문)

이순신에게 『난중일기』가 있다면 유성룡에겐 『징비록』이 있다. 『난중일기』가 일본군과 싸우는 전쟁의 기록이라면, 『징비록』은 역사와 싸우는 전쟁의 기록이다. 『징비록』은 이미 당시에 일본에서도 출간될 정도로 조·명·일 삼국의 국제전쟁에 대해서 많은 역사적 사실들을 기록하고 있다. 임진왜란을 연구하는 데 중요한 자료가 되고 있지만 무엇보다 관심이 쏠리는 부분은 국정의 중심에 섰던 시대의 경세가 유성룡이 평가했던 이순신 사관이다.

『난중일기』에 등장하는 유성룡이 이순신이 의지하고 기대었던 강력한 후원자였다면, 『징비록』에 나타나는 이순신 역시 유성룡이 안심하고 신뢰했던 조선의 지킴이였다. 『징비록』의 상당 부분이 이순신의 중요한 역할과 기여한 공헌에 대해 기술하고 있음을 보면 알 수 있다. 『징비록』의 저술 의도를 이순신을 앞세워 자신의 역할에 대한 정당성과 책임론을 옹호하기 위한 시각으로 바라보는 일부 사가들의 주장도 있다. 하지만 유성룡과 이순신의 위대한 만남의 성격으로 보아 유성룡의 진심이 담겨져 있음을 의심할 여지가 없다. 유성룡이 바라봤던 이순신의 모습을 발췌하여 살펴본다.

정읍현감 이순신을 전라좌도수군절도사로 발탁하였다.

이순신은 담력과 지략이 있고 말 타기와 활쏘기를 잘하였다. 일찍이 조산만호로 있을 때 북쪽 변방에 사건이 많았는데, 이순신은 반란을 일으킨 우을기내(于乙其乃)를 계략으로 유인하여 사로잡아 병영으로 보내어 처형시키니 여진인에 대한 근심이 마침내 그치게 되었다. 순찰사 정언신이 이순신으로 하여금 녹둔도의 둔전을 지키게 하였다.

짙은 안개가 낀 어느 날, 군인들은 모두 나가서 추수하고 요새 안에는 10여 명만 있었다. 갑자기 여진(女眞)의 기마병들이 사방에서 모여들자 이순신은 요새 문을 닫고 요새 안쪽에서 친히 유엽전(柳葉箭)을 잇달아 쏘아대니 적 수십 명이 말에서 떨어졌고 이에 여진인들은 놀라 퇴주하였다. 이순신이 요새 문을 열고 혼자 말을 타고 크게 소리치며 그들을 추격하니 여진인들은 달아났고, 이순신은 아군이 빼앗겼던 것들을 모두 찾아서 돌아왔다.

그러나 조정에서는 그를 밀어주는 사람이 없어서 과거에 합격한 뒤 십여 년 동안 출세하지 못하다가 비로소 정읍현감이 되었다. 그때 일본인들이 침략한다는 소문이 날로 급해지니 임금께서는 비변사에게 명하여 각자 장수의 역할을 감당할 만한 자를 추천하게 하였다. 내가 이순신을 천거하여 그가 정읍현감에서 여러 단계를 뛰어넘어 수군절도사로 승차하니, 어떤 사람들은 그의 갑작스런 승진을 의심하였다.

사천해전·한산해전, 이순신이 거북선(龜船)을 만들었다.

나무판자로 배(판옥선) 위를 덮으니 위가 둥글게 올라온 것이 거북이와 같았다. 병사와 노 젓는 사람이 모두 그 안에 있으면서 전후좌우에 화포를 많이 싣고 베틀의 북(梭)마냥 종횡무진하였다. 적의 배를 만나면 잇달아 대포를 쏘아서 부수었다. 여러 배가 일제히 뭉쳐서 공격하니 연기와 불꽃이 하늘을 채우고 불탄 적의 배가 무수히 많았다.

이순신이 전투를 독려하다가 적의 유탄에 왼쪽 어깨를 맞아 피가 발꿈치까지 흘렀다. 그러나 그는 아무 말도 하지 않다가 전투가 끝난 뒤에야 비로소 칼로 살을 찢고 탄환을 뽑았다. 탄환이 몇 치나 파고 들어가 있어서 그 모습을 보는 사람들은 모두 낯빛이 변하였지만 이순신은 담소를 나누며 태연자약하였다.(사천해전)

승전소식을 들은 조정에서는 매우 기뻐하여, 임금께서는 이순신을 일품(一品) 벼슬로 올리려 하셨다. 하지만 너무 파격적인 승진이라고 비판하는 사람이 있었기 때문에 이순신을 정2품 정헌대부로 승진시키고 이억기와 원균을 가선대부로 승진시켰다.(한산해전)

여러 장수들은 이순신을 신으로 여겼다.

전쟁터에 있을 때에 통제사 이순신은 밤낮으로 엄중이 경계하여 갑주를 푼 적이 없었다. 견내량에서 적과 대치하고 있던 때 여러 배들은 이미 닻을 내렸고 밤에 달빛이 매우 밝았다. 이순신은 갑주를 걸친 채로 북을 베게 삼아 누워 있다가 갑자기 일어나 앉아서 좌우에 있던 사람들에게 소주를 가져오라 하였다. 한 잔을 마신 뒤에 장군들을 모두 불러서 "오늘 밤은 달이 매우 밝다. 적은 사람을 속이는 계략에 능하니, 달이 없을 때는 당연히 우리를 습격하겠지만 달이 있어도 당연히 기습할 것이다. 그러니 경비를 엄히 해야 할 것이다."라고 말하였다. 그리하여 명령을 알리는 나팔을 불어서 여러 배가 모두 닻을 올리게 하고, 척후선에 명하여 숙면을 취하던 척후병을 깨워 변고에 대비하게 하였다.

한참 뒤에 척후병이 달려와서 적이 온다고 보고하였다. 이때는 달이 서산에 기울어 산 그림자가 바다에 드리워서 바다의 반쪽이 어렴풋이 어두워졌다. 수많은 적의 배가 이 그림자를 타고 와서는 아군의 배에 접근하려고 하였던 것이다. 이에 중군이 대포를 쏘고 함성을 지르자 여러 배가 모두 이 신호에 호응하였다. 아군이 기습에 대비했음을 알아챈 적이 일제히 조총을 쏘니, 그 소리가 바다를 흔들고 바다 위로 총알이 떨어지는 것이 마치 비가 내리는 것 같았다. 적은 마침내 아군을 침범하지 못하고 달아나니 여러 장수들은 이순신을 신으로 여겼다.

수군통제사 이순신을 체포하여 옥에 가두었다.

적장 고니시 유키나가가 요시라를 경상우병사 김응서에게 비밀리에 보내서 "우리 장군 고니시 유키나가가 말씀하기로 지금 이 화의가 성사되지 못한 것은 가토 기요마사 때문이라 본인은 그를 매우 미워하고 있다고 합니다. 아무 날에 가토 기요마사가 바다를 건너올 것인데 조선은 바다에서 잘 싸우므로 만약 그때 바다에서 공격하면 그를 패배시키고 죽일 수 있을 것입니다. 삼가 이 기회를 놓치지 마십시오." 하였다. 김응서가 이를 보고하자 조정은 그 말을 믿었다. 해평군 윤근수는 가장 뛸 듯이 기뻐하여 이 기회를 놓칠 수 없다며 여러 차례 임금께 아뢰어 이순신에게 진군하라고 하였다.

그러나 이순신은 적이 속임수를 부리고 있을 것을 의심하여 며칠 동안 주저하고 있었다. 이에 요시라가 다시 와서 "가토 기요마사가 이미 상륙하였습니다. 조선은 일본 가토군을 공격하여 차단하지 않습니까?" 하며 거짓으로 매우 안타까워하였다. 이 소식이 들리자 조정의 논의는 모두 이순신을 책망하는 것이었고, 대간에서는 이순신을 잡아서 심문할 것을 요청하였다. 경상도 현풍 사람인 전 현감 박성도 '이순신을 처형해야 합니다.'라는 극언을 상소하였다. 마침내 의금부 도사를 보내어 이순신을 잡아오게 하고 원균을 통제사로 임명하였다.

이순신이 옥에 갇히자 임금은 대신들에게 그의 죄를 논하라고 하였는데 판중추부사 정탁만이 "이순신은 명장이니 죽여서는 안 됩니다. 군사상의 이해득실은 먼 곳에서는 판단하기 어려우니, 그가 진격하지 않은 데에도 반드시 생각한 바가 있을 것입니다. 청컨대 그를 일단 용서하시어 나중에 잘못을 바로 잡게 하소서." 라고 하였다. 그리하여 조정에서는 이순신을 한 차례 고문하여 처형을 면하여 주고 관직을 삭탈하여 충군(充軍)시켰다. 이순신은 감옥에서 나와 아산을 지나면서 모친상을 당해 상복을 입고 곧장 권율의 부대로 가서는 종군(從軍)하니 이 소식을 들은 사람들은 매우 슬퍼하였다.

이순신이 감옥에 있을 때, 장차 어찌될지 예측할 수 없었다.

옥리가 이순신의 조카인 분(芬)에게 비밀히 "뇌물이 있으면 처벌을 면할 수 있다."라고 하였다. 이 말을 전해 들은 이순신은 "죽으면 죽는 것이지 어찌 잘못된 방식으로 살아남을 수 있겠느냐?"라며 분을 혼냈다. 그가 지조를 지키는 것이 이와 같았다.

이순신의 사람됨은 말과 웃음이 적고 용모는 단아하고 조심스러워 근엄한 선비 같았다. 그러나 마음속에는 담력과 용기가 있어서 자기 몸을 잊고 나라를 위해 죽었으니 이는 평소부터 그가 자기 자신을 수양한 결과다. 그의 형 희신과 요신이 모두 먼저 죽자, 순신은 두 형님의 자녀를 자기자식처럼 길렀다. 시집, 장가보낼 때도 두 형님의 자녀를 우선하고 자기 자식은 그 다음이었다. 재능이 있었지만 불운하여 재능의 백분의 일도 펼치지 못하고 죽었으니 애석하도다.

칠천량해전, 조선 수군이 완전히 무너졌다.

한산도의 수군이 무너졌다. 한밤중에 일본군의 배가 아군의 진영을 습격하니 아군은 크게 패하였다. 원균은 바닷가로 달아나서 배를 버리고 언덕에 올라 도망치려 하였지만 몸이 살찌고 둔하여 소나무 아래 앉았는데 좌우에 있던 사람들은 모두 흩어져버렸다. 어떤 이는 그가 적에게 죽었다고 하고 또 어떤 이들은 그가 달아나서 살아남았다고 하였지만 어느 쪽이 사실인지는 알 수 없었다. 이렇게 한산도가 무너지자 적은 승리한 기세를 몰아 서쪽으로 나아가 남원과 순천을 차례로 함락시켰다. 적의 수군은 두치진에 상륙하여 진격해서 남원을 포위하였으니 이에 전라도와 충청도가 크게 진동하였다. 고니시의 계략이 매우 교묘하여 우리 군대가 모두 그 계략에 빠지고 말았으니 참으로 슬프다.

이순신을 다시 삼도수군통제사에 임명하였다.

한산도의 패전보고가 도착하자 조정과 민간이 모두 두려워하고 놀랐다. 임금은 비변사의 여러 신하들을 만나 의견을 물어보았으나 그들은 모두 두렵고 혼란스러워 어떻게 대답해야 할지 몰랐다. 경림군 김명원과 병조판서 이항복이 조용히 '이는 원균의 죄입니다. 마땅히 이순신을 기용하여 통제사에 임명할 수밖에 없습니다.' 하고 아뢰자 이 의견에 따랐다. 이때 권율은 원균의 패배소식을 듣고는 이미 이순신에게 가서 수습하라고 하였다. 바야흐로 적군이 조선 측의 상황을 엿보고 있던 상황인지라, 이순신과 군관 한 사람은 경상도에서 전라도로 들어가서 밤낮으로 몰래 이리저리 돌아 진도에 이르러 병사를 모아 적을 막고자 하였다.

명량해전, 일본군을 무찌르고 적장 마다시를 죽였다.

통제사 이순신이 진도의 벽파정 아래서 일본군을 무찌르고 적장 마다시를 죽였다. 진도에 도착한 이순신은 병선을 수습하여 십여 척을 얻었다. 이때 바닷가의 사람들 가운데 배에 타고 난리를 피한 사람들이 수없이 많았는데 이순신이 도착하였다는 소식을 듣고는 기뻐하지 않는 사람들이 없었다. 이순신이 여러 방면으로 부르자 이들이 가깝고 먼 곳에서 구름처럼 몰려들었기에, 이순신은 그들을 군대 후방에 두어 아군의 형세를 갖추는 데 도움을 주게 하였다. 적장 마다시는 해전을 잘 치른다는 평판이 있었는데, 그는 배 200여 척을 이끌고 서해를 침범하여 아군과 벽파정 아래서 만났다. 이순신은 12척의 배(13척)에 대포를 싣고는 밀물을 타고 이곳에 이르러 바닷물의 흐름에 따라 적을 공격하니 적은 패하여 달아났고 아군은 크게 위세를 떨쳤다.

노량해전, 일본군을 크게 무찌르고 이순신은 전사했다.

1598년 10월, 고니시 유키나가는 순천 예교성에 성을 쌓고 굳게 지키고 있었는데, 유정이 대군을 이끌고 공격했지만 이기지 못하고 순천으로 돌아왔다. 이순신과 명나라 장군 진린은 바다와 이어지는 어귀를 장악하고 접근했다. 고니시 유키나가가 사천에 주둔하던 적장 시마즈 요시히로에게 구원을 요청하여 뱃길로 구원을 나왔다. 이순신이 진격하여 시마즈 군을 크게 이기고 적의 배 200여 척을 불태웠으며 죽인 적병의 수를 헤아릴 수 없었다.

달아나는 적의 수군을 뒤쫓아 남해의 경계인 노량에 이르러 이순신은 날아오는 화살과 돌을 무릅쓰고 친히 열심히 싸웠다. 적진에서 날아온 총알이 그의 가슴을 뚫고 등 뒤로 나가니 좌우에 있던 사람들이 그를 부축하여 장막 안으로 옮겼다. 이순신은 "지금 싸움이 급하니 삼가 내가 죽었다는 말을 하지 말라." 하고는 전사하였다. 이순신이 죽었다는 소식이 들리자 아군과 명나라 군대가 모두 통곡하였으니 마치 자기 부모의 죽음을 애통해하는 것 같았다. 이순신의 영구가 지나는 곳곳의 백성들은 제단을 차렸고, 상여를 막으면서 '참으로 공이 우리를 살렸는데 지금 우리를 버리고 어디로 가십니까.'라고 통곡하니 길이 막혀 상여가 나가지 못했다. 길 가는 사람들도 모두 통곡하였다.

42

조선침략 : 임진왜란은 일본의 침략 전쟁이었다

일본인 오다 마코토(小田實)의 소설 『임진왜란(원제: 民岩 太閤記)』을 읽은 것은 2014년 갑오년이었다. 420년 전 갑오년은 1594년, 임진왜란 7년전쟁의 중간쯤이다. 120년 전 갑오년은 1894년, 민족의 수난과 국치의 와중으로 동학농민봉기, 청일전쟁, 갑오경장이 꼬리를 물고 일어났다. 그중에도 청일전쟁의 중요한 의미는 일본이 중국을 이긴 최초의 전쟁이라는 점이다. 중국에 대한 일본의 우위는 제2차 세계대전까지 이어진다. 60년 전 갑오년은 1954년, 한반도는 한국전쟁이 끝나고 본격 냉전의 시기에 돌입했다. 이후 한국은 미·소 양 슈퍼파워가 겨루는 대결의 틈새에 존재했고 오늘날은 미·중·일·러 등 열강의 틈새에서 국제정치의 미로를 헤매고 있다.

일본은 임진왜란, 한일병합, 태평양전쟁 등 침략행위로 인해 이웃국가에 형언할 수 없는 비극을 안겨주었던 부끄러운 역사를 반성하기는커녕 부정하고 왜곡하고 심지어 미화하는 몰염치한 위정자들이 많다. 참으로 뻔뻔하고 어처구니없는 일이다. 그러나 우리는 일본의 자기 합리화에 대한 잘못을 지적하면서도 무엇이 정확한 잘못인지, 무엇이 제대로 대응하는 것인지 잘 알지 못하고 있다. 피해국의 아픔을 외면하는 것도 모자라 적반하장인 아베 내각을 보면서 호전주의의 피가 흐르는 침략자의 근성에 미움은 분노로 커지고 있다.

저자 오다 마코토는 1931년 일본이 중국의 동북지방을 제패하고 만주국을 수립했던 1932년에 태어났다. 그리고 1945년 태평양전쟁의 패전으로 참담한 말로를 목격했던 장본인이다. 오만했던 패전국 일본이 저질렀던 침략과 악행의 대가를 히로시마·나가사키 원폭을 체험했던 역사의 증인이다. 저자는 평화운동가가 된 반전지식인답게 "소설은 정치를 그림풀이하는 것이 아니다. 역사를 덧바르는 것도 아니고 역사를 등지고 자기만의 이야기를 꾸며내는 것도 아니다. 아시아의 다른 나라, 다른 민족의 땅에서 우리 일본 사람들이 어떤 일을 해왔는지, 전쟁에 의한 침략, 살육, 파괴, 수탈을 수반한 식민지배의 실체적 진실을 2차대전 패전에 직면해서 일부나마 이해하게 되었다. 왜 내가 일본 도요토미 히데요시의 조선침략에 대해서 썼는지를 이해할 수 있으리라 생각한다."라고 말한다.

도요토미의 도발은 의심할 바 없는 침략 전쟁이었다. 원숭이 같은 얼굴에 키도 작았던 도요토미 히데요시(豊臣秀吉)는 원래 오다 노부나가(織田信長)의 조리(짚신)을 갖다 놓는 천한 신분으로 간파쿠(關白)의 자리에까지 오른 인물이다. 도요토미는 전국을 제패하고 대륙침략을 꿈꾸면서 당시엔 어떤 형태로든 천황에게 조선과 명나라 침략에 대한 승인을 받아야 했다. 그래야만 침략이 떳떳하게 일본국 전체가 행하는 전쟁이 될 수 있었기 때문이다. 법제상 그저 간파쿠에 지나지 않는 인물이 행하는 전쟁이 아니라 일본이 치르는 국가적 전쟁이어야 했다.

도요토미의 출진은 화려했다. 오사카에서 출발하려던 일정을 바꾸어 교토에서 출발했다. 수도 교토 사람들에게 자기들의 출발장면을 보여주려 했던 것이다. 여기서 침략 전쟁에 대한 천황의 전쟁책임, 침략책임의 문제가 불거지는데, 이때 일본 천황은 별도의 칙령을 내려 침략을 명한 것이 아니다. 그가 한 일이라곤 도요토미의 출사를 축하하는 노래를 부채에 써서 준 것 뿐이다. 그리고 상황(上皇)과 함께 일종의 열병식에 참여했을 뿐이다. 이로써 천황의 승인은 이루어진 것이 되었고 천황은 전쟁과 침략에 대한 책임을 도요토미에게 전가할 수 있었다. 일본인들이 말하는 분로쿠게이초(文祿慶長)의 역(役)은 일본역사 최초의 총력전이었다. 그러나 이 총력전은 절대로 조국 방위전쟁이 아니라 침략 전쟁이었다. 도요토미의 교토 출발 열병식을 마루청 위에서 지켜본 천황은 구경꾼에 불과했다.

일본이 결국 패할 수밖에 없었던 이유를 보자. 도요토미의 침략 전쟁은 결국 일본군의 패전으로 끝났다. 많은 전략적 실패 원인이 있지만 결정적으로 일본이 조선 수군을 능가할 만한 해군력이 없었기 때문이다. 참패 원인 중 하나로 주력선인 아타케부네(安宅船)가 조선이나 중국 배에 비해서 형편없이 약했다고 기술하고 있다. 즉 아다케부네의 근본적인 결함은 용골(龍骨, 큰 배 밑바닥 한가운데를 관통하여 선체를 받치는 길고 큰 목재)이 없다는 점이었다. 거대한 배였지만 용골이 없는 탓에 포격을 당하거나 부딪치기라도 하면 그것으로 끝장이었다.

당시 중국인들이 중국 배와 비교해 놓은 기록에 따르면 선체도 널빤지를 늘어놓고 쇳조각을 끼워 넣은 다음 널 사이에 짚을 가득 쑤셔 넣어 만들었을 뿐이라고 하니 조선 수군에게 꼼짝없이 참패해서 불에 타고 가라앉았던 것이다. 일본의 조선기술은 한마디로 엉터리였음은 당시 일본에 와있던 선교사 루이스 프로이스의 기록을 봐도 알 수 있다. 선교사의 말에 따르면 일본의 군함은 보기에는 번드르르하지만 실질적으로는 허술하기 짝이 없었다는 것이다. 그래서 도요토미는 선교사들을 싣고 대해를 건너온 '나우'라는 이름의 튼튼한 배를 탐냈다고 한다.

조선이 침략 초기 패할 수밖에 없었던 이유도 있다. 조선을 침공한 일본은 도요토미도 사무라이고 부하들까지 모두 사무라이였다. 사무라이가 정치적 결정에서부터 작전의 입안, 지휘, 실전 참가까지 모든 것을 해치우고 있었다. 그러나 제1군대장 고니시 유키나가가 먼저 한성에 들어왔을 때 조성의 도성은 텅 비어 있었다. 임금은 달아나버렸고 궁궐은 다 타버린 뒤였다. 임금이 백성을 버리고 먼저 도망쳤다는 소식에 백성들이 노비문서를 보관하던 형조와 장예원 그리고 경복궁, 창덕궁, 창경궁을 모두 불태웠다. 비천한 상것들은 노비문서만 없애면 자신들도 활개를 칠 수 있다고 믿었다. 노비는 대를 이어 노비일 수밖에 없고, 천민은 대를 이어 천민일 수밖에 없었기 때문이다. 지배계급의 도구로만 사용되던 천민들이 궁궐이나 관청을 약탈했다고 해서 하나도 이상할 것이 없었다.

그리고 조선은 문관과 무관이 엄연히 존재할 뿐더러 예(禮)의 나라로서 오랫동안 문(文)은 무(武)의 윗자리에 있었다. 문관이 무관 위에서 거드름을 피우다가도 저 먼저 냅다 도망쳐버린 사례가 수두룩하다. 문민통치의 혼란 중 최악은 다름 아닌 조선의 국왕 선조였다. 우유부단한 인물이었던 선조는 방금 내린 결정을 몇 시간 후에 뒤엎어 버리기를 밥 먹듯 했으니 구국의 영웅 이순신도 선조의 변덕에 몇 번이나 희생당하는 판이었다. 또 다른 원인은 임금을 비롯한 고위층들이 제 힘으로 맞서 싸울 기백을 상실했다는 점이다. 구원의 희망은 천조(天朝) 즉 종주국 명나라에 있으니 거기에 의지하면 어떻게든 될 것이다, 아니 거기 말고는 길이 없다고 애초부터 생각했을 혐의가 짙다. 제 스스로 싸울 기백이 없으니 도망칠 생각만 한 것이다.

일본군이 평양에서 더 이상 북진하지 못했던 이유는 뭘까? 임진왜란 초기 승승장구하던 일본군은 1593년 1월 6일부터 9일까지 평양성전투에서 명나라 지원군 이여송에게 참패했다. 그러나 불과 보름만인 1월 27일 벽제관 전투에서 명군에게 치명적인 패배를 안겼다. 그러고 다시 보름여만인 2월 12일 행주전투에서 조선군 권율에게 대패당하는 등 일본은 조선에서 승리를 장담할 수 없는 상황이 되었다. 일본군은 주저할 수밖에 없었다. 의외로 조선이라는 땅은 듣기보다 훨씬 더 넓었다. 평양성까지는 일사천리로 쳐들어왔지만 이 행로는 마치 점(点)과 선(線) 같아서 도저히 조선 전토를 점령했다고 할 수 없다. 그렇다면 조선의 몇 십 배라는 대명(大明)을 어찌 점령할 수 있겠는가.

처음에는 파죽지세로 진격하는 도요토미 군대의 위세에 완전히 눌렸던 조선에서도 이제는 전열을 갖추고 다시 일어서게 되었다. 조선이 그렇게 믿었던 명나라에서도 지원군을 보낼 것이라는 정보로 보아 전쟁이 길어질 조짐이 농후했다. 더구나 북방진격을 위해 일본에서 물자를 보급하는 막중한 임무를 맡은 일본 수군이 이순신이 이끄는 조선 수군에게 연전연패를 당하니 보급로를 차단당한 채 부산 근처의 섬 그늘에 숨어 꼼짝도 못하는 실정이었다. 엎친 데 덮친 격으로 도처에서 봉기한 의병들이 일본군을 습격하니 일본군의 기세는 크게 약화되었다. 또한 언제 끝날지 모르는 전쟁에 혹한과 역병 굶주림까지 찾아오자 일본군의 전선에서는 지휘고하를 막론하고 도망자가 속출했으니 남쪽으로 퇴각할 수밖에 없었다.

일본문학은 가해자 의식 즉 반성 의식이 없다. 일본의 영웅은 구국형 영웅이 아니라 침략형 영웅이다. 임진년 침략 전쟁을 다루면서도 일본문학은 출병(出兵)이란 용어를 쓸 뿐 침략(侵略)이란 단어를 사용하지 않는다. 이런 분위기인지라 '점령과 문학' 심포지엄에서 저자 오다 마코토의 발표는 많은 공감을 일으켰다.

나는 도요토미 히데요시를 아이누족은 물론이고 불교도, 기독교도 등까지도 포함한 총동원체제로 조선을 침략한 침략자의 모습으로 재조명하고자 한다.

나는 1931년 일본의 중국 동북지방 침략을 시작으로 1945년 8월 참담한 패전으로 끝나는 전쟁 체험을 통해 새로운 현실에 눈뜨게 되었다. 그러나 전쟁 말기에 이를 때까지 나는 이 전쟁 자체의 의미와 모습 그 어느 것도 볼 수 없었다. 태평양 전쟁의 전반기, 일본이 중국침략을 시작한 무렵 나에게는 전쟁이 보이지 않았다. 전쟁의 현장은 중국 대륙에 있었지 일본에는 없었다. 전쟁은 성전(聖戰)이었고 일본은 당당하게 승리했다고 수많은 일본 사람들에게 느껴졌다. 성전은 아시아 전역에 퍼져 황군(皇軍)의 승리는 계속되었다. 그러나 그것은 오래 지속되지 않았다. 얼마 지나지 않아 전쟁은 비참한 형상을 보이기 시작하여 결국 일본은 참담한 패전을 당하게 되었다. 침략국 일본이 저질렀던 악행의 대가는 히로시마·나가사키 원폭이라는 비참한 말로를 가져왔다.

43
이순신의 힐링 : 문학, 음악, 오락, 의학을 통한 자기 치유법

이순신은 그 엄청난 심리적 고통, 정신적 스트레스를 과연 어떻게 해결했을까, 22년의 관직과 7년의 전쟁 동안 끊임없는 모함과 음해, 파직과 백의종군 등 인간적으로 견디기 힘든 긴장과 갈등, 분노와 슬픔을 치유하기는 결코 쉽지 않았을 것이다. 54년 전 생애에 걸쳐 가장 힘든 고통의 시간은 역시 전쟁이 펼쳐지는 기간일 것이다. 『난중일기』에 등장하는 이순신의 모습은 조정의 부당한 조치에 고심하고, 군졸들의 열악한 환경에 아파하고, 어머니와 아들의 비통한 죽음을 슬퍼하고, 부상의 상처에서 흘러내리는 피고름에 신음했다.

그러나 이순신에겐 이 모든 고통을 스스로 치료하는 치유(healing)의 능력이 있었다. 고뇌하는 갈등도, 신음하는 아픔도, 통곡하는 슬픔까지도 모두 감수하고 극복하는 자신만의 노하우, 보통의 인간으로는 견뎌내기 힘든 모습이라 많은 연구가들은 이순신을 온전한 인격체라고 표현한다. 물론 성웅이라 표현될 만큼 비범한 인격과 자기절제는 보통 사람의 모습이라고 보기는 어렵다. 슬픔을 기쁨으로 승화할 줄 아는 현자(賢者)였지만 사실은 그도 평범한 인간이고 필부(匹夫)인 부분이 있지 않을까. 자신을 다스리고 부하들을 위로하며 정신적 치료와 심리적 치유의 돌파구를 찾고 있음을 『난중일기』를 통해 알 수 있다. 자신만의 자기치료(self medication), 심리치료(psycho therapy) 요법이다.

문학치료(literary therapy), 달과 바람 그리고 시와 일기가 곁에 있었다.

훈련과 전투, 근심과 걱정, 갈등과 협력 등 이 모든 일들이 고독한 지휘관 이순신을 압박했다. 그는 쓰지 않고는 못 배겼다. 그래서 7년전쟁 동안 치열하게 싸우거나 옥에 갇혔을 때를 빼고는 거의 매일 일기를 썼다. 그의 일기는 한 편의 시가 되었고, 그의 시는 일기의 한 부분이 되었다. 사색이 많은 사람은 별을 좋아하고 정감이 많은 사람은 달을 좋아한다고 했다. 고독한 이순신의 유일한 친구는 달과 바람 그리고 일기와 시였으니 문학적 치유를 위한 선택이었다.

계사일기(1593) 5월 13일, 맑음

이날 저녁 달빛은 배에 가득차고 홀로 앉아 이리저리 뒤척이니 온갖 근심이 가슴에 치밀었다. 자려 해도 잠을 이루지 못하다 닭이 울고서야 어렴풋이 잠이 들었다.

계사일기(1593) 7월 15일, 아주 맑음

秋氣入海 客懷撩亂 가을 기운 바다에 드니 나그네 회포 심란해지고
獨坐篷下 心緖極煩 홀로 배 뜸에 앉았으니 마음이 몹시 울적하다.
月入船舷 神氣淸冷 달빛이 뱃전에 들자 정신이 맑아지니
寢不能寐 鷄已鳴矣 잠을 이루지 못했거늘 닭이 벌써 울었구나.

갑오일기(1594) 2월 8일, 맑음

동풍이 세게 불고 날씨가 몹시 차다. 바다의 달빛이 맑고 상쾌하여 잠들려 해도 잠이 오지 않는다.

갑오일기(1594) 5월 9일, 비가 계속 내렸다

하루 종일 홀로 빈 정자에 앉았으니 온갖 생각이 가슴에 치밀어 마음이 어지러웠다. 어찌 이루 다 말할 수 있으랴, 정신이 멍하기가 취중이고 꿈속인 듯 멍청한 것 같기도 하고 미친 것 같기도 했다.

을미일기(1595) 7월 9일, 맑음

이경(二更)에 바다의 달빛이 수루에 가득 차니, 가을 생각이 매우 어지러워 수루 위를 배회했다.

을미일기(1595) 7월 10일, 맑음

밤이 깊어 수루에 누웠더니 초승달 빛이 수루에 가득하여 회포를 이길 길이 없다.

을미일기(1595) 8월 15일

이날 밤 희미한 달빛이 수루에 비쳐 잠을 이루지 못하고 밤새도록 시를 읊었다.(바로 이날 「한산도가(閑山島歌)」를 지은 것이라 추정된다.)

을미일기(1595) 10월 20일

이날 밤 바람은 몹시도 싸늘하고 차가운 달빛은 대낮같아 잠을 이루지 못하고 밤새도록 뒤척거렸는데 온갖 근심이 가슴에 치밀었다. (바로 이날 「한산도야음(閑山島

夜吟)」을 지은 것이라 추정된다.)

병신일기(1596) 3월 18일

맑았으나 종일 동풍이 불고 날씨가 매우 싸늘했다. 이날 밤바다의 달빛이 어슴푸레하고 밤기운이 몹시 찼다. 자려 해도 잠을 이루지 못하고 앉으나 누우나 편치 않았다.

병신일기(1596) 8월 10일, 맑음

어두울 무렵 달빛은 비단 같고, 나그네 회포(客懷)는 만 갈래라 잠을 이루지 못하였다.

정유일기(1597) 7월 9일, 맑음

이 밤은 달빛이 대낮같이 밝으니 어머니를 그리며 슬피 우느라 밤늦도록 잠을 이루지 못했다.

정유일기(1597) 8월 15일, 비가 계속 오다가 늦게 맑게 개었다

저녁에 밝은 달이 수루에 비치니 심회가 매우 편치 않았다.

정유일기(1597) 10월 13일, 맑음

이날 밤 달빛은 비단결 같고 바람 한 점 일지 않는데 홀로 뱃전에 앉아 있으니 마음이 편치 않았다. 뒤척거리며 앉았다 누웠다 하면서 밤새도록 잠을 이루지 못하고 하늘을 우러러 탄식할 따름이었다.

음악치료(music therapy), 악기소리를 들으며 마음을 달랬다.

이순신이 인간을 존중하고 사랑하는 휴머니즘을 실천하는 원천은 무엇일까. 나라가 망해가는 위기의 소용돌이에서, 백성들이 굶어 죽고 군사들이 싸워 죽는 전장의 한복판에서, 도탄과 슬픔에 빠진 마음을 스스로 추스를 수 있는 힘의 원천은 무엇이었을까. 정감이 풍부했던 이순신은 때때로 피리, 퉁소, 가야금, 거문고 등으로 울적한 마음을 달랬다. 단순히 음악에 취한 것이 아니라 자신의 마음을 달래고 부하들과 함께 정신을 다잡으려는 의도였다. 그래서 때가 아닌 상황에 음악을 즐기는 것에 대해 오히려 탓하기도 하였다.

갑오일기(1594) 6월 9일, 맑음

밤이 깊은데 해(海)의 피리소리와 영수(永壽)의 거문고 타는 소리를 들으며 조용히 이야기하다 헤어졌다.

갑오일기(1594) 8월 13일, 맑음

달빛이 비단결같이 고와 바람도 파도를 일으키지 못했다. 해(海)를 시켜 피리를 불게 했는데 밤이 깊어서야 그쳤다.

갑오일기(1594) 8월 20일, 맑음

저녁에 피리를 불고 노래하다가 밤이 깊어서야 헤어졌다. 미안한 일이 많았다.

갑오일기(1594) 9월 4일, 맑음

피리를 불게 하고 밤이 깊어서 헤어졌는데 또 미안한 생각이 들었다.

을미일기(1595) 5월 13일

비가 퍼붓듯이 오는데 종일 그치지 않았다. 혼자 대청에 앉아 있으니 온갖 생각이 다 떠오른다. 배영수(裵永壽)를 불러 거문고를 타게 했다.

을미일기(1595) 6월 26일, 맑음

오늘이 권언경(權彦卿, 권준) 영공(令公)의 생일이라고 해서 국수를 만들어 먹고 술도 몹시 취했다. 거문고 소리도 듣고 피리도 불다가 저물어서야 헤어졌다.

병신일기(1596) 1월 13일, 맑음

이날 저녁 달빛은 대낮같이 밝고 바람 한 점 없었다. 홀로 앉아 있으니 마음이 번잡하여 잠을 이루지 못했다. 신홍수(申弘壽)를 불러서 퉁소(이은상 역 퉁소, 노승석 역 피리, 원래 嘯는 휘파람소리) 부는 소리(聞嘯)를 듣다가 밤 이경에 잠들었다.

병신일기(1596) 3월 19일, 맑았으나 동풍이 세게 불고 날씨가 매우 찼다

아침에 새로 만든 가야금에 줄을 맸다.

정유일기(1597) 7월 1일

오늘은 인종(仁宗)의 제삿날이라 국기일(國忌日)인데, 송득운(宋得運)이 도원수의 진에 다녀온 일에 의하면 권율(權慄)의 종사관 황여일(黃汝一)이 큰 냇가에서 피리소리를 듣고 있더라는 것이다. 매우 놀라운 일이다.

오락치료(recreation therapy), 바둑, 장기, 종정도(從政圖)를 두었다.

할 일 없어 심심해서 두는 장기, 바둑이 아니다. 자신을 달래고 부하들을 위로하여 사기를 진작시키려는 의도였다. 또한 종정도(從政圖)는 승경도(陞卿

圖)라고도 하는데 선비들의 실내 유희로 큰 종이에 관직과 품계를 적어 놓고 윷 놀듯이 말을 써서 노는 것이다. 이순신이 결코 관료적이어서 그런 유희를 했던 것이 아니라 어디까지나 장병들을 위로하고 즐겁게 하기 위함이었다. 주목할 일은 바둑, 장기, 종정도의 기사가 적힌 날은 대부분 비 오고 바람 불어 다른 일은 할 수 없는 날들이었다는 점이다. 이순신은 음산하고 무료한 시간을 오락으로 치유하는 현명함이 있었다.

계사일기(1593) 3월 12일, 맑음

삼경에 비가 왔다. 식후에 우수사(이억기)의 임시 머무는 방에서 바둑을 두었다. 광양현감이 술을 마련해 가져왔다.

계사일기(1593) 3월 13일, 비가 많이 오다 아침에 갰다

이영공(이억기)과 첨사 이홍명이 바둑을 두었다.

계사일기(1593) 3월 18일, 맑음

밤 이경에 비가 왔다. 우수사와 장기를 두었는데 이겼다.

계사일기(1593) 8월 12일, 늦게 비가 내리다가 가끔 개기도 했다

이 첨사도 왔다. 종일 장기를 두었다.

갑오일기(1594) 4월 20일, 종일 가랑비가 걷히지 않았다

우수사(이억기), 충청수사(李純信), 장흥부사, 마량첨사(강응표)가 와서 바둑을 두고 군사 일을 의논했다.

갑오일기(1594) 5월 10일, 비가 계속 내렸다

우우후(이정충)과 충청수사가 와서 둘이서 장기를 두었다.

갑오일기(1594) 5월 21일, 비가 계속 내렸다

웅천현감(안위), 소비포권관(이영남)이 와서 종정도(從政圖) 놀이를 했다.

갑오일기(1594) 6월 2일, 맑음

몸이 불편하여 일찍 돌아와 누워서 충청수사와 배문길(裵文吉, 배경남)이 장기를 두어 내기하는 것을 구경했다.

갑오일기(1594) 6월 4일, 맑음

충청수사, 미조항첨사(김승룡) 및 웅천현감(이운룡)이 와서 만나고 바로 종정도를 놀게 했다.

갑오일기(1594) 7월 14일, 비가 내렸다

충청수사와 순천부사를 불러서 장기를 두게 하고 하루를 보냈다.

병신일기(1596) 3월 21일, 큰비가 종일 내렸다

초경에 곽란이 일어나서 한참 구토를 했는데 삼경에 조금 가라앉았다. 이날은 무료함이 너무 심해 군관 송희립, 김대복, 오철 등을 불러서 종정도를 두었다.

병신일기(1596) 5월 27일, 가랑비가 종일 그치지 않았다

충청우후와 전라좌우후가 종정도를 내기했다.

의학치료(medical therapy), 약을 먹고 침을 맞았다.

이순신의 일기를 보면 몸이 몹시 불편했다, 식은땀(虛汗)이 흘러 옷과 요를 적셨다, 토사곽란으로 고통스럽다 등 신병을 호소하는 기사가 무려 180여 회 등장한다. 활쏘기 270회 다음으로 많이 등장하는 육체의 고통이다. 어느 날엔 위장약 온백원(溫白元)을 먹기도 했고 어떤 날엔 침을 맞기도 하면서 고통을 치료하고 구국의 일념에 몰두했으니 안타깝고 미안할 따름이다.

계사일기(1593) 5월 18일, 맑음

이른 아침에 몸이 무척 불편하여 온백원(溫白元) 네 알을 먹었다. 조금 있다가 시원하게 설사를 하고 나니 몸이 조금 편안해진 듯하다.

갑오일기(1594) 5월 7일, 맑음

침을 열여섯 군데를 맞았다.

을미일기(1595) 6월 24일, 맑음

늦게 침을 맞아 활을 쏘지 못했다.

병신일기(1596) 2월 28일, 맑음

아침 일찍 침을 맞았다.

병신일기(1596) 4월 19일, 맑음

습열로 침 이십여 곳을 맞았더니 몸에 번열이 나는 것 같아 종일 방에 들어가서 나오지 않았다.

44
추원포의 진실 : 원균의 전사지, 추원포의 불편한 역사

2014년 8월 14일, 한산대첩세미나를 마친 다음날 벼르고 벼르던 원균(元均)의 전사지로 추정되는 추원포를 찾아갔다. 『선조실록』에 기록된 추원포는 오늘의 춘원(春原)마을, 경상남도 통영시 광도면 황리였다. 면화산 자락에 나지막이 누워 있는 둔덕배기가 원균의 묘지라고 했다. 황당하기 짝이 없었다. 산도 아닌 밭도 아닌 들판엔 잡초만이 무성했고 무덤이라는 곳은 칡넝쿨로 뒤덮여 있었다. 가까스로 마을 이장을 만나 이곳을 찾을 수 있었으니 그나마 행운이었다. 의아해하는 나의 속내를 눈치챘는지 이장님은 묻지도 않는 말을 하셨다. 지난해인가 원균의 후손들이 찾아와 벌초를 부탁해서 자기가 직접 해주었다고 하니 틀림없는 장소일 것이다. 구전에 의하면 일본군들에게 죽임을 당한 목이 없는 장수의 시신을 그나마 고을 주민들이 무덤을 만들어 묻어주었다고 한다. 훗날 도로가 확장되면서 지금의 자리로 옮겨 묻었다고 하지만 거기엔 아무런 표석도 표지판도 없었다.

원균은 겁장(怯將) 그리고 패장(敗將)이었다. 임란 초에 경상우수영을 버리고 스스로 바다로 도망친 겁장(怯將)이었다. 당시의 상황을 보고한 경상도 초유사 김성일의 장계가 그러하다. 또한 원균은 칠천량에서 일본 수군에게 궤멸당한 패장(敗將)이었다. 당시의 상황을 지켜본 선전관 김식(金軾)의 보고가 그러하다.

경상우수사 원균은 스스로 군영을 불태우고 바다로 도망쳐 단지 배 한 척을 보존했을 뿐입니다.(『선조실록』 1592년 6월 28일)

15일 밤 2경에 왜선 5, 6척이 불의에 내습하여 불을 질러 우리나라 전선 4척이 전소 침몰되자 제장들이 창졸간에 병선을 동원하여 어렵게 진을 쳤는데 닭이 울 무렵에는 헤일 수 없이 수많은 왜선이 몰려 와서 서너 겹으로 에워싸고 형도(荊島) 등 여러 섬에도 끝없이 가득 깔렸습니다. 우리의 주사(舟師)는 한편으로 싸우면서 한편으로 후퇴하였으나 도저히 대적할 수 없어 할 수 없이 고성 지역 추원포(秋原浦)로 후퇴하여 주둔하였는데, 적세가 하늘을 찌를 듯하여 마침내 우리나라 전선은 모두 불에 타서 침몰되었고 제장과 군졸들도 불에 타거나 물에 빠져 모두 죽었습니다. 신은 통제사 원균(元均) 및 순천부사 우치적(禹致績)과 간신히 탈출하여 상륙했는데, 원균은 늙어서 행보하지 못하여 맨몸으로 칼을 잡고 소나무 밑에 앉아 있었습니다. 신이 달아나면서 일면 돌아보니 왜노(倭奴) 6, 7명이 이미 칼을 휘두르며 원균에게 달려들었는데 그 뒤로 원균의 생사를 자세히 알 수 없었습니다.(『선조실록』 1597년 7월 22일)

자가당착(自家撞着)에 빠진 원균의 모습도 있다. 전라병마사로 있던 원균이 정유재란 초에 임금 선조에게 올린 장계의 내용이다. 원균은 마치 자신의 생각인양 함부로 하는 말이 아니라고 하지만 사실은 일본의 첩자 요시라(要時羅)가 일러준 방법 그대로를 장계하는 것이니 이미 반간계에 속아 넘어갔다 할 것이다. 더구나 이순신이 수륙합공작전이 전제되어야만 싸움에 나갈 수 있다는 주장을 하다 궁지에 몰린 상황을 알고서 올린 장계이니 모함이 분명하다. 그러나 이 장계야말로 원균에게 천추의 한을 남겼다. 뒤늦게 자신의 판단이 옳지 못했음을 알고 이순신과 같은 전략인 수륙합공작전을 주장하니 자신의 언행에 앞뒤가 맞지 않았다. 이미 떠나버린 화살은 부메랑으로 돌아왔다. 도체찰사 이원익, 도원수 권율 등은 스스로 올린 장계이니 스스로 책임을 지라는 듯 원균의 출전을 압박했다.

신은 외람되게도 무거운 책임을 맡고 남쪽 변경의 (전라)병마절도사로 있으면서 우둔한 솜씨나마 다하여 만대의 원수를 갚으려고 하였습니다. 그러나 스스로 생각건대 늙은 몸에 병이 이미 심할 대로 심한 데다 나라에 보답한 것은 많지 못하여 전하를 우러러 통곡만 할 뿐입니다. 지금 변경에는 어려운 일이 많은 만큼 군사를 일으키고 많은 사람들을 움직이기에 겨를이 없어야 할 형편입니다. 여러 고을에 신칙하여 군사와 말을 정비하고 직접 군사들의 앞장을 서서 일거에 적을 쓸어버리고 말겠습니다. (중략) 신의 어리석은 생각으로는, 수백 척의 수군으로 영등포 앞으로 질러나가 가덕 뒤에 몰래 머물러 있으면서 경쾌선을 골라가지고 서넛 또는 네댓 척씩 떼를 지어 절영도 바깥쪽에서 무력을 시위하게 하는 한편 100여 척이나 200여 척이 큰 바다에서 위력을 보여야 한다고 봅니다. 그렇게 하면 원래 바다싸움에서 이기지 못하여 겁을 먹고 있는 청정(加藤淸正)은 반드시 군사를 거두어 돌아가게 될 것입니다. 바라건대 조정에서는 수군으로 바다에 나가 마주침으로써 적들이 뭍에 오르지 못하게 한다면 반드시 걱정할 일이 없을 것입니다. 이것은 신이 함부로 하는 말이 아닙니다. 신은 전에 바다를 지킨 일이 있어서 이 문제에 대해서는 잘 알고 있는 만큼, 지금 침묵을 지키고 있을 수가 없기에 전하에게 말씀드리는 것입니다.(『선조실록』 1597년 1월 22일)

이순신이 인식하는 원균은 누구인가? 특별히 이순신이 원균을 원망할 개연성이 충분했던 백의종군 120일 동안의 일기를 보면 원균은 원흉(元兇), 원공(元公)이라는 이름으로 무려 18일 동안이나 등장한다. 대부분 과거의 부하들이 와서 원균을 비난하는 내용이지만 그중에는 이순신이 직접 원균을 원망하는 일기도 있다. 칠천량 패전 이후 원균의 부하들이 백의종군하는 이순신에게 전하는 내용을 보면 더욱 기가 막힌다.

정유일기(1597) 5월 초8일

음흉한 원균이 편지를 보내어 조문하니 이는 곧 원수(權慄)의 명령이었다. 이경신(李敬信)이 한산도에서 와서 흉악한 원(元)의 일에 대해 많이 이야기하였고, 또 말하기를 "그가(원균) 데리고 온 서리(書吏)를 곡식을 사오라고 구실삼아 육지로 보내 놓고 그 아내와 사통하려 하였는데, 그 여인이 악을 쓰며 따르지 않고 밖으로 나와 고함을 질렀다."라고 했다. 원이 온갖 계략을 꾸며 나를 모함하려 하니 이 또한 운수로다. 뇌물로 실어 보내는 짐이 서울 길을 연잇고 나를 헐뜯는 것이 날로 심하니 스스로 때를 못 만난 것을 한탄할 따름이다.

정유일기(1597) 7월 21일

(사천시 곤양면 성내리 곤양 관아에서) 점심을 먹은 뒤 노량에 이르니 거제현령 안위(安衛)와 영등포만호 조계종(趙繼宗) 등 여남은 명이 와서 통곡하고, 피해 나온 군사와 백성들도 울부짖으며 곡하지 않는 이가 없었다. 경상수사(裵楔)는 도망가 보이지 않았다. 우후 이의득(李義得)이 보러 왔기에 패한 상황을 물었더니 사람들이 모두 울면서 말하되, "대장 원균이 적을 보고 먼저 뭍으로 달아나고 여러 장수들도 모두 그를 따라 뭍으로 올라가서 이 지경에 이르렀다."는 것이었다. 그들이 대장의 잘못을 말한 것을 입으로는 다 말할 수 없고 그 살점이라도 뜯어먹고 싶다

고들 하였다(其言大將之誤, 口不可形, 慾食其肉 云云).

전라좌수사는 원래 원균의 자리였다. 원균은 1540년생으로 1545년생인 이순신보다 5살이나 나이가 많았다. 등과도 이순신은 1576년 32살로 병과 4위, 전체 12등으로 급제했지만 원균은 9년이나 앞선 1567년 28세로 을과 2위, 전체 5등으로 급제한 자존심 높은 장수였다. 이렇게 나이로 보나 등과로 보나 선배인 원균과 후배 이순신의 관계가 역전되는 사건이 발생했으니 1591년 2월 이순신이 종6품 정읍현감에서 무려 7계급을 특진하여 정3품 전라좌수사가 된 일이었다. 1591년 원균이 먼저 전라좌수사에 임명되었으나 종3품 부령부사, 종성부사까지 지냈음에도 불구하고 별다른 성과도 없이 전라좌수사가 된다는 사간원의 비판에 따라 체차(遞差)되고, 1592년 1월 임진왜란 3개월 전에 경상우수사에 부임했던 것이다. 전라좌수사 이순신이 아니라 전라좌수사 원균이 될 뻔한 일이었다.

원균은 당대에도 후대에도 크게 인정받지 못했다. 예컨대 1589년 1월에 있었던 불차탁용(不次擢用)에서 10명의 조정 대신들이 30여 명을 추천하는 명단에 이순신은 우의정 이산해(李山海)와 병조판서 정언신(鄭彦信)으로부터 추천을 받았지만, 원균은 단 한 사람으로부터도 추천받지 못했다. 전라좌수사 이순신이 초대 삼도수군통제사에 제수된 일도 선배였던 경상우수사 원균으로서는 몹시 자존심 상하는 일이었다. 또 칠천량의 패전을 논하는 어전회의에서도 경림군 김명원(金命元)과 병조판서 이항복(李恒福)은 "이것은 원균의 허물이옵니다. 다만 이순신을 다시 일으켜서 통제사를 삼아야 할 것이옵니다." 하였다. 훗날 서인 이항복조차도 『백사집』에서 "원균의 경우는 다만 남을 의지해서 일을 성취시킨 자이니, 진실로 감히 이순신과는 공(功)을 겨룰 수가 없다. 따라서 이순신의 공은 당연히 수군에서 으뜸이다." 하였다.

추원포에서 실패의 역사를 되새기자. 춘원마을 방문 후 나는 지금까지도 머릿속이 혼미하다. 원균이 스스로 도망쳤던 겁장(㤼將)이었고 일본 수군에게 궤멸당한 패장(敗將)이었음에 틀림이 없지만, 임진년 해전에서 이순신과 함께 일본군에 맞서 싸운 용장(勇將)이었고 함께 전과를 올린 승장(勝將)이었다. 비록 이순신과 갈등관계를 빚었다 해도 원균 역시 자신의 소신대로 나라를 지키려 했던 장수인 것도 분명하다. 능력의 고하를 막론하고 조국을 지키려다 원수의 칼날에 죽임을 당한 원균을 승장이 아니라고 해서 마치 역적처럼 취급해서는 안 될 것이다. 춘원마을 원균의 묘지 앞에서 문득 이순신의 유해를 3일간 안치했던 남해의 충렬사가 떠올랐다. 10여 일 안장했던 고금도 월송대도 떠올랐다. 승자의 최후와 패자의 최후를 우리는 지나치게 선과 악으로 구분하는 게 아닌지 자문하지 않을 수 없다.

국가적으로 보면 이순신과 원균 두 사람 모두 조국을 수호했던 애국의 장수였다. 과거에서 미래를 배우고 실패에서 성공을 배운다면 우리는 원균으로부터도 배울 것이 너무나 많다. 춘원마을, 비극의 현장을 보존함으로써 실패한 교훈의 역사로 되새겨야 할 일이다. 불편한 진실의 장소를 사적지화하는 일도 역사적 품위와 교육적 가치가 충분하다고 믿기 때문이다. 아픈 역사를 도약의 발판으로 삼는 일, 예컨대 거제시가 수군통제사 원균이 지휘했던 조선 수군의 무덤 칠천량을 다크투어리즘(dark tourism)의 사적지로 삼았다면, 수군통제사 원균의 무덤이었던 추원포 역시 블랙투어리즘(Black Tourism)의 교훈적 사적지로 삼을 수 있을 것이다. 초상집에 가는 것이 잔칫집에 가는 것보다 낫고, 슬픔이 웃음보다 나은 이유는 지혜로운 사람은 슬픔을 딛고서 진정한 기쁨의 역사를 만들 수 있기 때문이다.

45

한산도 별시 : 아들과 조카, 이순신 사후 과거 급제의 진실 '상피제'

아무리 생각해도 사연이 있을 듯하다.

충무공 별시(別試)라 불리는 1594년 4월, 한산도 별시에서 왜 이순신의 세 아들과 여섯 명의 조카들은 한 명도 급제하지 못했을까? 이때 이들은 거의 모두 이순신의 막하에서 종군했고 나이로 보아도 아들 회(薈 28세, 1567), 열(莂 24세, 1571), 면(葂 18세, 1577), 큰 형님 희신(羲臣)의 아들 뇌(蕾 34세, 1561), 분(芬 29세, 1566), 번(蕃 20세, 1575), 완(莞 16세, 1579), 둘째 형님 요신(堯臣)의 아들 봉(菶 32세, 1563), 해(荄 29세, 1566)가 모두 등과를 염두에 둘 연령이었다.

만일 이순신이 자식들이나 조카들을 이 시험에서 급제시키려 했다면 얼마든지 가능한 일이었다. 한산도 별시의 시험감독관 구성이 그랬다. 시험관(試驗官)은 삼도수군통제사 최고사령관인 이순신 자신과 동료이자 수하인 전라우수사 이억기, 충청수사 구사직이었다. 참시관(參試官) 역시 자신의 사촌동서 곧 아이들의 이모부뻘인 장흥부사 황세득, 또 자신과 같은 해 문과에 급제해 각별한 인연을 가졌던 삼가현감 고상안이었고, 웅천현감 이운룡, 고성현령 조응도 등은 모두 자신의 부하들이었다.

혹시 이들의 실력이 모자랐던 탓일까? 그렇지 않다. 이순신이 죽고 전쟁이 끝난 후에 6명의 조카 중 4명, 분은 문과에, 완, 봉, 해는 무과에 급제했던 것으로 보아도 그렇고, 아들과 조카들의 탁월한 활쏘기 실력으로 봐도 그렇다. 당시에는 목전, 철전, 편전, 기사(騎射) 등 활쏘기가 무과합격의 기준이었다. 1596년 윤8월 10일의 일기를 보면 알 수 있다. 55보로 가장 성적이 좋았던 진무성(陳武晟)과 25보로 가장 성적이 낮았던 완도 전쟁이 끝난 1599년 무과에 합격했다. 그렇다면 완보다 뛰어났던 회(35보), 면(55보), 봉(35보), 해(30보)도 모두 합격권의 실력을 갖추었다고 보아야 할 것이다.

병신일기(1596) 윤8월 10일

과장(科場)을 열었는데 면이 쏜 것은 모두 55보(葂所射俱五十五步), 봉이 쏜 것은 모두 35보, 해가 쏜 것은 모두 30보, 회가 쏜 것은 모두 35보, 완이 쏜 것은 모두 25보라고 했다. 진무성이 쏜 것은 모두 55보로 합격하였다(陳武晟所射俱五十五步, 入格).

그렇다면 등과(登科)에 뜻이 없었던 것일까? 그렇지 않다. 이순신은 물론 자녀들도 과거 급제를 열망했다고 보아야 할 것이다. 아래의 일기에서 과거 시험을 준비하거나 과장에서 시험 치는 내용을 봐도 그렇고, 훗날 이순신의 서자 훈(薰)과 신(藎)이 무과에 급제한 것을 봐도 그렇다.

병신일기(1596) 8월 21일. 식사 후에 활터 정자에 가서 아들들에게 활쏘기를 시키고 말 달리면서 활 쏘는 것도 연습시켰다.

병신일기(1596) 8월 23일. 활터에 가 보았다.

병신일기(1596) 윤8월 2일. 경상수사와 함께 사청(射廳)으로 갔다.

병신일기(1596) 윤8월 5일. 사청에 가서 아이(아들)들이 말 달리고 활 쏘는 것을 구경했다.

병신일기(1596) 윤8월 6일. 경상수사, 우수사와 함께 사청에 가서 말 달리고 활 쏘는 것을 구경하고 저물어서 돌아왔다.

병신일기(1596) 윤8월 8일. 식후에 사청으로 가서 말 달리며 활 쏘는 것을 구경했다. 광양현감과 고성현령이 시관(試官)으로 들어왔다.

한산도 별시를 치르는 데는 많은 논란과 비난의 화살이 쏟아졌다. 특히 왕세자 주도로 전주에서 치루는 과장에 적극적으로 참여를 독려하던 전라 순찰사 이정암 같은 이는 맹비난을 퍼부었다. 통제사가 주재하여 과거를 치른다는 것은 매우 잘못된 일이니 엄히 벌해야 된다는 것이었다. 그럼에도 조정의 허락을 받아 4월 6일에서 9일까지 실시한 이 진중별시에서 무려 97명의 부하들이 홍패(紅牌, 과거합격증)를 받았다. 비록 자신의 친족들은 이름이 보이지 않지만 전쟁터에서 과거의 기회를 얻지 못한 많은 부하들에게 희망과 미래를 열어준 참 좋은 상관 이순신이다.

갑오일기(1594) 2월 4일

무군사(撫軍司, 왕세자의 行營)의 공문에 의거한 순찰사(이정암)의 공문에는 "진중(한산도)에서 과거시험을 설치하자고 장달을 올려 여쭌 것은 매우 잘못되었으니 추고(推考)해야 한다."는 것이었다. 참으로 우스운 일이다.

그렇다면 병신일기 윤8월의 기록에 나타나는 과장의 의미는 무엇인가? 아마도 윤8월에 실시한 것으로 보아 정유년 식년시(子·卯·午·酉에 해당하는 해)의 전해 가을에 실시하는 초시의 향시였던 것으로 추정된다. 이 과장에서 아들 면과 똑같이 55보를 쏜 진무성은 합격이라 했지만 아들 면은 합격이란 기록이 없으니 불합격이란 얘기다. 그런데 합격이라 했던 진무성도 등과하지 못하고 1599년에 등과하게 되는 이유는 무엇일까? 초시, 복시, 전시 3단계의 시험 중 2단계 복시에서 불합격한 것일까? 아니면 이 시험이 자체적인 예비시험에 불과했던 것일까? 더 많은 연구가 필요하지만 진무성조차 이순신이 죽고 전쟁이 끝난 후에야 등과하는 것을 보면 아무래도 후자인 듯하다. 중요한 것은 이 글의 논점인 1594년 한산도 별시, 이순신 자신이 시험관이었던 이 시험에서 그의 아들과 조카들이 왜 합격하지 못했느냐는 것이다. 이것이 내가 가진 의문이다.

의문의 열쇠는 상피제(相避制)에 있었다. 조선시대에는 상피제라는 제도가 있었는데, 일정한 범위 내의 친족 간에는 동일(同一) 관사 또는 통속(統屬) 관사에 취임하지 못하도록 하거나, 소송과 관련된 청송관(聽訟官)이나 과거 시험의 시험관(試驗官)이 될 수 없도록 하는 제도였다. 그렇다면 당연히 법과 원칙에 따라 길이 아니면 가지 않는 바른생활 사나이 이순신에겐 자신이 시험관인 이상 아들과 조카는 상피제에 따라 응시대상이 될 수 없었다. 규정을 어기고 자신의 친족을 등과시킬 수는 없는 일이다.

그렇다면 당시의 모든 관리들이 이순신처럼 규정에 따라 상피제를 잘 지키고 있었을까, 흥미 있는 사료를 발견했다. 그렇지 않다는 결과였다. 많은 병마절도사(兵使)들이 자신의 자제를 과거에 응시시킨 사례가 있고, 또 이런 행위를 강력히 비난하고 엄히 다스려야 한다는 조정의 비판도 있었다. 그중 원균과 관련된 내용이 있어 더욱 공교롭다. 즉 원균의 아버지 원준량이 경상우도 병마절도사 시절인 1563년에 아들 원균을 무과 초시에 응시하게 했다는 내용인데 그럼에도 이는 예전부터 행해졌던 관례이니 정상을 참작해서 선처해야 한다는 내용이다.

사인(舍人) 최옹(崔顒)이 삼공의 뜻으로 아뢰기를, "함경북도 병사(兵使) 곽흘(郭屹), 평안 병사(兵使) 이택(李澤), 경상우도 병사(兵使) 원준량(元俊良)이 그들의 자제를 무과 초시(初試)에 응시하도록 허락한 일은 지금 추고(推考) 중에 있습니다. 신들이 듣건대, 과거 사목(科擧事目)이 문과는 상세한데 무과는 일정한 규정을 세우지 않은 까닭에 그 자제들이 군관(軍官)으로서 구례(舊例)대로 응시하도록 허락한 것입니다. 법을 어기고 거짓으로 응시한 것과는 비할 바가 아니니, 상께서 참작하여 처리함이 어떻겠습니까?" 하니, 알았다고 답하였다. 사신은 논한다. 곽흘과 이택의 벼슬살이는 그래도 그중에서 잘한 점이 있다 하겠으나, 원준량은 갖가지로 재물을 긁어 들여 군졸들이 원망하고 괴로워하면서 날마다 파직되어 가기만 고대하였다. 그런데도 윤원형 등이 일찍이 그의 뇌물을 받았기에 파직되어 갈릴까 염려되어 이렇게 임금을 속이어 아뢰었으니, 앞으로 저런 재상을 어디에 쓰겠는가.(『명종실록』 1564년 6월 21일)

이순신은 달랐다. 수사 겸 통제사인 자신의 아들과 조카들을 무과에 응시하게 한 일, 결과적으로 그들을 급제시키는 일은 아무리 관행처럼 행해지는 구례라 해도 엄연히 상피제가 존재하는 한 반드시 지켜야 할 규정이었다. 나라의 인재, 동량지재를 선발하는 과거시험에 사욕을 개입시킬 수는 없는 일이다. 사신(史臣)의 추상같은 논평대로 부정한 뇌물로 매관매직을 일삼는 저런 탐관오리들을 과연 어디에 쓸 것인가 개탄하는 모습과 같다. 자신의 이익을 구하기 위하여 자신을 속이고 타인을 속이고 타인의 기회를 빼앗는 일은 더더욱 할 수 없는 일이었다.

46
시인 이순신 : 이순신에게서 시인의 향기를 맡다

이순신은 풍류시객 낭만시인이었다. 먹물을 입혀 시를 짓는 시인 이순신에게서 핏물을 보며 활을 쏘는 무인 이순신은 보이지 않는다. 한밤중 수루에 앉아 달빛과 속삭이는 풍류시객 이순신의 주옥같은 한시들이 『청구영언(靑丘永言)』, 『해동가요(海東歌謠)』, 『고금가곡(古今歌曲)』, 『가곡원류(歌曲源流)』, 『병와가곡집(甁窩歌曲集)』, 『협률대성(協律大成)』, 『해동악장(海東樂章)』, 『화원악보(花源樂譜)』 등 시조문헌에 약 27편이 전해 오고 있다. 앞으로 얼마나 많은 시들이 더 발굴될지 모르지만 사서오경 유학을 공부한 선비로서 사색의 향기가 짙게 나는 명시들이다.

이순신을 숭모했던 시조시인 이은상 선생에 따르면 이순신의 대표적인 시조는 「한산도가」이다. 이 시조는 우리 국문학 작품 중 가장 널리 알려진 작품이고 가장 뛰어난 작품이다. 원래 이순신이 순수한 우리 한글로 읊었던 것이나 『이충무공전서』 편찬 당시 굳이 한자로 번역하여 실었다. 또 이 시조를 지은 시기에 대한 이론도 있는데 이는 이순신이 시를 지은 시기와 장소를 적어 놓은 것이 아니기 때문에 『난중일기』를 자세히 검토하여 추정하는 수밖에 없다. 이 시조가 품고 있는 키워드 즉 한산섬, 달 밝은 밤, 수루, 오랑캐, 피리소리 등을 보면 이순신이 한산도에 있을 때 달 밝은 어느 날 밤의 작품일 것이다. 그렇다면 『난중일기』 중에서 다음의 두 날짜가 가장 심증이 간다. 갑오년(1594) 6월 11일과 을미년(1595) 8월 15일이다. 나는 후자인 을미일기에 더욱 심증이 간다.

갑오일기(1594) 6월 11일

홀로 빈집에 앉아 있으니 심정을 스스로 이루 다 말할 수 없다. 달빛 아래 같이 이야기할 때 옥피리 소리가 처량했다. 오랫동안 앉아 있다가 헤어졌다.

을미일기(1595) 8월 15일

장수들과 술에 취했다. 이날 밤 희미한 달빛이 수루를 비춰 잠을 이루지 못하고 밤새도록 시를 읊었다(是夜 微月照樓 寢不能寐 嘯詠永夜).

한산도가

한산섬 달 밝은 밤에 수루(戍樓)에 혼자 앉아
큰칼 옆에 차고 깊은 시름 하는 차에
어디서 일성호가(一聲胡笳)는 남의 애를 긇나니.

閑山島歌

閑山島 月明夜 上戍樓
撫大刀 深愁時
何處一聲羌笛 更添愁

이외에도 많은 한시 작품들이 있는데 이순신의 절절한 심정을 읊은 무제시(無題詩) 또한 마음을 적신다. 촉한의 충신으로 나라를 구한 제갈공명, 당나라를 환난에서 구한 곽자의를 사모한다는 것은 자신의 뜻도 이와 같다는 간절한 표현이다.

무제시

비바람 부슬부슬 흩뿌리는 밤 생각만 아물아물 잠 못 이루고

쓸개가 찢기는 듯 아픈 이 가슴 살을 에는 양 쓰린 이 마음

강산은 참혹한 꼴 그냥 그대로 물고기 날새들도 슬피 우누나.

나라는 갈팡질팡 어지럽건만 바로잡아 세울 이 아무도 없네.

제갈량 중원회복 어찌하던고 몰아치던 곽자의 그리웁구나.

몇 해를 원수막이 한다고 한 일 이제와 돌아보니 임만 속였네.

無題詩

蕭蕭風雨夜 耿耿不寐時

懷痛如摧膽 傷心似割肌

山河猶帶慘 魚鳥亦吟悲

國有蒼黃勢 人無任轉危

恢復思諸葛 長驅慕子儀

經年防備策 今作聖君欺

나의 애송시 「한산도야음(閑山島夜吟)」을 빼놓을 수 없다. 이 시조를 쓴 날자는 1595년 10월 20일로 추정하는데, 배경으로 당나라 때의 시인 노륜(盧綸)이 장복야(張僕射)의 시에 화답한 시가 지목되고 있다. 이순신이 독서광인 모습을 알 수 있으니 배경이 된 시 역시 소개한다. 이순신도 이 시를 분명히 읽었을 것이고, 또 시의 뜻이 서로 비교되니 옛날의 흉노와 이때의 일본군

을 비길 수 있고, 또 군사를 내치고 싶어도 궁도산에 눈 쌓인 것같이 이때의 사정 역시 여의치 않은 것을 탄식했던 것이다. 옛 시조에서 응용했다 해도 동서고금 수많은 영웅시 가운데서도 가장 우수한 작품인 동시에 나라를 근심했던 안타까운 심정을 가장 핍절(逼切)하게 표현한 작품이라고 이은상은 평했다.

을미일기(1595) 10월 20일

이날 밤 바람은 몹시도 싸늘하고 차가운 달빛은 대낮 같아 잠을 이루지 못하고 밤새도록 뒤척거렸는데 온갖 근심이 가슴에 치밀었다.

한산도야음

통제영 가을빛은 저물어 가고 있고 찬바람 기러기떼 깜짝 놀라 높이 나네.

가슴엔 근심 가득 잠 못 이뤄 뒤척이고 새벽달 외로이 남아 활과 칼을 비추네.

閑山島夜吟

水國秋光暮 驚寒雁陣高

憂心輾轉夜 殘月照弓刀

장복야의 새하곡에 화답하다. 노륜(盧綸)

기러기 그믐밤 높이 날으니 선우(單于, 오랑캐의 酋長)가 한밤중에 도망치나 봐.

날랜 군사 풀어내어 잡고 싶건만 찬 눈이 궁도산(弓刀山)에 가득 쌓였네.

和張僕射塞下曲

月黑雁飛高 單于遠遁逃

欲將輕騎逐 大雪滿弓刀

제사망군졸문

윗사람을 따르고 상관을 섬겨 너희들은 직책을 다하였건만

부하를 위로하며 사랑하는 일 나는 그런 덕이 모자랐노라.

그대 넋들을 한 자리에 부르노니 여기에 차려진 제물을 받으시오라.

祭死亡軍卒文

親上事長 爾盡其職

投醪吮疽 我乏其德

招魂同榻 設奠共享

이 시는 "충무공이 을미년에 죽은 군졸들을 제사 지낸 글인데 그 전편을 잃어버리고 다만 이 두 구절만 남았으니 참으로 애석하다(此忠武公 乙未年間 祭死亡軍卒而 失其全篇 只存此兩句 可惜也)."라고 『이충무공전서』에 추서(追書)되어 있다. 을미일기 1595년 7월 14일에 "녹도만호 송여종을 시켜 죽은 군졸들에게 제사를 지내도록 하고 쌀 두 섬을 주었다."고 기록된 것을 보면 이 무렵에 쓴 것으로 보인다.

진중음

이백 년 누려온 우리나라가 하루 저녁에 급해진 줄 어찌 아리오.

배에 올라 돛대 치며 맹세하던 날 칼 뽑아 천산 위에 우뚝 섰네.

적들의 운명이 어찌 오래랴 왜군의 정세도 짐작하거니

애닯은 심정에 한 구절 읊어 보나니 글을 즐겨 하는 것은 아니건마는.

陣中吟

二百年宗社 寧期一夕危

登舟擊楫日 拔劍倚天時

虜命豈能久 軍情亦可知

慨然吟短句 非是喜文辭

이 시는 1597년 1월 요시라의 반간계에 속아 도원수 권율이 한산도까지 왔으나, 아무런 계책을 세우지 못하고 돌아간 후에 썼다고 했다. 순신은 권율이 떠난 뒤에 작금의 상황을 탄식하여 잠들지 못하고 시 두 수를 지어 읊으며 긴 밤을 보내고 칼을 어루만지며 깊이 근심하였다.

지금까지 알려진 충무공 이순신의 시는 『이충무공전서』에 수록된 시, 『난중일기』에 들어 있는 시, 최유해의 행장에 있는 시, 두사충의 모명재에 남아 있는 시, 정의연의 이순신과 노량해전에 수록된 시, 일본 규슈 구마모토 혼묘지(本妙寺)에 소장되어 있는 시, 노승석 소장이 새로 발굴한 시 등 모두 27수 정도로 알려져 있다. 앞으로 더 많은 이순신의 시가 발굴될 수 있으므로 많은 연구자들이 관심을 가지고 노력해야 할 과제다.

시인 이순신의 문학을 연구한다는 것은 역사적 인물 이순신이 아닌 지금도 살아 숨 쉬는 이순신, 앞으로도 영원히 살아 숨 쉴 이순신을 생각하는 것이다. 역사 속 고독으로만 존재하지 않는 이순신, 왜적들과 치열하게 싸우는 순간에도 일기를 쓰고 시를 쓰는 이순신, 백성들과 고난을 함께하며 문학을 통해 위로하는 이순신이다. 성웅이니 군신이니 하는 따를 수없는 우상으로서의 존재가 아니라 필부들과 같은 사고, 같은 행동을 하는 이순신이다. 현자(賢者)는 어떤 환경에서도 사람의 말을 귀담아 듣고 사람의 마음을 읽을 수 있는 지혜를 가진 자다. 중과부적의 일본군을 매전필승 분멸시켰고, 모함과 당쟁의 와중에도 고고히 홀로 섰던 이순신이다. 조선의 역사에 우뚝 섰고, 세계전쟁사에 길이 빛나는 이순신, 낭만시인 이순신의 향기가 목련의 향기처럼 짙게 다가오고 있다.

47

이순신의 해전 : 조선, 육전에 울고 해전에 웃다

조선군은 도망꾼에 불과했다. 임진년 1592년 4월 13일, 일본의 도요토미 히데요시가 총지휘하는 158,800명의 침략군 중 고니시 유키나가가 이끄는 제1번대 18,700명이 부산 절영도 앞에 쳐들어왔다. 부산이 함락되는 데는 채 이틀이 걸리지 않았다. 4월 14일 부산진성이 무너지고 첨사 정발(鄭撥)이 전사했다. 4월 15일 동래성도 무너졌다. 부사 송상현(宋象賢)도 "죽을 수는 있어도 길을 비켜줄 수는 없다(戰死易 假道難)." 하면서 장렬히 전사했다. 이때 이 상황을 지켜본 경상도 초유사 김성일은 이렇게 임금에게 보고한다.

신이 본 바로는 경상 좌수사(左水使) 박홍(朴泓)은 화살 한 개도 쏘지 않고 먼저 성을 버렸으며, 경상 좌병사(左兵使) 이각(李珏)은 뒤이어 동래(東萊)로 도망하였으며, 경상 우병사(右兵使) 조대곤(曺大坤)은 연로하고 겁이 많아 시종 물러나 움츠렸고, 경상 우수사(右水使) 원균(元均)은 군영을 불태우고 바다로 나가 다만 배 한 척만을 보전하였습니다. 병사와 수사는 한 도(道)의 주장(主將)인데 하는 짓이 이와 같으니 그 휘하의 장졸(將卒)들이 어찌 도망하거나 흩어지지 않았겠나이까.『선

조실록』 1592년 6월 28일)

불과 이틀 만에 부산을 점령한 일본군들은 파죽지세로 한성을 향해 내달렸다. 임금 선조는 4일 만인 4월 17일에 침략 사실을 보고받았다. 망연자실한 임금은 부랴부랴 당대의 명장이라던 이일(李鎰)과 신립(申砬)을 급히 상주와 충주로 내려보냈다. 내려가서 한성으로 올라오는 적을 막아라, 그러나 순변사 이일은 4월 25일 상주전투에서 참패했고 혼자서 도망쳤다. 도순변사 신립도 조령이라는 천험의 요새를 지키지 못하고 4월 28일 충주전투에서 처참히 패하고 임금을 뵐 낯이 없다며 탄금대에 몸을 던져 남한강에 빠져 죽었다.

바로 그 다음날 신립마저 참패했다는 소식을 들은 임금은 공황상태에 빠졌다. 선조는 이튿날 4월 30일 새벽 황급히 도성을 빠져나갔다. 파천(播遷)한 것이다. 『선조수정실록』 임진년 4월 1일 28째 기사에 따르면 임금이 나라와 백성을 버리고 도망쳤다는 소식에 분노한 백성들이 노비문서를 보관하던 장예원과 형조를 불사르고 급기야 경복궁, 창덕궁, 창경궁 세 궁궐에 모두 불을 질렀다. 임금이 백성을 버리니 백성도 나라를 버린 것이다.

급기야 5월 3일 일본군들이 한성에 무혈 입성했다. 부산침략 꼭 20일 만이니 일사천리, 질풍노도의 내달림이었다. 도성을 점령한 고니시 유키나가는 황당했다. 임금은 도망쳤고 궁궐은 모두 불타버렸기 때문이다. 임금만 사로잡으면 조선은 항복할 것이라 믿었던 일본군들, 다이묘 전국시대 전쟁에 패하면 성주는 항복하거나 할복하고 그 백성들은 점령군을 성주로 모시는 게 당연했다. 그러니 닭 쫓던 개 지붕 쳐다보는 격이 되었다. 미쳐 날뛰던 일본군들은 덩그러니 남아 있던 종묘마저 불태워버렸다. 선왕들의 위패를 모셨던 종묘가 불태워졌다는 것은 이미 망한 것이나 다름이 없다.

전쟁발발 60일 만인 6월 14일 평양성마저 함락됐다. 5월 7일 평양으로 피난 왔던 임금은 일본군들이 대동강까지 쳐들어오자 6월 11일 평양을 떠나 영변으로 향했다. 『징비록』의 기록처럼 "너희들이 평소에 국록을 훔쳐 먹다가 이제는 이같이 국사를 그르치고 백성을 속이려 하느냐." 했듯이, 이렇게 조선군이 제대로 싸워보지도 못하고 무참하게 쓰러진 것은 제대로 훈련된 정규군이 거의 없었고 그나마 오합지졸인 병사들조차 제대로 지휘할 장수가 없었기 때문이다. 또다시 의주까지 몽진한 임금은 더 이상 피할 데가 없었다. 급기야 명나라로 망명(內附)을 결심했지만 대신들의 강력한 반대와 명나라의 주저로 그 뜻을 이루지는 못했다. 이때 4명의 사관들이 사초를 모두 불태우고 도망했으니 후일 『선조실록』(1616)을 『선조수정실록』(1657)으로 다시 쓰게 되는 이유가 되었다.

더욱이 기막힌 사실은 7월 24일 함경도 회령까지 피난 갔던 두 왕자 임해군(臨海君)과 순화군(順和君)마저 반란군인 회령부 지방관리 진무 국경인(鞠景仁)에게 붙잡혀 가토 기요마사에게 포로로 넘겨졌다. 임진왜란이 일어난 지 100일째였다. 이 정도면 조선은 이미 율곡 이이의 경고대로 기국비기국(其國非其國), 나라가 나라도 아니었다. 오죽하면 명나라 지원군 이여송(李如松)이 조선군은 도망꾼이라고 비아냥거렸겠는가. 『징비록』에 쓴 유성룡의 표현대로 전쟁은 하는데 전투는 하지 않는 나라, 전투가 벌어질 만하면 그 전투를 피해 다른 곳으로 가버리는 군대, 그것이 당시 조선의 군대였다.

물론 어찌 육전에서 싸운 전투가 달랑 이것뿐이겠는가. 임진년만 해도 5월에는 우의정 이양원과 부원수 신각이 양주 해유령에서 적에게 기습작전을 감행했고, 강원도 조방장 원호는 여주 구미포에서 적을 엄격했고, 임진강에서 도원수 김명원이 패전했다. 6월에는 강원도 회양성에서 일본군 모리 요시시로가 우리 부사 김연광을 죽이는 등 가장 잔악한 학살극이 있었다.

용인에서는 3도 연합군 5만 병력을 가지고도 그보다 수가 적었던 와키자카 야스하루의 일본군들에게 패전을 당했다.

7월에는 김제군수 정담 등이 웅치를 넘어 전주로 향하려던 일본군 안코쿠지 에케이와 치열한 공방전 끝에 전사했고, 전라도 도절제사 권율은 이치 싸움에서 일본군의 명장 고바야카와 다카카게의 큰 부대를 물리쳐 대승을 거두었는데, 금산에서는 의병 초토사 고경명이 그의 둘째 아들 인후와 종사관 유팽로, 안영 등과 함께 일본군 고바야카와 다카카게에게 옥쇄를 당한 것은 통분할 일이었다.

8, 9월에는 의병장 조헌이 청주성을 수복한 채 금산에 이르러 승장 영규와 함께 700 의사가 한꺼번에 순국했으며, 의병을 일으킨 공로로 부산첨사에 임명되었던 도대장 김호는 경주 노곡에서 전사했다. 전라도 조방장 이유의는 직산에서 패전하고, 의병장 유종개는 봉화의 소천에서 순국했으며, 원주목사 김제갑도 영원성전투에서 전사했다. 초토사 이정암은 일본의 명장 구로다 나가마사와 연안성전투에서 승첩을 거두었고, 경상좌병사 박진과 경주판관 박의장은 일본군 후쿠시마 마사노리와 싸워 경주성을 탈환했다.

이렇게 참패의 연속이었고 어쩌다 승리해도 다음 전투에서 다시 패하니 육전은 그야말로 지리멸렬 오합지졸이었다. 이런 상황에서 전라좌수사 이순신은 다음 전투를 위한 준비도 준비려니와 육지에 있는 일본군의 동향에 대해서도 비상한 관심을 가지고 거기에 대처했던 것이다.

> 신이 비록 해전을 전문으로 맡았지만 육전의 방비에 대해서도 생각을 조금도 등한히 하지 않습니다.(分送義僧把守要害狀 의승병을 분송하여 요충지를 지키는 일을 아뢰는 장계, 1593년 1월 26일)

임진왜란, 하늘의 도움으로 조선의 바다엔 이순신이 있었다. 도망치던 원균의 지원요청을 받은 이순신은 일말의 주저함도 없이 임금에게 사변을 아뢰는 장계를 올리고 경상수역으로 나아갈 수 있도록 요청했다. 이순신은 준비된 장수였다. 원균의 공문을 받은 시각이 4월 15일 술시(戌時 오후 7~9시)인데 임금에게 장계를 올린 시각 역시 같은 날 술시(戌時)이니 두 시간 안에 임금에게 보고를 올리고 출정을 요청한 것이다. 4월 27일 조정의 허락을 받고 5월 4일 전라좌수영 순천 오동포를 출발하여 1차 출전에 나섰다.

드디어 5월 7일 임진왜란 최초의 해전인 옥포해전에서 이순신은 일본선 30척 중 26척을 분멸시켰다. 같은 날 오후 합포에서 5척을 만나 5척을 모두 불태웠고, 다음날 5월 8일 적진포에서 13척과 싸워 13척을 불태웠으니 1차 출전에서 모두 44척을 분멸한 셈이다. 이때 출동한 조선 수군은 판옥선 28척, 협선 17척, 포작선 46척 등 모두 91척이었으나 협선과 포작선은 비전투선이었으므로 실제 전투는 28척 대 30척의 싸움이었다. 이때 조선 수군은 단 한 척도 당하지 않았다. 이순신이 적진포해전을 끝내고 고성땅 월명포(月明浦)에 이르러 군사를 쉬고 있을 때 전라도사 최철견(崔鐵堅)으로부터 선조가 서울을 떠나 서쪽으로 몽진했다는 통첩을 받고 통분한 마음을 누를 길이 없었다.

> 상감께서 관서(關西)로 피난가신 소식을 듣게 되어 놀랍고 통분함이 망극하여 오장(五臟)이 찢어지는 듯하고 울음소리와 눈물이 한꺼번에 터져 종일토록 서로 붙들고 통곡하였습니다. 그래서 하는 수 없이 각자 배를 돌리기로 하고 초9일 오시(午時)에 전선을 거느리고 본영으로 돌아와 배들을 더 한층 정비하여 바다어귀에서 사변에 대비하라 이르고 진을 파하였습니다.(玉浦破倭兵狀, 1592년 5월 10일)

이순신의 2차 출전은 5월 29일 사천해전부터 시작한다. 사천에서 15척, 6월 2일 당포해전에서 21척, 6월 5일 당항포해전에서 28척, 6월 7일 율포해전에서 7척을 만나 모두 닥치는 대로 불태워 격멸시켰다. 이때 출동한 판옥선은 사천·당포해전은 전라좌수사 23척에 경상우수사 3척을 합쳐 모두 26척, 당항포해전에서는 6월 4일 전라우수사 이억기의 전선 25척까지 합세하여 51척의 대 군단을 이루었다. 역시 조선 수군은 단 한 척도 손실되지 않았다. 이 해전에서 거북선이 처음으로 출전했고 이순신은 어깨에 관통상을 입고 오랫동안 피고름을 흘렸다.

> 접전할 적에 스스로 조심하지 못하여 적의 탄환에 맞아 비록 사경에는 이르지 않았지만 어깨뼈를 깊이 상한 데다가 또 언제나 갑옷을 입고 있으므로 상한 구멍이 헐어서 궂은 물이 늘 흐르고 있습니다. 그래서 밤낮없이 뽕나무 잿물과 바닷물로 씻건마는 아직 쾌차하지 않아 민망스럽습니다.(唐浦破倭兵狀, 1592년 6월 14일)

이순신의 3차 출전은 7월 8일 한산도해전, 7월 10일 안골포해전이다. 이순신은 고성과 거제 사이의 견내량에서 한산도 넓은 바다로 적선을 유인해 학의 날개처럼 펼친 학익진으로 일본선 73척 중 59척을 섬멸했다. 이틀 후 안골포해전에서 42척을 만나 20척을 분멸시켰다. 이때 출동한 우리 전선은 거북선 3척과 판옥선 55척을 합쳐 모두 58척이었다. 완벽한 승리였다.

사실 일본군들도 한산도·안골포 해전에서 절치부심 작정하고 달려들었다. 앞서 벌어졌던 7차례의 해전에서 조선 수군에게 속절없이 당했기 때문이다. 단단히 설욕을 벼르며 일본최고의 수장이라는 와키자카 야스하루, 구키 요시타카, 가토 요시아키 등 명장들을 총출동시켰다. 그러나 이들은 이순신의 적수가 되지 못했다. 패전 소식에 대노한 도요토미 히데요시는 장수들을 질책했다. 그리고 조선의 이순신을 경계하고 경솔하게 바다에 나가 대전하지 못하도록 해전금지명령을 내렸다. 이때부터 가덕도, 거제도 이서 지역으로는 일본군들이 얼씬거리지 못했고 보급로가 차단된 고니시 유키나가는 평양에서 더 이상 북진할 수 없었다. 한산대첩은 명실공히 임진왜란 7년전쟁의 분수령이 된 해전이었다.

임진년 마지막 4차 출전은 9월 1일 부산포해전이다. 일본군들이 웅크리고 있다고 가만히 있을 이순신이 아니었다. 오히려 일본군의 교두보이며 병참기지였던 부산포 본거지로 쳐들어갔다. 호랑이를 잡기 위해 호랑이굴로 쳐들어간 이순신, 불과 74척의 전선으로 470여 척이 우글거리는 적의 소굴에서 무려 130척을 섬멸시켰다. 중과부적인 이순신이 적의 심장부를 공격한 부산포해전은 무모할 정도의 용기와 완벽한 자신감이 없이는 불가능한 전투였다. 이순신의 표현대로 공로로 친다면 지금까지 열 번의 전투에서 부산포 싸움보다 더한 것이 없었고, 임진왜란 40여 회의 해전에서 이렇게 일본군의 본거지에 달려들어 쑥대밭을 만들고 승리한 통쾌한 전투가 어디 있는가. 임진왜란 3대첩이 아니라 4대첩을 말해야 할 것이다.

> 무릇 전후 4차 출전하고 열 번 접전하여 모두 다 승리하였다 하여도 장수와 군졸들의 공로를 논한다면 이번 부산포 싸움보다 더한 것은 없습니다. 전일 싸울 때에는 적선의 수가 많아도 70여 척을 넘지 않았는데, 이번에는 큰 적의 소굴에 늘어선 470여 척 속으로 군사의 위세를 갖추어 승리한 기세로 돌진하였습니다. 그래서 조금도 두려워하지 않고 하루 종일 분한 마음으로 공격하여 적선 100여 척을 깨트렸습니다.(釜山破倭兵狀, 1592년 9월 17일)

1597년 1월 12일, 무려 4년 가까이 끌어왔던 강화협상이 결렬되고 일본군들이 다시 쳐들어왔으니 정유재란이다. 2월 26일 이순신이 파직되어 의금부로 압송되고 후임 통제사에 오른 원균은 통한의 전투, 7월 16일 칠천량해전에서 일본군에게 철저하게 궤멸당했다. 경상우수사 배설과 함께 도망친 전선과 군사를 빼고 조선 수군의 모든 것을 잃고 말았다. 통제사 원균, 전라우수사 이억기, 충청수사 최호 등 조선 수군의 수뇌부까지 전사했다. 참으로 비참했던 통곡의 바다 칠천량이었다.

임금은 하는 수 없이 이순신을 다시 통제사로 불러 세웠다. 기복수직의 재임명장을 받고 40여 일 만에 벌어진 명량해전에서 이순신은 불가사의한 대승을 거두었다. 고작 13척의 전선으로 무려 133척의 일본군을 무찌르니 이는 필사즉생 필생즉사(必死則生 必生則死), 일부당경 족구천부(一夫當逕 足懼千夫)를 외치며 독전했던 이순신의 탁월한 전술전략 즉 좁은 물목, 빠른 조류, 강한 바람을 이용한 위대한 승리였다. 조선 수군은 다시 일어섰다.

무술년(1598) 11월 19일, 임진왜란 마지막 전투 노량해전이다. 고소원(固所願), 8월 18일 조선침략의 원흉 도요토미 히데요시가 사망했다. 이 소식은 10월 초에 조선군과 일본군에게도 전달되었다. 일본군은 11월 15일까지 전 병력을 부산에 집결하여 철군하라는 명령이 떨어졌다. 그냥 놔둬도 저절로 돌아갈 일본군들이었다. 그러나 이순신은 지난 7년간 이 강토를 짓밟고 수많은 백성들을 도륙한 일본군들을 단 한 놈도, 단 한척도 돌려보낼 수 없었다. 침략자들을 반드시 응징해야 한다는 그래서 이 땅에 정의가 살아 있음을 보여주고, 다시는 이 땅을 넘보지 못하도록 발본색원해야 한다는 사명감의 발로였다.

노량해전 하루 전날 이순신은 갑판에 올라 손을 씻고 무릎을 꿇고 천지신명께 빌었다. "차수약제 사즉무감(此讎若除 死卽無感), 이 원수들을 모조리 무찌른다면 죽어도 유한이 없겠습니다." 드디어 11월 19일 새벽 임진왜란 최후의 전투이자 최대의 전투였던 노량해전이 벌어졌다. 적선 500여 척 중 200여 척을 분멸시킨 조·명연합수군은 명군 400여 척, 조선 수군 60여 척을 합쳐 모두 460여 척이었다. 이 치열했던 마지막 전투에서 이순신은 일본군의 총탄에 맞아 장렬하게 전사하셨다. 끝까지 승리만을 생각했던 이순신, 자신의 죽음보다 자신의 사명만을 생각했던 충무공 이순신, 조선을 패망에서 건져낸 이순신은 끝내 남해에 떨어진 큰 별(大星)이었다.

前方急 愼勿言我死

지금 싸움이 한창 급하다. 조심하여 내가 죽었다는 말은 내지 말라.(『이충무공전서』 권9)

48

이순신과 발포진 : 이순신 브랜드를 만든 '발포진'의 비하인드 스토리

2012년 늦가을 11월 14일, 발포진을 답사했다. 꼭 가보고 싶었던 곳, 발포(鉢浦)였다. 이순신을 공부하는 사람이라면 반드시 가봐야 할 곳이라 여겼다. 임진왜란 당시 흥양현(興陽縣)이었던 발포는 현재 고흥군 고흥반도 해안선을 따라 위치하고 있다. 주변에 거금도, 내나로도, 외나로도, 백일도, 소록도 등 수많은 섬들과 복잡한 해안으로 어우러진 지리적 이점을 활용하여 발포진, 여도진, 사도진, 녹도진 등의 주요 진이 설치되었던 곳이다.

중요한 것은 전라좌수영이 관할하던 행정구역 오관오포(五官五浦) 즉 순천도호부(順天都護府), 낙안군(樂安郡), 보성군(寶城郡), 광양현(光陽縣), 흥양현(興陽縣)의 다섯 군현(郡縣)과 방답진(防踏鎭), 사도진(蛇渡鎭), 여도진(呂島鎭), 발포진(鉢浦鎭), 녹도진(鹿島鎭)의 다섯 진포(鎭浦) 중 1관4포가 흥양현에 있었다는 점이다. 그중에서도 발포진은 이순신과 특별히 많은 인연을 맺고 있으니 1580년 초임 수군만호로서 18개월을 근무했고 그리 많지 않은 기간 동안 그야말로 파란만장한 역사가 점철된 곳이다. 그리고 10년 후인 1591년 전라좌수사에 금의환향하여 임진왜란을 승리로 이끄는 기초를 닦았던 곳이 바로 발포진이다.

발포진(鉢浦鎭), 만호영의 유래를 보자. 발포(鉢浦)라는 지명이 생긴 최초의 연대는 고려 중엽에서 고려 후기로 추정한다. 1392년에 조선 건국 이후 남해안을 방어하는 전진기지로 발포가 만호영(萬戶營)으로 설진되었다는 내용이 이미 15세기 초 『조선왕조실록』에 전해지고 있다. 발포라는 이름은 풍수지리설에 전하기를 멀리서 바라보니 마을을 안고 있는 산세가 마치 승려가 경배를 드리는 형국이라, 마을 앞 포구를 일컬어 '중의 밥그릇'이라는 의미로 발포(鉢浦)라 지어졌다. 앞바다에 있는 섬들의 지명도 승려들과 연관성이 있는 장고도(長鼓島), 파라도(婆羅島), 남무서(南無嶼) 등이며, 멀리 남쪽에 흩어져 꽃같이 아름다운 무인도들까지 발포라 칭하였다.

"1439년 세종 21년에 발포를 최초의 만호영으로 칭하는데 병조에서 아뢰니 상이 그대로 따랐다. 전라도 소흘포는 방수하기에 마땅치 않아서 이미 발포에 병선을 이박하였사온 즉, 청하건대 포만호라는 칭호로써 인신을 개주하게 하옵소서."

"1490년 성종 21년에 발포 수군진성의 축성이 완공되었다. 이 달에 쌓은 전라도 발포성의 축조를 끝내다. 둘레는 1천 3백 60척인데, 높이는 13척이었다."(『발포향토사』)

충무공 이순신과 발포의 인연은 남달랐다. 이순신은 1580년 7월 전라좌수영 관할 발포진(鉢浦鎭)에 종4품 수군만호(萬戶)로 부임하니 그의 나이 36세였다. 이는 이순신이 북방 육군진에 근무하다 처음으로 남해 수군진에 복무하는 운명적 사건으로 훗날 조선의 바다를 호령하는 기반이 되었다. 그러나 10년 후의 전라좌수사, 삼도수군통제사, 수군총사령관 이순신의 수군

초임지 발포진에는 너무나 혹독한 시련들이 기다리고 있었으니 『이충무공전서』에서 그 내용을 확인할 수 있다.

첫 번째 시련, 사촌이 땅을 사니 배가 아프다.

이순신이 발포만호에 부임하자 많은 사람들의 시기와 질투 그리고 의혹의 시선을 쏟아냈다. 일개 충청병사의 군관에서 일약 종4품 수군만호가 되었으니 그럴 만도 하다. 더구나 수군 경험도 없이 내륙에서만 근무하다가 해상방비를 담당하는 장군 반열의 수군만호에 올랐기 때문이다. 전라감사 손식(孫軾)도 남들이 참소(譏訴), 헐뜯고 음해하는 말을 듣고 이순신을 테스트해 보려고 순찰차 능성(綾城)에 와서 그를 불러들였다. 그러나 진을 치는 법(陣書)을 시험해 보니 해박하고 능숙함에 조금도 잘못됨이 없었다. 감사는 또다시 이순신에게 여러 진의 모양(陣圖)을 그리게 했고, 이번에 잘못 그리면 단단히 벌을 주려고 벼르고 있었다. 그러나 이순신이 붓을 들고 진도를 그리는데 어찌나 정묘하게 그려내는지 트집은커녕 경탄을 금하지 못하고 조상이 누군지를 묻고는 이후로 정중히 대우하게 되었다. "어쩌면 이렇게도 정묘하게 그리는고. 내가 진작 그대를 몰랐던 것이 한이로다." 이순신은 만호가 되기에 충분한 실력을 보유하고 있었던 것이다.

두 번째 시련, 공사(公私)를 구분하지 못하는 공직자는 들어라.

어느 날 직속상관 전라좌수사 성박(成鎛)이 발포진에 사람을 보내서 객사 뜰에 있는 오동나무를 베어다가 거문고를 만들려고 했으나 이순신은 허락하지 않는다. "이것은 관청의 물건이요, 또 여러 해 길러온 나무를 하루아침에 베어버릴 수는 없소이다." 하고 인편을 돌려보내니 좌수사가 크게 화를 내었으나, 옳지 않은 일에는 절대로 굽히지 않는 이순신의 성격을 잘 알고 있었으므로 결국 오동나무를 베어 가지 못했다.

세 번째 시련, 법대로 처리하라.

수사 성박이 전출되고 후임 수사 이용(李庸戈)이 부임했다. 성박은 자신의 뜻을 관철시키지 못한 것에 불만을 품고 후임자 이용에게 모욕당한 일을 전하며 인계했다. 이용 역시 수사로서 이순신이 고분고분하지 않다는 것을 알고 어떻게든 사건을 엮어 벌을 주려고 했다. 어느 날 관할 다섯 포구를 불시에 점검하니 다른 네 곳은 결원된 숫자가 많았으나 발포의 결원은 세 사람뿐이었다. 하지만 이용은 허위로 이순신만을 들추어 처벌할 것을 장계하여 보냈다. 하지만 이런 의도를 알아챈 이순신이 다른 네 곳의 결원명단을 이미 확보하고 있었다. 이 사실을 알게 된 이용의 군관들이 이 사실을 보고하자 자신의 부당한 태도를 묵과하지 않으려는 이순신의 의도를 알아채고 급히 사람을 보내 장계를 되찾아왔다. "발포의 결원이 제일 적을 뿐더러 이순신이 이미 네 포구의 결원명단을 확보하고 있으니 만일 장계를 올렸다가는 오히려 뒷날 후회할 일이 있을지도 모르겠소이다."

네 번째 시련, 흰 것은 흰 것이고 검은 것은 검은 것이다.

이순신에 대한 직속상관 이용의 감정은 더욱 뒤틀리게 되었다. 당시에는 만호 이상에 해당하는 진장(鎭將)들의 근무성적은 일 년에 두 차례, 6월과 12월 감사와 수사가 동석하여 평가한 후 그 내용을 상부에 보고하도록 되어 있었다. 이때 이순신에 대한 수사 이용의 그릇된 평가를 조헌(趙憲)의 항의로 좌절시킨 일이 있었다. 즉 감사와 수사가 이순신에게 최하점수를 주려고 하자 이때 감사의 보좌관인 도사(都事, 종5품) 조헌(趙憲)이 붓을 들고 있다가 그대로 받아쓰지 않고 강력히 이의를 제기하니 이순신은 꼴찌를 면할 수 있었다. "이순신이 군사를 거느리는 법이 이 도에서 제일이라는 말을 들어 왔는데, 다른 여러 진을 모두 아래(下下)에다 둘망정 이순신에게 하(下)를 줄 수는 없을 것이오." 이후 전라좌수사로 있던 이용이 함경도 남병사가 되었다. 그는 과거 자신의 오해로 발포만호 이순신에게 죄를 덮어씌우려 했고 인사고과에서 최하등급을 주려다 좌절된 일도 있었지만 차츰 이순신의 인격을 바로 알게 되어 미안했던 지난 일을 뉘우치고 있었다. 결국 이순신이 발포만호(종4품)에서 파직되어 훈련원 봉사(종8품)로 강등된 일을 알고 조정에 특청하여 자신의 군관으로 삼으니 이순신이 두 번째로 함경도에 부임하는 계기가 되었다.

다섯 번째 시련, 모난 돌이 정 맞는다.

이순신은 발포만호로서 여러 번의 위기를 모면하며 오로지 자기 직무에만 충실하고 있었다. 하지만 모난 돌이 정 맞는다 했던가. 끝내 임기를 다 채우지 못하고 발포만호 직에서 파직당하는 사건이 발생했다. 1582년 1월, 38세의 일이었다. 뜻밖에 군기 경차관 서익(徐益)이 발포에 이르렀다. 경차관은 임금의 특명으로 지방에 파견되어 군기관리를 검열하는 특사였다. 그런데 서익이 누군가. 지난날 훈련원 병부정랑으로서 자신의 친지를 진급시키려고 담당자 이순신에게 청탁했다 거절당한 직속상관이었다.

"서열이 낮은 자를 건너뛰어 올리면 당연히 승진할 사람이 승진하지 못하게 되니, 이는 공평하지도 못하고 또 법에도 어긋나는 일입니다."

그때 앙심을 품었던 서익으로서는 이순신에게 보복할 수 있는 절호의 기회를 맞은 셈이다. 서익은 작정하고 허위내용을 보고하여 이순신을 파직시키고 말았다.

"발포만호 이순신은 군기를 전혀 보수하지 않았으므로 파직시켜야 합니다."

실로 이순신에게는 원통한 일이었고 파직된 것을 알게 된 사람들이 모두 한 목소리로 수군거렸다.

"이순신이 저렇게 군기를 보수함이 정밀한데 벌을 받게 된 것은 그가 지난날 훈련원에서 굽히지 아니한 성품 때문이다."

이순신은 이렇게 발포만호에 복무했던 18개월 동안 모진 시련과 박해를 당했고 결국 서익의 모함으로 파직을 당해 발포를 떠나게 되었다. 하지만 잃은 것보다 얻은 것이 더 많았다. 초임 수군만호 임지였던 발포에서 남해안의 지역적 특성을 파악한 근무경험은 훗날 전라좌수사로서, 그리고 삼도수군통제사로서 남해의 제해권을 장악해 임진왜란 7년전쟁을 승리로 이끄는 원동력이 되었다. 그 근거는 바로 『난중일기』다. 이순신은 이미 12년 전에 발포만호로 부임하여 일 년 반 동안 수군만호로서 많은 수난과 또 많은 경험을 쌓았던 곳이다. 바로 이곳에서 훗날 수군통제사에 오르는 뜻을 기르고 힘을 닦았으니 이제 임진왜란을 당하여 풍전등화 같은 조선의 패망을 지키고, 민족의 운명을 지키고, 나라의 역사를 지키며, 발포에 대한 관심과 애정을 쏟아붓는 이순신의 모습을 볼 수 있다.

임진일기(1592) 2월 23일

늦게 배가 출발하여 발포에 이르자, 역풍이 세차 배가 갈 수가 없었다. 간신히 성 머리에 대고는 배에서 내려 말을 타고 갔다. 비가 크게 내려 일행들이 우왕좌왕하다가 꽃비(花雨)에 흠뻑 젖었다. 발포에 들어가니 해는 이미 저물었다.

임진일기(1592) 3월 23일

순찰사가 편지를 보내어 "발포군관은 군사를 거느릴 만한 인재가 못 되므로 조치하겠다." 하므로 아직 갈지 말고 그대로 유임하여 방비하도록 하라고 답장을 보냈다.

임진일기(1592) 4월 18일

순찰사의 공문이 왔는데, "발포권관은 이미 파직되었으니 임시 장수를 정하여 보내라." 하였다. 그래서 군관 나대용을 이날로 정하여 보냈다.

계사일기(1593) 2월 1일

발포만호(황정록), 여도권관(김인영), 순천부사(권준)가 와서 모였다. 발포진무 최이(崔已)가 두 번이나 군법을 어긴 죄로 형벌을 내렸다.

갑오일기(1594) 5월 5일

발포만호(황정록)가 떡을 만들어 보냈다.

을미일기(1595) 1월 19일

장흥부사(황세득), 낙안군수(김준계), 발포만호(황정록)가 들어왔는데 기한을 어긴 죄로 처벌했다.

을미일기(1595) 11월 12일

발포의 임시 대장으로 이설을 정하여 보냈다.

정유일기II(1597) 8월 12일

아침에 장계초안을 수정했다. 늦게 발포만호 소계남이 들어와서 명령을 들었다.

정유일기II(1597) 8월 13일

발포만호 소계남이 고하고 돌아갔다.

49

전라좌수영 : 호남은 국가의 보루이니, 호남이 없으면 국가가 없다

2013년 초가을 9월 10일, 순천 오동포의 부름은 나에겐 거역할 수 없는 소명이었다. 전남대학교 여수캠퍼스의 특강초청이었다. 천 리 길이었지만 지금의 여수는 충무공 이순신이 수사 겸 통제사로 있었던 전라좌수영, 삼도 수군통제영의 본영이 자리했던 순천 오동포였다. 임진왜란 1년 2개월 전에 이순신이 부임했던 전라좌수영은 경상·전라 다른 수영에 비해 5관5포로 규모가 제일 작은 수영이었다. 그러나 중요성으로 보면 남해안을 방비하는 조선 수군의 핵심 수영이었기 때문에 이순신에게 특별한 의미의 중책이 주어졌다 할 것이다.

왜냐하면 전라좌수영을 중심으로 왼쪽으로는 섬진강 하구를 경계로 경상우수영이 거제 오아포(烏兒浦)에 있었고, 더 왼쪽으로는 낙동강과 가덕도를 경계로 경상좌수영이 동래 해운포(海雲浦)에 위치하고 있었다. 그리고 전라좌수영의 오른쪽으로는 보성과 강진 사이의 홍거천을 경계로 전라우수영이 해남 황원(黃原)에 있었고, 더 오른쪽으로는 전라도와 충청도의 도간 경계를 기준으로 충청수영이 보령 회이포(回伊浦)에 있었으니 그 중심에 위치한 전라좌수영 순천 오동포는 조선 수군의 남해안 중심기지, 전략기지, 거점기지였기 때문이다.

이순신은 조정의 기대에 호응하며 전라좌수영을 기반으로 임진왜란을 치러냈다. 이순신이 없는 임진왜란을 생각할 수 없듯이 호남이 없는 이순신을 생각할 수 없는 이유다. 이순신에겐 호남이라는 든든한 텃밭이 있었기에 가히 군량과 군선 그리고 군병을 보급할 수 있었으니 그의 표현대로 호남은 그야말로 보루(堡壘)만이 아닌 젖과 꿀이 가득한 보고(寶庫)였다. 오죽하면 정유재란 당시 일본군들이 작정하고 호남을 짓밟았겠는가. 경상수역인 칠천량에서 조선 수군이 궤멸당했지만 돌아온 삼도수군통제사 이순신은 고작 13척의 전선으로 133척의 일본군을 무찔렀으니 이곳도 역시 호남수역의 명량(鳴梁)이었다.

> 생각할수록 호남은 국가의 보루이자 장벽이니, 만약 호남이 없다면 국가가 없는 것입니다.(1593년 7월 16일 현덕승에게 보내는 편지)
>
> 절상호남 국가지보장 약무호남 시무국가
>
> 竊想湖南 國家之保障 若無湖南 是無國家

참새는 방앗간을 지나치지 않는다. 다음날 아침 청량한 가을하늘에 햇볕은 따가웠다. 돌산도 방답진(防踏鎭) 답사를 위해 지역전문가 박종길 선생을 모시고 길을 나섰다. 오늘의 답사 루트는 돌산도 둔전지(屯田地), 방답진 선소(船所) 그리고 동명이인 이순신(李純信)이 첨사로 활약했던 방답진성(防踏鎭城)이다. 아침 일찍 돌산대교를 건너 『난중일기』, 『임진장초』 등에서 낯이 익은 돌산도에 들어섰다. 향토사학을 연구하시는 분답게 기록조차 없는 구전, 설화 등 구석구석 자신이 발굴해낸 내용들을 해박한 지식으로 다양하게 설명해주었다. 과연 돌산(突山)은 금수강산(錦繡江山)이었고 여수(麗水)는 한려수도(閑麗水道)였다. 당시 이순신이 바라보셨던 이곳의 모습은 어떠했을까, 임진일기에 묘사하신 기록이다.

임진일기(1592) 2월 19일

순찰을 떠나 백야곶(白也串 여수시 화양면 백야도의 유래)의 감목관이 있는 곳에 이르니 순천부사(昇平府伯, 順天의 옛 이름) 권준이 그 아우를 데리고 와서 기다리고 있었다. 기생도 왔다(妓生亦來). 비 온 뒤라 산꽃이 활짝 피었는데 빼어난 경치를 말로 표현하기 어려웠다(景物之勝 難可形言). 저물녘에 이목구미(梨木龜尾, 여수시 화양면 이목리)에 가서 배를 타고 여도에 이르니 영주(瀛州, 홍양의 옛 이름)현감과 여도 권관이 나와서 맞았다.

임진일기(1592) 2월 20일

아침에 갖가지 방비와 전선을 점검해 보니 모두 새로 만든 것이고 무기도 역시 어느 정도 완비되어 있었다. 늦게 출발하여 영주(瀛州, 중국 전설에서 신선이 산다는 삼신산 三神山 중의 하나)에 이르니 좌우에 산꽃과 교외의 봄풀들이 마치 그림 같았다. 옛날에 있었다던 영주도 역시 이와 같은 경치였던가.

잠시 상념에 젖어든 사이 평사리 무슬목을 지나 굽이굽이 돌산도 목장지를 옆에 끼고 달렸다. 산모퉁이를 돌아드니 한동안 따라붙던 낫진개(낮은 개)의 바닷길은 제풀에 끊어지고 말았다. 학생들도 보이지 않는 시골학교 앞길에 차를 세우니 돌산도에서 유일하게 바다가 보이지 않는다는 마을, 드디어 둔전리(屯田里) 너른 들판이 나를 기다리고 있었다. 여기가 바로 이순신이 경작했던 돌산의 둔전이다.

이 모습을 보니 조선 강토에 전쟁이 일어났는데 전라도 땅이 어디 있고 경상도 땅이 어디 있느냐, 하루빨리 경상수역으로 나가 싸워야 한다며 사자후를 토해내던 모습이, 조선의 백성들이 굶어 죽는데 경상도민이 어디 있고 전라도민이 어디에 있느냐, 어서 빨리 농사를 지어 민생고를 해결해야 된다고 외치는 모습이 떠올랐다.

영남의 피난민들 중 전라좌수영 경내에 유입하여 살고 있는 자들이 200여 호 이상이나 되는데, 각각 임시로 살 수 있도록 하여 겨울을 지나게 하였으나, 지금은 구호할 물자를 마련할 수 없습니다. 비록 사변이 평정된 뒤에는 제 고장으로 돌아간다 하더라도 당장 눈앞에서 굶주리는 모습을 차마 볼 수 없습니다. (중략) 이제 신이 피난민들이 있을 만한 곳을 깊이 생각해 본바 돌산도 만한 곳이 없습니다. 이 섬은 본영(좌수영)과 방답 사이에 놓여 있고 겹산으로 둘러싸여 적이 들어올 길이 사방에 막혔으며, 지세가 넓고 편편하고 토질이 비옥하므로 피난민을 타일러 차츰 들어가서 살게 하여 방금 봄갈이를 시켰습니다.(請令流民入接突山島耕種狀, 계사년 1593년 1월 26일)

과연 본산과 수죽산, 봉화산, 금산 등으로 겹겹이 둘러싸인 둔전리는 여전히 옛 모습 그대로의 너른 들판이었다. 지금도 황금들녘으로 물들고 있는 이 모습을 장군께서 보신다면 얼마나 흐뭇해하실까. 유랑하는 백성들을 위하여, 굶주리는 군사들을 위하여, 황무지를 개척하며 무에서 유를 창조하셨던 이순신의 홀로서기, 무중생유(無中生有)의 현장이었다. 돌산의 둔전은 여전히 둔전리 민초들의 삶을 지켜주는 문전옥답의 사명을 다하고 있으니 돌산(突山)은 금산(錦山), 방답(防踏)은 옥답(沃畓)이었다.

거북선을 보유했던 방답진 선소도 들렀다. 여수시 돌산읍 군내리, 임진왜란 당시 전라좌수영에는 세 군데에 선소(船所)가 있었다. 한 곳은 본영 선소로 현재 진남관 아래 이순신 광장의 이순신 장군 동상이 서 있는 바로 그 자리다. 다른 한 곳은 흔히 여천 선소라 부르는 순천부 선소다. 이날 아침 마침 숙소 옆이 그곳인지라 산책도 할 겸 다시 찾은 선소는 아름답고 청결한 모습으로 관리되고 있었다. 다만 가장 최근에 복원된 선소임에도 불구하고 굴강(掘江)의 작아 보이는 출입구 모습 등에서 억지춘양이라는 의심이 들었다. 또 다른 한 곳이 여기 방답진 선소인데 비교적 원형의 모습을 유지하고 있었다. 거북선 한 척을 보유하고 있었던 방답진 수군 선소였다.

방답진 선소는 전선을 건조 수리하여 정박시킬 수 있도록 S자형의 굴강(掘江)으로 만들어졌다. 만(灣) 입구에 송도(松島)가 가로놓여 은폐가 용이하니 바다에서 보면 군영의 위치를 짐작조차 하기 어려운 천혜의 요새였다. 안타까운 점은 민가들과 함께 방치되어 있어서 판옥선, 거북선을 만들고 정박했던 유서 깊은 현장임을 알아채기가 쉽지 않을 것 같다. 방답진 선소가 그 중요한 역사적 가치에도 불구하고 아직 사적지로 등록되지 못했기 때문이다. 이순신이 남긴 방답진의 군선과 거북선에 관한 기록들을 살펴본다.

임진일기(1592) 1월 16일

동헌에 나가 공무를 보았다. 각 고을의 벼슬아치들과 색리(아전) 등이 인사하러 왔다. 방답(防踏)의 병선 군관과 색리들이 병선(兵船)을 수리하지 않았기에 곤장을 쳤다.

방답(防踏) 1호선의 격군인 토병 강돌매, 수군 정귀연, 김수억, 김수억, 김사화, 토병 정덕성, 손원희, 그곳(防踏) 2호선의 격군인 정병 채협, 수군 양세복, 하정, 사부인 신선 김열, 그곳(防踏) 거북선의 격군인 수군 김윤방, 서우동, 김인산, 김가응

적, 이수배, 송상걸 등은 철환에 맞았으나 중상에 이르지는 않았습니다.(見乃梁破倭兵狀, 1592년 7월 15일)

방답진은 돌산도의 최남단, 여수시 돌산읍 군내리에 위치한 수군 진이었다. 여산지, 승평지 등에 의하면 1523년에 설진되었다고 하는데 흘러간 세월만큼이나 성벽도 많은 부분이 훼손되었다. 부분적이나마 원형이 보존되어 있는 것이 오히려 놀랍다. 성의 둘레는 1,195m, 높이 3.9m의 사다리꼴 사각형 성이다. 성의 몸체, 체성 위에 설치하는 구조물인 여첩(女堞) 사이에 납작한 돌로 튀어나오게 쌓은 미석(眉石)을 설치하였고, 아래쪽에 큰 돌을 놓고 위로 갈수록 작은 돌로 쌓았고, 돌과 돌 사이를 작은 돌로 끼워 넣는 방식의 조선시대 축성의 특징을 보여주고 있다. 방답진, 하면 봉수대를 빼놓을 수 없는데 둔전에서 맞은편에 보이는 마을이 여수시 돌산읍 봉수리(烽燧里)다. 방답진 봉수는 남해안 일대에 있던 봉수대 중 가장 큰 규모로 우리나라 직봉 제5거(烽燧 第五炬)에 해당된다고 한다. 이 봉수의 경로를 보면 방답진 봉화산－백야곶 봉화산(화양면 장수리)－팔영산(고흥)－여귀산(진도)－화산(옥구)－개화산(양천)－목멱산(서울남산)이라고 하는데 언감생심 올라가보지 못함이 아쉬움으로 남는다.

오랫동안 품어온 염원을 풀고 돌산도를 떠나야 할 시간이다. 이순신의 자취를 찾아왔던 오동포였다. 이제 돌산도를 떠나는 마음만큼은 풍요롭게 수확한 농부처럼 배가 부르다. 그러나 아직 한 군데 더 들를 곳이 있다. 임진왜란 직전 이순신이 유비무환의 리더십으로 설치한 철쇄 설치 장소를 확인하고 싶은 것이다. 철쇄를 건너 맸다는 그 지점은 어디란 말인가. 지금은 어떤 흔적이라도 남아 있을까?

임진일기(1592) 2월 2일

쇠사슬을 건너 매는(鐵鎖橫設) 데 쓸 크고 작은 돌 80여 개를 실어 왔다.

임진일기(1592) 2월 9일

쇠사슬을 꿸 긴 나무를 베어 올 일로 새벽에 이원룡에게 군사를 거느리게 하여 두산도(斗山島=突山島)로 보냈다.

임진일기(1592) 3월 27일

일찍 아침밥을 먹은 뒤 배를 타고 소포(召浦)에 갔다. 쇠사슬을 건너 매는 것을 감독하고, 종일 기둥나무 세우는 것을 보았다.(騎船到召浦, 監鐵鎖橫設 終日觀立柱木)

『난중일기』에 소포에서 건너 매었다(橫設)는 장소는 과연 어디인가. 설치 장소를 추정해 보면 여수시 종화동과 돌산읍 우두리(牛頭里)를 잇는 200m 물목임을 알 수 있다. 해안도 완만하고 유속도 느리고 물목도 좁아 충분히 건너 맬 수 있는 거리였다. 지난해 엑스포 방문 시에는 여수시 종화동(소포)에서 바라본 바다 건너 돌산도였지만, 이번엔 돌산도 우두리에서 건너다보는 바다 건너 종화동이었다. 정확한 실측을 위해서 일부러 거북선대교를 올라탔다. 당시의 물목으로 추정되는 교각과 교각 사이를 미터기로 확인한 결과 정확히 200m였다. 처음 방문했을 때의 목측에서 크게 벗어나지 않았다. 다만 지리적, 전략적, 기술적으로 중요한 설치물이던 철쇄 설치 장소가 아무런 표지판조차 없이 방치된 것 같아 안타깝고 원망스럽다.

50

가덕도 : 이순신의 승부수와 원균의 자충수로 본 가덕도의 역사

임진년, 2012년 9월 1일 새벽 5시 가덕도로 향했다. 오늘은 특별한 날이다. 양력으로는 9월 1일이지만 음력으로는 7월 15일이다. 원균이 이끌던 조선 수군 400여 명이 가덕도에서 떼죽음을 당한 날이기도 하다. 출발시각은 새벽 5시, 충무공 이순신도 주로 첫닭이 우는 바로 이 시각쯤 배를 띄워 전장에 나섰다. 나는 지금 『난중일기』와 『임진장초』에 수없이 등장하는 가덕(加德)·천성(天城), 조선 수군의 요충지이자 일본군들의 점령지였던 가덕도를 찾아 나선다. 무엇보다도 연대봉 정상에 올라 현해탄을 건너 부산 앞바다로 침입해온 일본군들의 침략루트를 확인하고 싶다. 조선 수군의 이동경로와 활동수역도 두 눈으로 확인하고 싶다. 땔감과 식수를 찾아 올랐다 참변을 당했던 비통한 역사의 현장도 살펴보고 싶다. 반드시 가보아야 할 버킷리스트에 가덕도를 담았던 이유였다.

어둠을 뚫고 중부고속도로, 영동고속도로를 밀어내고 중부내륙 고속도로에 들어섰다. 이내 충주(忠州)를 지나 문경새재에 접어들었다. 새들도 날아넘기 힘들다는 조령(鳥嶺)을 넘는다. 임란 초기 일본군의 제1진 고니시 유키나가도 넘었고, 제2진 가토 기요마사도 넘었던 길이다. 당대의 명장 신립(申砬)장군은 고니시 유키나가가 절영도 앞바다에 도착한 지 꼭 보름째인 4월 28일 이곳 충주전투에서 대패하고 스스로 임금을 뵐 낯이 없다며 탄금대에 몸을 던져 남한강에 빠져 죽었다.

도순변사 신립은 어째서 종사관 김여물(金汝岉) 등이 주장했던 "적은 군대로 일본군의 대군을 방어할 곳은 마땅히 천험의 조령뿐"이라는 조언을 마다하고 달천강변 탄금대에 배수의 진을 쳤을까, 경험이라는 올가미가 발목을 잡은 것이다. 시간과 장소, 상황과 조건에 따라 융통성 있게 전술전략을 펼치지 못하고 북방에서 싸웠던 기병전이라는 경험의 덫에서 벗어나지 못한 결과였다. 명량해전에서 울돌목이라는 천험의 요새를 이용하기 위해 벽파진을 떠나 우수영 앞바다로 이진했던 이순신과 대비되는 부분이다.

충주를 지나니 상주가 기다린다. 상주전투와 도망대장 이일이 떠올랐다. 고니시 유키나가의 제1진이 올라왔던 길을 역으로 내려가고 있는 것이다. 밀양–대구–상주–조령을 넘어 충주–용인–한성에 이르는 루트였다. 상주전투는 임진년 4월 25일 이일(李鎰)이 일본군과 싸운 전투였다. 고니시 유키나가가 4월 14일 부산진, 4월 15일 동래성을 함락시키고 북상하자 임금 선조는 당대의 명장이라는 이일을 순변사로 임명하여 상주로 내려보냈다. 상주에 도착한 건 4월 23일이었다. 이일은 24일 고니시군이 상주 남쪽 선산까지 진출한 사실을 몰랐고, 25일 이들의 공격을 받아 참패했다. 이일은 도망쳐 충주성에 있는 도순변사 신립에게로 달려갔지만 충주전투 역시 참패하자 신립은 자결했고, 이일은 또다시 도망쳤다. 임진강으로 달려간 이일은 여기서도 패배하고 도망쳐 근왕을 핑계로 평양성으로 달려갔다.

상주를 지나니 김천–성주–현풍–창녕을 지나간다. 일본군 제3진 구로다 나가마사가 올라왔던 김해–창녕–성주–김천–추풍령–청주–죽산–

용인–한성의 루트였다. 참 공교롭다. 가덕도를 향해 가는 길에 임진왜란 초기 일본군이 파죽지세로 밀고 올라왔던 그 길을 따라 내려가고 있으니 말이다. T–map의 빠른 길 찾기가 의도하지 않았던 임진왜란 초기 일본군의 침략루트를 찾아 나선 결과가 되었으니 이순신을 연구하는 사람에게 찾아온 필연의 기회라 여겨진다.

오전 10시, 부산광역시 강서구 천성동에 도착했다. 서울을 떠난 지 꼭 5시간 만이다. 중간에 두어 번 쉬었으니 불과 4시간 만에 달려온 셈이다. 답사에 나설 일행들이 속속 도착하고 있었다. 성급한 마음으로 연대봉(烟台峰)을 향했다. 천성보(天城堡) 봉수(烽燧)가 있는 해발 460m 정상이다. 새벽잠을 설치고 장거리를 달려온 컨디션으로는 가파른 연대봉을 오르기가 만만치 않았다. 드디어 힘겹게 오른 정상, 펼쳐지는 파노라마에 나는 차라리 눈을 감고 말았다. 굽이굽이 장엄하게 흘러가는 이 아름다운 한려수도, 누가 저 푸른 바다를 피눈물로 물들였던 말인가.

연대봉에서 바라보니 사통팔달(四通八達)이었다. 동서남북으로 펼쳐지는 전경은 장관이었다. 동(東)으로는 부산의 몰운대, 다대포, 절영도, 부산포, 서(西)로는 고성, 당항포, 적진포, 통영, 한산도 견내량, 남(南)으로는 거제의 율포, 옥포, 영등포, 장문포, 칠천도, 북(北)으로는 진해의 합포, 웅포, 안골포, 낙동강 하구, 그리고 멀리 일본의 쓰시마섬(對馬島)까지 보인다. 과연 좌(左)를 보니 동해바다, 앞(前)을 보니 태평양바다, 우(右)를 보니 남해바다, 아름다운 한려수도는 천혜의 요충지였다. 이 모습을 확인하기 위해 무리한 일정을 감행한 답사, 버킷리스트의 한 항목을 지워내는 답사였다. 예상은 빗나가지 않았다. 현해탄을 건너오는 일본군의 침입경로를 확인했고, 조선 수군의 이동경로를 살펴봤고, 연대봉에서 최초로 탐지했던 일본군의 침략보고를 이해할 수 있었다.

삼가 사변에 대비하는 일을 아룁니다. 4월 14일 발송되어 오늘 4월 15일 술시(戌時)에 접수한 경상우도수군절도사 원균의 공문에 "당일 사시(巳時)에 접수한 가덕진 첨절제사 전응린(田應麟)과 천성보만호 황정(黃珽)의 긴급보고에 의하면 응봉의 봉수감고 이등(李登)과 연대감고 서건(徐巾) 등이 와서 고하기를 오늘 4월 13일 신시(申時)에 일본선이 몇 십 척인지, 대략 보이는 것만도 90여 척이 경상좌도의 추이도를 지나 부산포로 향하는 바, 까마득하여 그 척수를 상세히 헤아려볼 수는 없었으나, 계속해서 나오고 있다 하므로 첨사로서는 방략에 의거하여 부산과 다대포의 우요격장으로 하여금 군사와 전선을 정비하여 바다로 나아가 사변에 대비하게 하였다." 하였습니다.(因倭警待變狀-1, 1592년 4월 15일)

이와 같이 경상우수영 관할 최동단 구역인 가덕도에서 최초로 임진왜란 발발 사실을 인지했다. 천성보만호는 휘하 연대감고의 보고를 받고 직속상관인 경상우수사 원균에게 보고했던 것이고, 원균은 이순신에게 지원을 요청하는 공문을 보낸 것이다. 가덕도는 조선 수군의 최전방 보루였을 뿐 아니라 일본군의 부산포를 공격하는 최전방 거점이었다. 가덕도가 조선 수군에게 가장 유효하게 활용된 것은 이순신의 4차 출전인 부산포해전에서였다. 이순신은 가덕도를 중간거점으로 일본군 본영이었던 부산포를 총공격했다. 호랑이를 잡기 위해 호랑이굴로 쳐들어간 이순신은 일본군들의 본거지를 쑥대밭으로 만들었다. 부산포해전에는 이순신보다 무려 31살이나 많은 조방장 정걸(丁傑) 장군이 참전해서 큰 공을 세웠지만 그토록 의지했던 오른팔 녹도만호 정운(鄭運) 장군을 몰운대에서 잃었다. 이순신의 조선 수군은 부산포에 공격하기 전인 8월 28일 가덕도 천성선창에서, 8월 29일은 가덕도 북변에서, 공격 후인 9월 1일은 다시 천성선창에서 머물렀다.

가덕도는 일본군에도 조선군에도 전략적 요충지였다. 정유재란이 있던 정유년 이순신은 삼도수군통제사에서 파직되어 2월 26일 한성으로 압송되었다. 부산수역으로 나가서 재침해 오는 가토 기요마사를 잡으라는 임금의 출동명령을 거역했기 때문이다. 이는 1월 11일 요시라가 경상우병사 김응서를 통해 조정에 보고했던 가토 기요마사의 도해(渡海) 차단정보를 반간계로 인식했기 때문이다. 실제로 가토 기요마사 관하 150여 척이 이미 1월 12일 서생포에 도착했고, 1월 13일에는 가토 기요마사가 이끄는 130여 척이 서생포로 향하다가 해상상태가 고르지 못하자 가덕도에서 1박을 하고, 다음날 14일에 다대포로 옮겨갔다.

이순신이 출동을 거역한 다른 이유는 "남해안 곳곳에 일본군들이 필시 복병을 하고 기다릴 것이므로 전함이 많이 출동하면 적이 알게 될 것이고, 적게 출동하면 도리어 습격을 받을 것이다."라는 것이었다. 최전선 지휘관으로서 당연한 결정이었다. 이미 남해안 일대에는 임진년에 일본군을 무찌를 때와는 달리 가덕도, 죽도, 안골포, 웅포 등에 일본군들이 축성을 하고 방어선을 형성하고 있었다. 이런 사실을 간과한 채 임금 선조는 이순신에게 임금의 명령을 거부한 죄를 물어 종적불토 부국지죄(縱賊不討 負國之罪), 적을 치지 않고 놓아주어 나라를 저버렸다며 파직시키고 말았다.

가덕도, 이순신에겐 승리의 섬, 원균에겐 패배의 섬이었다. 원균이 삼도수군통제사직을 이어 받았지만 정작 통제사가 되고 보니 이순신의 판단이 옳았다는 사실을 깨달았다. 하지만 정유년 7월 11일 권율의 출전 독촉에 원균은 일주일가량 부산근해 해전을 치르고 지칠 대로 지쳐 돌아온 조선 수군을 이끌고, 바로 다음날 7월 12일 한산도를 출발 가덕도 근해로 출동했다. 연대봉에서 내려다보였던 항해 경로, 한산도–장목포진–가덕도(천성진)–절영도의 루트였다. 7월 14일 늦게 절영도에 도착한 원균의 선단은 정박도 하기 전에 일본선 1,000여 척이 새카맣게 밀려오는 것을 보고 그 밤으로 배를 돌려 밤새 노를 저어 7월 15일 새벽 가덕도에 도착했다. 이때 조선 군사가 반드시 땔감과 물을 구하기 위해 가덕도에 상륙할 것을 예측하고 매복해 있던 일본군들에게 졸지에 수군 400여 명이 참변을 당했다. 이 사실을 유성룡의 『징비록』에선 가덕도로, 조경남의 『난중잡록』에서는 영등포로 기록하고 있다. 중요한 것은 가덕도 또는 가덕도 인근에서 400여 명의 조선 수군이 속절없이 목숨을 빼앗겼다는 사실이다.

원균은 갑작스런 습격에 손도 쓰지 못하고 칠천도에 후퇴하여 정박하니 7월 15일 밤 9시경이었다. 며칠 동안 피로와 허기에 시달린 조선 수군은 전열을 가다듬을 틈도 없이 7월 16일 새벽 칠천량에서 일본군들에게 겹겹이 포위된 채 궤멸당하고 말았다. 아, 슬프고 슬프다. 칠천량 패전으로 고성 땅에서 숨을 거둔 통제사 원균, 칠천량에 투신했던 전라우수사 이억기, 충청수사 최호 등 수많은 장졸들, 가덕도 연대봉 산기슭에서 돌아가신 400여 명의 조선 수군, 몰운대에서 장렬히 전사하신 정운 장군, 급기야 노량해전에서 목숨을 바친 충무공 이순신의 원혼까지, 여기 이 연대봉을 맴도는 듯하다. 영령들이시여, 고이 잠드소서. 400여 년이 지난 조선은 국운 상승 코리아, 세계 10위권의 경제대국을 넘어 선진강국으로 도약하고 있나이다.

참고문헌

김기홍, 『서희, 협상을 말하다』, 새로운 제안, 2005.

김성수외 8인, 『9인의 명사가 이순신을 말하다』, 자연과 인문, 2009.

루이스 프로이스, 정성화·양윤선 역, 『임진란의 기록』, 살림, 2008.

민승기, 『조선의 무기와 갑옷』, 가람기획, 2009.

박상훈, 『발포향토사』, 파랑새미디어, 2009.

박혜일 외 3인, 『이순신의 일기』, 서울대학교 출판부, 1998.

박혜일 외 3인, 『이순신의 일기초』, 조광출판, 2007.

박기봉, 『충무공이순신전서』, 비봉출판사, 2006.

박재광, 『화염조선』, 글항아리, 2009.

방성석, 『국제입찰을 잡아라』, 한국경제신문사, 1996.

방성석, 『위기의 시대, 이순신이 답하다』, 중앙북스, 2013.

손무 저, 유동환 옮김, 『손자병법』, 홍익출판사, 2002.

송대성, 『충무공과 현충사』, 현충사관리소, 2007.

송복, 『서애 류성룡 위대한 만남』, 지식마당, 2007.

안세영, 『글로벌 협상전략』, 박영사, 2006.

오다 마코토, 『소설 임진왜란(原題 民岩 太閤記)』, 웅진출판, 1992.

유성룡 저, 남윤수 역해, 『징비록』, 하서출판사, 2005.

유성룡 저, 김시덕 역, 『교감·해설 징비록』, 아카넷, 2013.

이민웅, 『임진왜란 해전사』, 청어람미디어, 2008.

이봉수, 『이순신이 싸운 바다』, 새로운 사람들, 2008.

이순신 저, 노승석 역, 『교감완역 난중일기』, 민음사, 2010.

이은상 역, 『완역 이충무공전서』, 성문각, 1988.

이은상, 『태양이 비치는 길로』, 삼중당, 1973.

이순신 저, 조성도 역, 『임진장초』, 연경문화사, 1997.
이장희, 『임진왜란사연구』, 아세아문화사, 2007.
이종락, 『성웅 이순신 그리고 일본성』, 선인, 2010.
이형석, 『임진전란사』, 한국자치신문사, 1974.
임원빈, 『이순신 승리의 리더십』, 한국경제신문사, 2008.
정두희·이경순, 『임진왜란, 동아시아 3국전쟁』, 휴머니스트, 2007.
제장명, 『이순신 파워인맥』, 행복한나무, 2008.
제장명, 『이순신 백의종군』, 행복한나무, 2011.
지용희, 『경제전쟁시대, 이순신을 만나다』, 디자인하우스, 2003.
한명기, 『임진왜란과 한중관계』, 역사비평사, 2001.

연구논문

김문자, "임진왜란기의 강화교섭과 가등청정", 임진왜란정신문화선양회, 2012.
노승석, "난중일기의 교감학적 검토", 성균관대학교 박사학위논문, 2015.
방성석, "CEO가 배우는 이순신의 위기경영리더십", 이순신연구소, 2014.
손은주, "임진왜란기의 강화교섭에 관한 고찰", 경상대학교 석사학위논문, 2003.
유보전, "임진왜란기 조·명 관계사 연구", 성균관대학교 박사학위논문, 2003.
정진술, "고금도 통제영과 이순신의 전사 후 행적", 문화체육관광부, 2010.
제장명, "정유재란시기 해전과 조선수군 운용", 부산대학교 박사학위논문, 2014.
조신호, "이순신 리더십의 성격과 교육적 가치", 대구카톨릭대학교, 박사학위논문, 2015.

기타 자료

『충무공 이순신과 임진왜란』, 현충사관리소, 2011.

엄동욱, "조직 내 소통 활성화를 위한 제언", 삼성경제연구소. 2010.

한창수, "미래 CEO의 조건: 창조적 리더십", 삼성경제연구소, 2008.

조선왕조실록, http://sillok.history.go.kr/main/main.jsp